中共安徽省委党校（安徽行政学院）资助出版

新时代国民收入分配格局的经济增长效应研究

韩心灵　著

中国财经出版传媒集团
中国财政经济出版社

图书在版编目（CIP）数据

新时代国民收入分配格局的经济增长效应研究／韩心灵著．--北京：中国财政经济出版社，2020.9
ISBN 978－7－5095－9954－9

Ⅰ.①新…　Ⅱ.①韩…　Ⅲ.①国民收入分配－影响－中国经济－经济增长－研究　Ⅳ.①F124.1

中国版本图书馆CIP数据核字（2020）第146705号

责任编辑：彭　波　　　　　　责任校对：徐艳丽
封面设计：卜建辰　　　　　　责任印制：史大鹏

中国财政经济出版社 出版
URL：http：//www.cfeph.cn
E－mail：cfeph@cfeph.cn

社址：北京市海淀区阜成路甲28号　邮政编码：100142
营销中心电话：010－88191522
天猫网店：中国财政经济出版社旗舰店
网址：https：//zgczjjcbs.tmall.com
北京财经印刷厂印刷　各地新华书店经销
成品尺寸：170mm×240mm　16开　19印张　300 000字
2020年 9月第1版　2020年 9月北京第1次印刷
定价：88.00元
ISBN 978－7－5095－9954－9
（图书出现印装问题，本社负责调换，电话：010－88190548）
本社质量投诉电话：010－88190744
打击盗版举报热线：010－88191661　QQ：2242791300

前　言

改革开放以来，我国经济连续30多年保持平均两位数高速增长，2010年我国经济总量跃居世界第二，相信在不久的将来一定会超过美国成为世界第一。然而，很长时间以来，我国国民收入分配格局却不合理，表现为要素收入分配格局失衡和主体收入分配格局失衡。国民收入分配失衡问题对经济增长造成巨大负面影响，如经常性的产能严重过剩、经济运行的“脱实向虚”、系统性金融风险的积累、经济新旧动能转换不畅、收入差距程度很大等。马克思主义历史唯物论和辩证法认为，生产力决定生产关系，生产关系对生产力有反作用。经济增长是生产力层面的范畴，而收入分配是生产关系层面的范畴，我们要重视经济增长对收入分配的决定性作用，毫不动摇地坚持以经济建设为中心，但是我们绝不能忽视收入分配对经济增长的反作用。经济增长是历史的动态的发展过程，因而与之相适应的分配制度也应该是不断调整、不断完善的历史过程；在特定历史条件下，分配关系变革可能对经济增长起关键作用。我们应该用马克思主义立场、观点和方法去正确分析增长与分配的关系，在我国发展阶段进入新时代以后，更应该关注收入分配对经济增长的作用和影响。本书以马克思主义理论为指导，借鉴西方经济学合理的研究成果，从理论上阐述国民收入分配对经济增长影响机制，提出新时代国民收入分配格局合理化的原则，实证分析我国国民收入分配格局的经济增长效应，并深入分析国际上主要国家收入分配格局的变化规律和经济增长效应，提出优化我国国民收入分配格局的政策建议。本书的主要结论和观点有：

国民收入分配格局合理化是指国民收入经过初次分配和再分配以后，国民收入中的劳动和资本收入总量和比例能够充分体现按劳分配和按要素贡献原则，在国家、企业和居民之间的分配总量与生产总量基本平衡，分配结构与经济结构相适应，能够充分发挥各方的发展动力、有利于生产力又好又快发展的收入分配格局。国民收入分配格局是随经济发展动态调整的过程，没有适用于所有发展阶段的最优分配格局，但是在一定发展阶段存在最优分配格局区间。判断国民收入分配合理性的原则有劳动生产率提高与经济增长原则、激励与适度差距原则、劳动者分享生产剩余原则和统筹兼顾各方利益原则。

理论分析方面，本书从马克思经济学和西方经济学两种学术视角分析国民收入分配格局对经济增长的影响机制。马克思认为劳动收入占比与剩余价值率、资本有机构成和积累率相关，它们受微观生产方式、宏观制度环境和劳资关系对比等因素影响，多种因素共同决定劳动收入份额，其中决定性因素是生产资料所有制。马克思经济学认为，在经济均衡发展时，劳动收入的增长应该与经济增长协调一致，否则社会总产品的价值补偿和实物补偿无法实现，社会总资本扩大再生产的条件无法满足，两大部类出现结构性失衡。资本主义社会国民分配格局通过影响积累能力、消费能力、剩余价值率、资本有机构成等因素作用于经济增长。资本主义国民收入分配不公带来生产和消费的经常性失衡，资本主义经济运行表现为周期性经济波动。西方经济学认为经济发展阶段、技术进步、劳资地位、市场结构、全球化等众多因素影响收入分配格局；国民收入分配通过影响经济增长的核心要素投入从而影响经济增长本身的路径来实现，收入分配格局从供给、需求和结构三个方面影响经济增长：供给方面，分配格局通过影响劳动供求、资本供求、技术进步、人力资本积累等核心增长要素作用于总供给；需求方面，分配格局通过影响消费和投资从而影响需求总量；结构方面，通过影响消费结构、投资结构、产业结构等方面影响经济结构。

我国国民收入分配格局在改革开放前后两个时期表现显著不同：要素分配方面，改革开放之前的劳动收入比重远高于改革开放之后；主体分配方面，改革开放之前分配比重从大到小分别为家庭收入、政府收入与企业收入，改革开放之后分别为家庭收入、企业收入和政府收入。改革开放以后，劳动收入比重呈现先逐渐上升、然后快速下降、接着反弹上升，但收入分配偏向资本的趋势是没有显著改变；家庭收入比重特征是先下降后上升，企业收入比重的特征先上升后下降，政府收入始终缓慢上升，总体上家庭收入比重偏低、企业与政府收入偏高；省级行政区收入分配格局，东部地区与中西部地区表现显著不同，表明收入分配格局与经济发展水平相关。当前，我国国民收入分配格局有所改善，但还处在结构性失衡状态，还没有达到最优收入分配格局。

我国国民收入分配格局的经济增长效应实证分析表明，改革开放以后，我国国民收入分配格局对经济增长的效应在1978年到20世纪90年代中期、90年代中期到2007年、2008年之后的三个时期结果差异很大。从经济总量效应、经济效率效应、经济结构效应以及收入差距效应等几个方面来看，改革开放初期到20世纪90年代中期的国民收入分配格局是促进经济增长的；90年代中期到2007年国民收入分配格局是严重失衡的，造成了经济的结构性失衡；2008年以后的国民收入分配格局有所改善，劳动收入与家庭收入比重增加，收入差距减少，经济增长效率和结构改善，国家收入分配制度改革初见成效。

国民收入分配格局的国际比较方面，近50年以来发达国家和发展中国家的劳动收入比重均呈明显下降趋势。我国与发达国家平均劳动收入占比还有较大差距，但是高于发展中国家的平均劳动收入占比。主体收入方面，我国的家庭收入与企业收入比重低于发达国家，政府收入比重高于发达国家。经过实证分析发现，第一，发达国家劳动份额与GDP增长率呈倒“U”形关系，即随着劳动收入份额的增加，GDP增长率呈现先提高后降低的变化特征；第二，随着家庭收入份额的增加，GDP增长率经历先增加而后下降的过程，家庭收入份额与GDP增长率亦呈倒“U”形关系。因此从发达国家发展经历表明，国民收入分配格局存在最优的变化区间，无论劳动收入还是资本收入都不能超过一定比重。对美国和日本两国的实践给我们的启示有：劳动收入比重应该与劳动生产率增长保持同步；劳动收入和资本收入应该保持合理比例；工业化中后期政府应该重视建立普通劳动者利益保护制度，政府对收入分配方面要始终关注公平问题，让市场机制起决定作用只会导致富者愈富、穷者愈穷；工业化后期与后工业阶段仍然要重视发展实体经济，严格控制虚拟经济过度膨胀。

根据评价国民收入格局的四个原则，本书认为2008年以来的我国国民收入分配格局调整的作用是积极的，但是与我国潜在的最优国民收入分配区间还有差距，劳动收入与家庭收入还处在倒“U”形曲线的左侧。主要问题是劳动收入较低而资本收入较高，家庭收入较低而企业、政府收入偏高。因此，我国应该高度重视普通劳动者的重要作用，适度控制资本收入比重，在收入分配中充分体现劳动价值，国民收入分配格局还应该继续向劳动倾向，提高家庭收入，适当限制企业收入和政府收入，这个过程还需要若干年的调整。最后，本书提出新时代国民收入分配调整的政策建议，包括深刻认识经济发展中效率与公平的辩证关系；切实落实公有制为主体的基本经济制度和按劳分配为主体的分配制度；深化生产要素市场化改革，降低市场扭曲程度；在企业中推行利润分享制，让劳动者分享生产剩余；提高劳动者的议价能力，建立职工工资正常增长机制；稳步推进城镇化和工业化进程，推动产业结构升级；拓宽居民劳动收入和财产性收入渠道；发挥政府在国民收入分配格局调整中的积极作用。

作者

2020 年 6 月

目　录

第一章

导　　论

第一节

选题背景与研究意义

一、选题背景

（一）经济增长与收入分配孰重孰轻

在经济学理论研究中，经济增长与收入分配无疑是最受关注的两大理论，增长问题与分配问题也是人类社会最关注的两大问题。前者关系到使用价值生产，它关注如何利用有限的资源生产更多的产品，就是如何做大蛋糕问题，体现效率原则和总量原则；后者关系到价值的分配，它关注如何合理地分配生产成果，就是如何分好蛋糕问题，体现公平原则和社会福利原则。尽管增长与分配贯穿于经济学研究的历史长河，但两者孰轻孰重是存在分歧的。从经济思想史发展演变来看，古典经济学家倾向于分配更重要。1819 年大卫·李嘉图在其著作《政治经济学及赋税原理》序言中写道“确立支配这种分配的法则，乃是政治经济学的主要问题”[①]；1848 年约翰·穆勒在《政治经济学原理》中表达了同样的观点：只有落后的国家增加生产才是最重要的事情；而在那些最先进的国家，需要的是

① 大卫·李嘉图：《政治经济学及赋税原理》，郭大力、王亚南译，商务印书馆 1962 年版，第 3 页。

更公平合理的财产分配。[①] 正因为如此，古典经济学在坚持劳动价值论的前提下，对价值在资本、劳动、土地等生产要素的分配原则做了基础性的研究，成为古典经济学主要成就之一。

然而，边际主义革命以后，边际生产力理论代替了劳动价值理论，经济学家对生产与分配的重要性认识发生了根本性变化。无论是强调以资源配置为中心的微观经济学，还是强调以经济增长为中心的宏观经济学，抑或是以强调发展为中心的发展经济学都把实现经济高速增长作为理论研究主体，他们认为相对于收入分配，财富生产更为重要，因为没有生产就没有分配。例如，福利经济学家庇古假设穷人所得份额不减，在其他条件不变的情况下，只要国民收入增加，必然会带来国民福利的增加。[②] 美国经济学家西蒙斯坚持认为和普通人与一般家庭息息相关的是总收入，因此我们的首要问题是生产，而不是收入再分配。[③] 而保守派经济学家哈耶克对收入分配政策的态度更为极端，他认为收入分配政策是集权主义对于市场竞争秩序的破坏，分配不公平是没有意义的，因此所有保证分配公平所做出的努力，必将使市场自发的秩序变成一种集权的秩序。[④] 新古典增长理论的代表人物索洛认为，研究增长并不需要收入分配来创造一个稳定的增长路径，索洛增长模型也不涉及收入分配。

实际上很难严格衡量增长与分配的哪个更为重要，它们并不是相互独立的，而是相互影响、互为因果的关系。增长是分配的物质基础，分配是可持续增长的必要条件，分配并非只与社会稳定与公平正义联系，财富如何公平分配，它关系到经济增长的福利效应。[⑤] 在增长与分配关系上分析最科学、认识最深刻的是马克思，马克思认为生产（增长）与分配不是独立的两个过程，针对有人指责政治经济学家把生产与分配的联系粗野地割裂开来，他严正地提出了反驳意见，指

---

① 约翰·斯图亚特·穆勒：《政治经济学原理》，金镝、金熠译，华夏出版社2013年版，第700页。

② 庇古：《福利经济学》第四版，麦克米伦出版社1932年版，第82页。转引自马丁·布朗芬布伦纳《收入分配理论》，方敏译，华夏出版社2009年版，第5页。

③ 亨利·西蒙斯：《自由社会的经济政策》，芝加哥大学出版社1948年版，第5页。转引自马丁·布朗芬布伦纳《收入分配理论》，方敏译，华夏出版社2009年版，第5页。

④ 哈耶克：《自由社会秩序原理》，朝圣山学社1966年版，第9页，转引自马丁·布朗芬布伦纳《收入分配理论》，方敏译，华夏出版社2009年版，第10页。

⑤ 权衡：《收入分配经济学》，上海人民出版社2017年版，第1页。

出生产、分配、交换和消费是一个不断循环往复的有机体，不能截然分开。一方面，马克思认为生产决定分配，“分配结构完全决定于生产结构，分配本身是生产的产物，不仅就对象说是如此，而且就形式说也是如此”。[①]这句话看起来分配是单方面受制于生产的，好像生产与分配毫无关系，但是马克思接着指出生产是离不开分配的，如在生产以前需要分配生产资料，需要在各类生产部门分配劳动力，等等，离开分配环节生产显然是无法进行的，生产与分配本质上是同一的。另一方面，马克思认为分配对生产起反作用。资本主义社会必然灭亡并不是资本主义生产力落后，而是资本主义社会的分配关系无法适应高度发达的生产能力，以致频繁爆发经济危机和严重的阶级对立。对此，马克思指出“分配关系，从而与之相适应的生产关系的一定的历史形式，同生产力，即生产能力及其要素的发展这两个方面之间的矛盾和对立一旦有了广度和深度，就表明这样的危机时刻已经到来。这时，在生产的物质发展和它的社会形式之间就发生冲突”。[②] 当代资本主义社会之所以“垂而不死、腐而不朽”，是西方政府能动地变革了收入分配制度，从而缓和了资本主义的基本矛盾。“收入分配制度变迁是当代资本主义社会生产与经济发展的内在稳定器和引擎……，在一定程度上拯救了西方资本主义世界。”[③]

马克思主义历史唯物论和辩证法认为生产力决定生产关系，生产关系对生产力有反作用。经济增长是生产力层面的范畴，而收入分配是生产关系层面的范畴，我们重视经济增长对收入分配的决定性作用，以经济建设为中心就是体现这个作用，但是我们也绝不能忽视收入分配对经济增长的反作用。经济增长是历史的动态的发展过程，因而与之相适应的分配制度也应该是不断调整、不断完善的历史过程；在特定历史条件下，分配关系变革可能对经济增长起关键作用。我们应该用马克思主义立场、观点和方法去正确分析增长与分配的关系，在中国特色社会主义进入生产力比较发达的新时代，我国更应该关注收入分配对经济增长的作用和影响。

---

① 《马克思恩格斯文集》第8卷，人民出版社2009年版，第19页。

② 《马克思恩格斯文集》第7卷，人民出版社2009年版，第1000页。

③ 韩保江：《西方世界的拯救——现代西方收入分配制度变迁与贡献》，山东人民出版社1998年版，第3页。

（二）研究背景

国际金融危机爆发已经10多年了，尽管全球联合实施反危机的财政金融政策，尤其是美国和欧洲推行一轮又一轮的“量化宽松政策”，但是全球经济仍然没有走上平稳增长的康庄大道，仍然处于调整和恢复之中。2015年国际货币基金组织（IMF）发布《世界经济展望报告》认为，在金融危机重创了全球经济增长潜能，这种影响可能会持续数年；2016年《世界经济展望报告》指出，受到大宗商品价格疲软、大规模资本外流以及金融市场波动性加剧的影响，发展中经济体增长速度为2008年国际金融危机以来最低①。西方主要国家的经济指标依然非常“难看”，10年来欧元区国家平均经济增长率低于1%，失业率高达10%以上。对于金融危机爆发的原因，西方主流经济学者认为是货币金融体系缺陷与金融监管缺失，归咎于“市场失灵”或“政府失灵”。例如，Garilch（2007）认为金融危机的爆发美联储的监管错位难辞其咎②；Henwig（2008）认为肇始于美国的金融危机演变成国际金融危机，根本原因是金融系统存在无法克服的结构性缺陷③。对于欧元区主权债务危机，西方主流经济学家几乎一边倒的认为是“过度福利”所致。由于受到意识形态以及理论分析范式的局限，西方主流经济学主观上不愿意或者客观上不能认识到资本主义金融危机爆发的根源，因而难以提出根治危机的政策措施。

而一直把收入分配与宏观经济作为核心议题的非主流经济学派，如马克思主义、后凯恩斯主义和历史学派，不仅从更深层面剖析了这场危机，还在早年就准确地预测到了这次危机。④ 例如，马克思在《资本论》中明确指出“一切真正的危机的最根本的原因，总是群众的贫困和他们的消费受到限制”。⑤ 我国一些学

① 参见：http：//www. imf. org/zh/Publications/WEO。

② Gralieh，E. M：“Booms and busts：The case of subprime mortgages，Presented at the Symposium：“Housing，Housing Finance，and Monetary Policy” in Jackson Hole，Wyomig Aug30 - SePt 1.

③ Hellwig，M：“Systemic risk in the financial sector，Reprints of the Max Planck Institute for Research on Collective Goods，Bonn2008，43.

④ 刘盾、施祖麟：《收入分配与经济增长——非主流理论、经济危机与中国实际》，北京交通大学出版社2016年版，第4页。

⑤ 《马克思恩格斯文集》第8卷，人民出版社2009年版，第548页。

者根据马克思主义的立场和方法，对于这场危机爆发的根源做出了科学的判断。程恩富（2009）认为危机的根源在于全球资本主义基本矛盾的激化，西方新自由主义的放任，放松了对金融系统运行的管制，以及不断扩大的贫富差距。[①] 曾康霖（2009）认为美国收入分配差距扩大，一方面导致精英集团产生，使自由竞争资本主义改变为权贵资本主义；另一方面导致储蓄与投资、储蓄与消费的失衡以及流动性过剩，共同推动金融危机产生。[②] 美国马克思主义经济学家大卫·科茨认为导致这次金融危机的深层次原因是新自由主义的资本主义，而新自由主义主张放松政府管制、减少社会福利、削弱工会力量、资方控制劳动方等。[③] 收入分配失衡是导致金融危机的重要原因，托马斯·皮凯迪在《21 世纪资本论》中坦言："在我看来，美国收入不平等的扩大在一定程度上会引发国家的金融不稳定，这是毫无疑问的。"[④] 美国最富有的前 0.1% 人群的收入占总收入比重在过去几十年间从 2% 增长至 10%，该涨幅是前所未有的。[⑤] 本次金融危机引发的经济危机是一场资本主义收入分配制度的危机，是资本收入与劳动收入比重结构性失衡导致的劳动者消费能力不足，本质上是生产的相对过剩引起的。不从资本主义收入分配制度——进而不从资本主义基本矛盾上寻求经济金融危机的根本原因，其认识都是肤浅的、片面的。

改革开放以来至 2012 年我国经济保持了 30 年多年两位数的高速发展，当前中国特色社会主义步入新时代，经济发展进入新常态。经济新常态以后的中国经济告别了长期依靠投资和出口的发展模式，试图通过经济体制改革转变经济增长方式，走创新型可持续发展道路。但经济转型并不是一帆风顺的，近年来我国经济社会发展面临一些结构性失衡问题：一是主要工业品产能过剩严重，不但传统产业如钢铁、煤炭、有色、水泥、造船等行业严重产能过剩，而且新兴产业如光伏、LED、多晶硅、碳纤维、锂电池等行业也出现过剩产能，产能过剩呈现全局

---

① 程恩富：《当前西方金融和经济危机与全球治理》，《管理学刊》，2009 年第 5 期。

② 曾康霖：《美国收入分配的贫富差距与金融经济危机》，《马克思主义与现实》，2009 年第 5 期。

③ 大卫·科茨：《美国此次金融危机的根本原因是新自由主义的资本主义》，《红旗文稿》，2008 年第 13 期。

④ 托马斯·皮凯迪：《21 世纪资本论》，巴曙松等译，中信出版社 2014 年版，第 303 页。

⑤ 托马斯·皮凯迪：《21 世纪资本论》，巴曙松等译，中信出版社 2014 年版，第 328 页。

性、长期性特征。产能过剩是投资结构失衡现象，但是根本原因是国民收入分配格局过度向资本倾斜，资本过剩造成过度投资。二是实体经济发展形势严峻，经济“脱实向虚”趋势明显。2012 年以来经济增长速度下滑，实体经济盈利能力大幅下降，而房地产行业、银行部门、资本市场等虚拟经济部门利润率远远高于制造业等实体经济部门，在利润的驱动下巨额资金进入了虚拟经济部门，进一步加剧了实体经济的资金短缺，制造了资产泡沫。经济的“脱实向虚”也是收入分配失衡的重要表现，以房地产为例，由于收入差距过大，高收入者把资金投向高收益的房地产领域，房价在他们的炒作下不断攀升，而中低收入者有购房刚性需求，不得不借钱买房，房地产成为财富从中低收入家庭向高收入家庭转移的市场，尽管政府不断加大房价调控力度，但是收效似乎甚微，房地产市场已经积累了大量泡沫。三是经济增长动力转换不畅，经济新常态下增长动力应该转向创新发展、消费引领，摆脱依靠大量投资和出口拉动经济增长的模式，但是由于居民总体收入还不高，并且财富主要集中在少部分人手中，因此居民的总体消费能力不高，消费还不足以替代投资成为经济增长的主要推动力；同时，创新发展除了需要创新制度、机制和环境的完善以外，最根本的是要有大量的创新型人才，但是由于受到收入限制，中低收入者对后代的人力资本投资不足，导致我国创新能力不强、潜力不足。四是由收入分配差距过大引发的社会问题层出不穷。当今身家千万、亿万资产的富豪为数不少，部分群体如演艺明星、煤老板、“富二代”等经常一掷千金地炫耀性挥霍消费，不断刺激公众的神经，同时还有几千万人口没有脱贫致富走向小康，巨大的财富反差导致社会的仇富心理严重，造成阶层对立和社会的不稳定。凡此种种问题并不是经济发展缓慢造成的，恰恰是经济发展过快而国民收入分配格局失衡问题造成的，特别是劳动收入份额不断走低，劳动收入增速与劳动生产率不成比例，居民收入增速与经济增长率不成比例，严重影响了普通百姓的获得感，造成了部分人群的心理失衡和过激行动。正像改革开放总设计师邓小平指出的那样“少部分人获得那么多财富，大多数人没有，这样发展下去总有一天会出问题。分配不公，会导致两极分化，到一定时候问题就会出来”。[①]

① 中共中央文献研究室：《邓小平年谱 1975～1997 年》下卷，中央文献出版社 2004 年版，第 1364 页。

正是在这种背景下，党的十八大首提、十九大继续坚持收入的“两个同步、两个提高”战略，既指明了我国国民收入分配未来调整的方向，也说明了新时代进一步研究国民收入分配格局的必要性。

二、研究意义

如前所述，金融危机以后世界经济陷入长时期深度调整之中，经济形势彻底好转尚待时日。在此背景下，我国经济发展进入了新常态。近年来，我国经济社会发展面临巨大挑战，经济发展速度显著放缓，收入差距悬殊、产能过剩严重、房地产泡沫膨胀、政府债务高企、实体经济不振、环境问题恶化、社会冲突增多等多方面短期内难以解决的问题接踵而来，转变经济发展方式步履维艰。这些经济与社会发展的失衡问题，从深层次分析，都与收入分配格局失衡问题直接或间接相关。长期以来，我们一直十分重视做大蛋糕总量，但是在如何公平分配蛋糕的行动上裹足不前。一些人没有认清公平分配的重要性，有些专家学者和政府官员对经济发展与收入分配的关系没有正确认识，迷信所谓的库兹涅茨倒“U”形曲线规律，认为分配问题会随着经济的增长自然得到解决，但事实是经济发展起来以后我国收入分配问题不但没有缓解反而更加严重。长时期的收入分配格局失衡对经济增长的抑制作用正在显示出来。当前，在习近平新时代中国特色社会主义思想的指导下，中央正在深入推进供给侧结构性改革，如果能顺势而为，推动国民收入分配制度改革，形成合理有序的收入分配格局，形成分配与增长良好的互动关系，对我国顺利实现“两个百年”奋斗目标意义重大。

古典经济学家非常重视研究国民收入分配。大卫·李嘉图认为确立收入分配的原则是政治经济学研究的主要问题，马克思主义、新古典学派、后凯恩斯学派等都有系统的理论解释要素收入的分配比例和经济效应，卡尔多（1961）将劳动收入占国民收入的比重保持稳定的现象作为宏观经济增长的六大特征之一，该观点被广泛接受并被称为“卡尔多事实”。伴随着收入差距日益扩大，经济学家关注的重点转向家庭和个人收入差距问题、收入不平等问题，即规模性收入分配问题，直到进入21世纪国民收入功能性分配问题才再次成为研究热点，原因是经济学家（如Guscina，2006；Piketty，2013）发现20世纪中后期，发达国家劳动收入比重并不符合“卡尔多事实”，而是呈现不断下降趋势，认为这将导致发达国家出现一系列严重问题；我国不少经济学者（李稻葵等，2009；白重恩、钱震杰，2010；罗长远、张军，2009；周明海等，2010）发现近年来我国劳动收入也呈不断下降趋势，他们主要研究劳动收入下降的各种原因，但是对国民收入分配的经济效应系统性研究比较少。进入21世纪以后，我国经济学者主要关注收入差距问题，以及收入差距与经济增长关系问题，而研究国民收入分配格局与经济增长关系的论文相对较少。在中国知网中输入主题“收入差距与经济增长”，结果显示中文社会科学引文索引（CSSCI）论文有900多篇，而输入主题“国民收入分配与经济增长”的论文仅百余篇。关于收入分配的论文中，有的研究针对经济发展中的收入分配问题，如研究我国的库兹涅茨倒“U”形曲线，重点探讨经济增长对收入分配的影响；有的研究收入不平等对经济增长的影响，但收入差距只是国民收入分配格局失衡的一个层面，而国民收入分配格局涉及劳资分配格局以及居民、企业、政府等主体收入格局，因而没有从国民收入分配格局这个更为宏观层次上研究收入分配对经济增长的影响。

宏观层面的收入分配格局是政府宏观调控的重要政策手段，对于促进宏观经济的均衡健康发展至关重要。研究国民收入分配格局有重要的意义。首先，通过国民收入分配格局的研究可以判断国民收入分配是否公平合理。劳动收入与资本收入的比重反映了普通劳动者与资本所有者的经济地位差距，如果劳动收入份额远低于资本收入份额，表明国民收入是偏向资本、不利于劳动的，这个社会的公平性应该受到质疑。合理的收入分配格局还应该兼顾国家、企业和个人的利益，有利于调动各方面的积极性，利用好各方面的资源。① 其次，国民收入分配格局与经济增长密切相关，不仅影响经济增长的速度，还会影响经济结构和经济增长方式，公平合理的分配格局有利于经济持续稳定增长，反之，收入分配格局长期失衡必将导致经济增长不可持续。例如，居民、企业和

① 张宇：《中国特色社会主义政治经济学》，中国人民大学出版社2016年版，第192页。

政府三个部门的收入情况直接关系到居民的消费和储蓄、企业的投资能力、政府宏观调控和公共服务水平，而消费、储蓄、投资、公共服务等与经济发展息息相关。马克思唯物史观认为生产力决定生产关系，但是生产关系对生产力有反作用，两者是辩证统一的，而当前对收入分配反作用于经济增长的研究还不够深入，因此“新时代国民收入分配格局的经济增长效应”这个课题有研究的必要性和研究空间。

本书研究重点在于梳理国民收入分配格局对经济增长的影响机理与传导机制，实证分析我国国民收入分配格局的经济增长效应，研究当前我国国民收入分配格局失衡的原因和后果，探讨符合经济可持续增长的合理收入分配格局，以马克思主义政治经济学与中国特色社会主义政治经济学为指导，合理借鉴西方经济学的研究工具和研究成果，提出适应新时代经济发展与供给侧结构性改革要求的收入分配格局调整的政策建议。

第二节 概念术语与研究对象

一、概念与术语

本书研究国民收入分配格局对经济增长的影响，在开始深入研究以前，首先界定相关的概念与术语的内涵。

（一）收入分配类型

居民收入（personal income）：也称个人收入，是指个人或家庭的收入流，这种收入可以是靠出卖劳动或者拥有资产的结果，也可以是转移支付的结果。[①] 按照收入来源不同，居民收入主要由工资性收入、经营性收入、财产性收入和转移

① 戴维·W. 皮尔斯：《现代经济学词典》，上海译文出版社 1988 年版，第 461 页。

性收入等四种形式收入组成，前三种属于初次分配领域收入，主要受市场机制支配，转移性收入属于再分配领域收入，它受政府政策、慈善、赠与制度发展程度的制约。

劳动收入与资本收入：居民收入按照收入来源的性质分为劳动收入与资本收入。劳动收入指受雇于单位或个人靠出卖劳动力获得的收入，既包括通过劳动所获得的工资、奖金、各种津贴、补贴等工薪收入，也包括劳动所获得的稿酬、讲课费、咨询费、劳务费等。特别地，非公企业主、个体户从事经营管理劳动所获得的相当于被雇用经营管理人员薪酬水平的收入，也属于劳动收入；资本收入是指凭借个人拥有资产获得的收入，资产既包括金融资产如货币储蓄、股票、债券和其他金融资产等能够产生利息形式的所有权凭证，也包括实物资产如土地、房屋、机器设备、存货等，还包括重要的财产如黄金、白银、艺术品、珠宝等，以及无形资产如著作权、商标权、专利等①。

国民收入（national income）：是指物质生产部门劳动者在一定时期所创造的价值；是一国生产要素在一定时期内提供生产性服务所得报酬即工资、利息、租金和利润等的总和。在已知国内生产总值（GDP）的情况下，扣除资本折旧，得到国内生产净值，再扣除间接税和企业转移支付加政府补助金，就是国民收入。国民收入减去公司未分配利润、公司所得税以及社会保险，加政府对个人的转移支付，大致就是总和意义上的个人收入。②

收入初次分配（initial distribution of income）：指因参与生产过程或因拥有生产活动所需资产的所有权而获得的收入在不同主体之间的分配。初次分配是在直接参与生产的诸要素如劳动力、资本、土地和技术等之间分配，由于它们对生产做出相应贡献而获得的收入，它主要依靠市场机制来调节，反映生产要素的生产效率，包括雇员收入、营业盈余、生产和进口税、生产和进口补贴、混合收入等。经过初次分配以后，企业、居民和政府获得了各自的初次分配收入。初次分配收入在很大程度上决定了一个社会最终收入分配的格局。③ 不少学者的研究表

---

① 权衡：《收入分配经济学》，上海人民出版社 2017 年版，第 35 页。

② 高鸿业：《西方经济学》，中国人民大学出版社 2009 年版，第 434 页。

③ 权衡、李凌等：《国民收入分配结构形成机理与调整思路》，上海社会科学院出版社 2015 年版，第 15 页。

明，如果市场调节机制不合理或市场分配秩序混乱，初次分配很容易造成收入差距悬殊和分配不公等经济社会问题。当前我国收入差距过大的重要原因是国民收入初次分配的差距造成的。

收入再分配（redistribution of income）：是指在初次分配的基础上，收入通过经常转移的形式在机构单位之间进行分配，这种分配具有无偿性（如政府给居民的各种社会福利和补贴）和强制性（如各种税收）特征，包括所得税、财产税、社会保障、社会福利和社会补贴等。通过再分配，企业、居民和政府取得可支配收入。再分配是政府利用法律、财税等手段在宏观层面上对初次分配进行再次调节，它充分发挥政府在弥补市场对收入分配机制“失灵”上的功能，是政府宏观调控机制的重要组成部分，对维护收入公平、保障社会稳定具有重要作用。通过再分配以后，最终的收入分配格局就定型了。

功能性收入分配（functional distribution of income）：也称为要素收入分配，它起源于大卫·李嘉图（Ricardo）确立的国民收入在生产要素之间的分配法则，是根据生产要素的所有者在生产中所做出的贡献获得的收入份额，它从收入来源角度研究收入分配，根据古典经济学的研究，劳动力获得工资、土地所有者获得地租、资本所有者获得利润。功能性收入分配一般是在初次分配领域通过市场机制的作用形成，并主要通过市场机制进行分配调节，追求的是效率目标，收入差距主要由此产生①。功能性收入分配研究的是国民收入在工资、利润和地租等之间的分配；考察国民收入在不同生产要素之间的分配份额（如劳动收入与资本收入比重）大小是否合理，是宏观意义上的收入分配。

规模性收入分配（size distribution of income）：也称个人收入分配或家庭收入分配，它起源于帕累托（Pareto）的规模分配论，根据社会经济特征，如职业、教育、种族、年龄、收入水平等将个人和家庭进行分类，把居民个人（或家庭）作为收入主体对国民收入进行的分配，考察的是不同个人（家庭）收入大小，或不同阶层的人口比重与所获得的收入份额之间的关系是否合理，是微观意义上的收入分配。规模性收入分配一般是在再分配领域通过政府机制作

---

① 权衡等：《收入分配经济学》，上海人民出版社 2017 年版，第 32 页。

用形成，并主要通过经济、法律和行政手段对初次分配形成的收入差距进行调剂，追求的是公平目标。

功能性收入分配与规模性收入分配是既有联系又有区别的两个概念，前者是从收入来源角度研究收入分配，后者从不同个体收入大小角度研究收入分配。一般来说，功能性收入差距越大，规模性收入差距就越大，收入的功能分配决定收入的规模分配。因而，任何加强功能性分配的政策措施都会影响规模性分配。

（二）经济增长

经济增长（economic growth）：西方经济学家一般从生产力增加角度定义经济增长，他们不考虑生产关系。英国经济学家戴维·W. 皮尔斯认为经济增长一般指国民生产净值的实际水平的增加，[①] 即一国或地区在一定时间内产品和劳务产出增加值，通常以 GDP 年增长率及其人均 GDP 增长率来表示。萨缪尔森认为代表一国潜在的国民产出的增加，当一国生产的可能性边界向外移动推移时，就实现了经济增长；[②] 萨缪尔森认为经济增长的发动机必须依靠四个轮子：分别为资本（机器、厂房等）、人力资本（劳动供给、教育、激励、纪律）、自然资源（土地、矿产等）和技术（科学、管理、企业家才能等）。

与西方经济学家不同，马克思在研究经济增长时，即研究生产力也研究生产关系，他认为在资本主义的经济增长就是资本的积累过程，实际上是剩余价值转化为资本从而扩大再生产的物质生产过程，资本主义的经济增长过程就是资本家越来越多地占有工人无偿劳动的过程。马克思认为影响资本主义经济增长的主要因素有剩余价值率、社会劳动生产率、两个部类的比例结构以及收入分配状况等。

与经济增长相联系的概念是经济发展（economic development），两者既有联系又有区别，前者主要指更多的产出和更高的产生效率；后者既包括更多的

---

① 戴维·W. 皮尔斯：《现代经济学词典》，上海译文出版社 1988 年版，第 169 页。

② 保罗·萨缪尔森、威廉·诺德豪斯：《经济学》第 18 版，萧琛主译，人民邮电出版社 2008 年版，第 484－485 页。

产出，同时也包括生产和分配所依赖的技术和体制安排的变革，如经济社会结构的优化、发展质量的提高、社会福利的改善等。马克思在《1857～1858年经济学手稿》中论述了未来社会经济发展目的，他认为经济发展不仅要创造极大丰富的物质财富，使人类摆脱物质依赖状况，实现人的自由全面发展，表明马克思把物质财富增长看作人的解放的手段，而不是目标。鲁斯·赫里克和查理斯·P. 金德尔伯格在其合著的《经济发展》一书中指出经济发展至少包括三个部分，即产出的快速增长、经济结构的变化、群众贫困的减少。在本书的研究中，经济增长和经济发展两者不做严格区分，但更倾向于经济发展表达的内涵。

二、研究对象

本书研究对象是国民收入分配格局的经济增长效应，这里有两个关键词：一是国民收入分配格局，包括国民收入在劳动与资本之间的要素收入格局，以及在家庭、企业和政府三者之间的主体收入格局；二是经济增长效应，指要素收入格局与主体收入格局对经济增长的总量效应、效率效应和结构效应。

（一）国民收入分配格局

1. 国民收入分配流程的三阶段

马克思把社会再生产分为四个阶段，以生产为起点，经历生产、分配、交换和消费四个环节，这四个阶段是周而复始连续不断的循环。商品生产是使用价值再生产和价值再生产的统一，只有商品生产才能产生出可分配的国民收入；分配是把生产部门提供的国民收入依据一定的规则在不同要素所有者之间的分割；交换是商品实物形态与价值形态的转换，是不可缺少的媒介；消费是用分配来的国民收入把商品变成享用或使用的对象。1917年，熊彼特提出国民收入从生产、分配和使用这个经济循环的三个阶段进行计算和分析，第一次提出了国民收入核算的三方等价原则，即国民收入生产额＝国民收入分配额＝国民收入支出额，这种思想后来形成国民收入核算的三种方法，即生产法、分配法和支出法。国民收入一经生产出来，在流转过程中国民收入总量不会发生变化，因而无论是生产法、分配法还是支出法核算的国民收入理论上应该是相等的。这三个阶段可以用表1－1示[①]：

表1－1　　国民收入的生产、分配和使用三阶段示意

各部门增加值	各种国民收入	各种国民支出
1. 第一产业增加值 2. 第二产业增加值 3. 第三产业增加值 4. 来自国外的净要素收入	1. 劳动报酬 1.1 职工报酬 1.2 个体劳动者报酬 2. 资本收入 2.1 财产性收入：利息、租金、红利等 2.2 企业留存收益 3. 生产税净额	1. 居民消费支出 2. 政府消费支出 3. 国内总投资 3.1 固定资产投资 3.2 存货变动 4. 进出口 5. 补偿中间消耗支出
合计社会总产值	合计社会总收入	合计社会总支出

2. 国民收入分配

我们主要关注国民收入流程中的第二个阶段，即国民收入的分配阶段。社会再生产创造出来的生产增加值，其价值形态从性质上由劳动收入和资本收入两部分构成，在实践中划分为劳动报酬、资本收入与生产税金额三部分；国民收入经过初次分配与再分配以后，形成了政府部门（包括所有从事非营利业务的机构和组织，如党政机关、服务型组织等）、企业部门（包括金融企业与非金融企业）和住户部门（城镇与农村居民）三个部门的初次收入与可支配收入，由此形成国民收入初次分配格局与再分配格局（见图1－1）。国民收入的初次分配指国民收入在物质生产领域内部直接对生产增加值进行的分配，国民收入的初次分配关系到家庭、企业和国家三个方面的经济利益，并在很大程度上决定了消费和储蓄的比例。国民收入再分配是在各部门获得初次分配收入的基础上，经过政府的强制力量（如税收）、转移支付、金融机构对资金流动的中介力量等形式对各部门收入进行的一次再调整，[②] 通过再分配形成各部门的可支配收入。

① 范一飞：《国民收入流程及分配格局分析》，中国人民大学出版社1994年版，第49页。
② 石良平：《中国国民收入分配格局》，上海人民出版社1993年版，第52页。

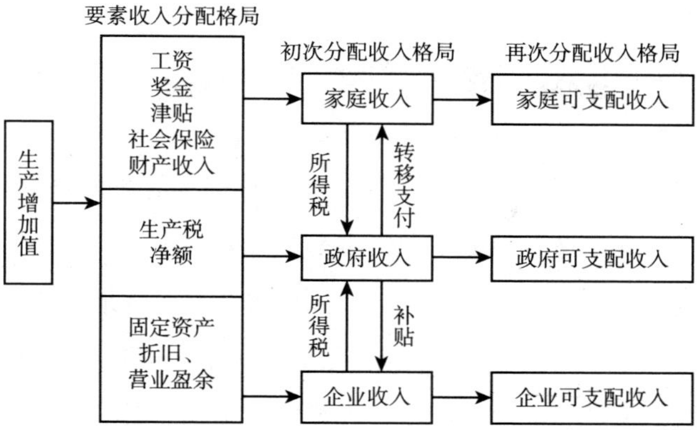

图 1－1 国民收入分配格局的形成

3. 国民收入分配格局内涵

国民收入分配格局是一个国家或地区的国民收入，在一定的规则下进行分配后形成的一种状态或结构，也可以指不同收入的比例关系或结构变迁。按照收入来源的性质不同，国民收入最终分为劳动和资本两种收入，这两种收入的比例关系与动态变化趋势就是国民收入的要素分配格局。经过初次分配后，国民收入被分割为家庭（在本书研究中，经济主体中的居民、住户和家庭三个名词的范畴一致，不作区分）、政府和企业三个部门的初次收入，这三者之间的比例关系以及不同年份的结构变迁称为国民收入初次分配格局；经过再分配，国民收入最终形成了居民、政府和企业三个部门的可支配收入，它们之间的关系称为国民收入再分配格局。在现代经济体系中，从参与经济发展的主体看，是由居民、企业和政府三大主体构成，三者缺一不可。因此，国民收入分配在居民、企业和政府之间的分配格局也称为主体收入分配格局。

格局不仅仅是简单的比例问题，实际上反映各相关利益主体在国民收入分配中的博弈，马克思曾指出“人们奋斗所争取的一切，都同他们的利益有关”，没有获得与付出适应的利益，经济主体将失去创造的动力，经济也将失去活力。从哲学上讲，格局既是静态概念又是动态概念，某一时刻的格局是静态概念，但从一个时刻到另一个时刻的格局就是动态的调整过程，这个过程可能只是数量上微小的变化，对全局不产生根本性影响，也可能发生从量变到质变的变化，对全局产生根本性变化。国民收入分配格局的变化，既有可能导致经济增长从不均衡到均衡状态，也有可能相反。

本书集中研究国民收入分配格局的经济增长效应，重点考察两类收入分配格局对经济增长的作用：一是劳动与资本两者的要素收入分配格局，二是居民、企业和政府三者的主体收入分配格局。选择劳动和资本的收入格局作为研究对象，一是因为经济增长理论模型中劳动和资本都是重要的生产要素，劳动的数量和质量、资本的数量和构成以及劳动与资本的比例关系对经济增长都有重要影响。在古典经济学和马克思主义政治经济学增长理论中劳动和资本的重要性毋庸置疑，在新古典经济增长模型和内生经济增长模型中，尽管两者对经济增长的重要性有所下降，技术、管理、人力资本、制度等因素的重要性在上升，但劳动和资本仍然是不可替代的。二是因为有大量研究表明（如马克思的《资本论》和托马斯·皮凯迪的《21 世纪资本论》等）资本的收入差距要大于劳动收入的差距，收入差距主要原因在于资本拥有量的初始差异。在资本主义社会中工人主要获得劳动收入（当然不排除有少量资本收入），资本家主要获得资本收入（当然资本家也有劳动收入），劳资冲突是影响资本主义社会稳定的主要因素。不可否认，当前我国富裕阶层的资本收入远远大于普通收入阶层，劳动收入与资本收入分配失衡是我国收入差距过大的重要原因，不利于实现共享发展理念，不利于实现以人民为中心的发展思想，更不利于经济的长远发展。选择居民、企业和政府分配格局为研究对象，因为现代经济发展中居民、企业和政府是三大经济主体，居民为社会提供劳动和储蓄获得收入，企业组织生产为社会提供产品和服务获得利润，政府为社会发展实施宏观调控、提供公共服务需要一定的财政收入；居民收入进一步转化为消费和储蓄，企业利润转化为下一轮投资，政府财政收入能够提供更好的公共服务，从而推动经济不断增长。合理的居民、企业和政府分配格局有利于经济增长，不合理的分配格局不利于经济增长。

（二）收入分配的经济增长效应

收入分配的经济增长效应，指既定的收入分配格局对经济增长的影响和作用机理，具体来说包括总量增长效应、结构优化效应、效率提高效应等三个方面。总量增长效应是指收入分配的结构和演变对经济增长总量的影响，即收入分配对经济增长是促进作用还是抑制作用；结构优化效应，是指收入分配状况对重要的经济结构起优化作用还是恶化作用，如投资和消费结构、三次产业结构、城乡二元结构等；效率提高效应，是指收入分配状况对劳动生产率、全要素生产率等经济效率是否起到改进作用。首先应该从理论上厘清收入分配对经济增长作用的机理和途径，表明收入分配与经济增长之间存在因果逻辑关系，其次要证明这种逻辑关系在经济实践中是否能够得到验证。需要注意的是，尽管在理论上收入分配对经济增长作用机理比较清楚，但是实践并不一定按照理论逻辑清晰地展现，即实践并不是理论的简单再现，因为实践是无数种因素综合作用的结果，理论不可能穷尽所有的实践因素。收入分配对经济增长的理论分析结论在不同的国家和地区、同一国家不同的发展阶段既有可能适用，也有可能不适用，要具体问题具体分析。

第三节

相关研究综述

古典经济学十分关注功能性（要素）收入分配问题，从威廉·配第、亚当·斯密到大卫·李嘉图、马克思等著名经济学家都将要素收入分配作为研究重点，极大地增进了人们对市场经济条件下生产方式和利益格局的理解。20世纪上半叶凯恩斯、索洛、卡尔多等著名经济学家研究认为要素收入份额基本稳定，使人们对功能性收入分配的研究兴趣大大降低。而随着收入差距的日益扩大，经济学家掀起了研究规模性收入分配的热潮，直到21世纪初，不少经济学家发现世界范围内的劳动收入份额显著降低，特别是2008年爆发的国际金融危机被认为是劳资收入失衡的后果，功能性收入分配再次被研究者重视起来，国内外的研究主要包括劳动收入份额与主体收入分配份额的变化趋势、国民收入分配格局失衡的原因分析、要素收入分配格局变化对经济增长的影响等。

一、对要素收入分配格局的研究

英美等发达国家国民收入的统计资料比较健全，统计工作开展得也很早，因而可有条件对要素收入份额的变化进行长期统计分析。早期的研究一般认为劳动收入份额是比较稳定的，Bowley（1927）首先对英国要素收入份额进行研究，明确提出劳动收入份额具有稳定性。[①] Brown 和 Hart（1952）的研究表明 1870～1950 年英国的工资收入份额高度稳定，印证了 Bowley 的观点。[②] 库兹涅茨（1937）对美国 1919～1935 年的劳动收入进行估算，结果表明 1929～1935 年劳动收入在 39%～42% 小幅波动。[③] 后来的研究如 Dunlop（1950）、Klein（1961）等也显示美国 20 世纪前 50 年劳动收入份额比较稳定。这些研究结果后来被称为“卡尔多事实”，即劳动收入份额长期保持相对稳定。然而，对于“卡尔多事实”这一结论却一直有争议，后来的实证研究认为劳动收入份额稳定并不是一条铁律。Lianos（1971）发现美国 1949～1968 年农业劳动收入份额有明显的下降。[④] 近年对欧美国家和发展中国家的研究认为劳动收入份额至少在中期内不是稳定的（e. g. Blanchard，1997；Diwan；2001；Harrison，2002；et al.）。[⑤]

多数研究表明近年来我国劳动收入占比是不断下降的。罗长远、张军（2009）根据我国统计数据计算得到，我国劳动收入 1995 年为 51.4%，而到了 2003 年这一比重下降到 46.2%，该比重的国际值一般在 55%～65%，显然我国比重大大低于国际水平。[⑥] 李稻葵（2009）利用跨国经济核算数据做比较分析，表明与发达国家的经验相比，中国工业化过程中的劳动份额明显偏低。1960 年

① Bowleyal，Stampj. The National Income，Oxford Clarendon Press，1927：71－85.

② Brownehp，Hartpe. The Share of Wages in National Income，The Economic Journal，1952，62（246）：253－277。

③ Kuznets，S，(1937)，National Income and capital formation，1919－1935：A Preliminary report，NBER.

④ Lianos，Theodor P：the Relative Share of Labor in the Unite States Agriculture，1949－1968，American Journal of Agricultural Economics，1971，53（3）：411－422.

⑤ 钱震杰：《中国国民收入的要素份额研究》，中国金融出版社 2011 年版，第 25 页。

⑥ 罗长远、张军：《经济发展中的劳动收入占比：基于中国产业数据的实证研究》，《中国社会科学》，2009 年第 4 期。

日本劳动份额达到67%，而中国1978～1995年劳动收入比重低于日本20多个百分点。[①] 但是也有少数学者对劳动收入份额偏低的观点持谨慎怀疑态度。钱震杰、朱晓冬（2013）认为尽管劳动收入份额在过去10多年不断下降，但是从国际比较角度审视制造业层面的中外劳动收入份额，直接比较和回归分析均未发现中国制造业劳动份额显著低于世界平均水平的证据。[②] 张车伟、张士斌（2010）利用调整后的劳动报酬数据研究表明，中国劳动份额在1978～1998年小幅上升，而1999～2007年略微下降，劳动收入占比下降是最近几年的现象，1978～2007年总体保持稳定；但是他们指出中国劳动份额并没有与经济增长、产业结构升级同步增加，是低水平的稳定，是中国经济深层次矛盾和问题的根源。[③]

二、对我国主体收入分配格局的研究

国民收入在居民、企业和政府之间的分配格局是不断变化的，多数研究表明我国国民收入分配格局处于失衡状态。郭代模（1993）实证研究认为1978年改革开放至20世纪90年代政府收入份额急剧下降，而个人收入大幅上升，集体（企业）收入份额在初次分配中上升明显，但再分配中又降了下来。由于国家减税让利给企业，企业又转移给居民，导致国家和企业双重困难，不利于经济长远发展。[④] 持有相同观点的还有周富祥。[⑤] 而胡海峰（1994）的观点与他们不同，他认为国民收入向个人倾斜是偿还历史欠账、提高人民生活水平、经济发展战略转变带来的结果；这个时期国民收入分配格局推动了经济增长，促进了产业结构升级换代，因而是合理的，以后国民收入分配格局应继续向个人倾斜。[⑥] 国家计

---

① 李稻葵、刘霖林、王红领：《GDP中劳动份额演变的“U”形规律》，《经济研究》，2009年第1期。

② 钱震杰、朱晓冬：《中国的劳动份额是否真的很低：基于制造业的国际比较研究》，《世界经济》，2013年第10期。

③ 张车伟、张士斌：《中国初次收入分配格局的变动与问题——以劳动报酬占GDP份额为视角》，《中国人口科学》，2010年第5期。

④ 郭代模：《对国民收入分配格局的探究》，《财政研究》，1993年第7期。

⑤ 周富祥：《正确评估国民收入分配格局的变化》，《改革》，1992年第5期。

⑥ 胡海峰：《我国国民收入分配格局的演变过程及其走势》，《人文杂志》，1994年第2期。

委综合司课题组（1999）研究了20世纪90年代我国国民收入分配的宏观变化，使用资金流量法实证表明90年代宏观分配的总体格局没有发生实质性的变化，居民收入份额基本稳定，企业所得份额略有减少，政府收入份额小幅提高，整体格局延续了80年代以来的状态，收入分配问题主要不是政府、企业和个人三者之间比例的不合理，而是三者内部结构不合理。①

2000年以后国民收入格局发了深刻变化，体现为政府和企业收入份额在增加，而居民收入大幅降低。魏众（2014）以2000~2011年资金流量表为基础，分析我国国民收入在企业、政府和居民三部门之间分配格局的变化，结果表明：第一，初次分配中住户部门份额总体上出现了下降，受益者是企业部门；再分配中住户部门的份额持续且大幅度下滑，受益者是剩下的两个部门。第二，政府部门利用自己在再分配过程中的主导地位，造就了向政府部门严重倾斜的再分配过程。②安体富、蒋震（2009）将中国的国民收入分配格局与日本、美国做比较研究，结果发现中国国民收入分配格局向政府和企业倾斜，居民的收入份额是不断下降的。③ 白重恩、钱震杰（2009）使用调整后的资金流量表，实证表明1996~2005年企业和政府部门更多地分享了经济增长所带来的好处，而居民收入份额减少是显著的。④ 李扬、殷剑锋（2007）利用1992~2003年中国资金流量表分析认为，居民的劳动报酬和财产收入都在下降，居民劳动收入的下降原因是企业支付的劳动报酬相对较低；企业收入小幅上升；政府在初次分配和再分配中收入比重都是大幅上升的。⑤ 周慧、岳希明（2019）研究了改革开放以来中国1978~2016年各部门间初次收入分配格局的变化趋势，并与OECD成员国家进行了对比分析，发现2016年中国居民部门收入份额低于发达国家约8.66

---

① 国家计委综合司课题组：《90年代我国宏观收入分配的实证研究》，《经济研究》，1999年第11期。

② 魏众：《2000~2011年中国宏观分配格局中的问题分析——基于资金流量表的分析》，《经济学动态》，2014年第11期。

③ 安体富、蒋震：《调整国民收入分配格局，提高居民收入所占比重》，《财贸经济》，2009年第7期。

④ 白重恩、钱震杰：《谁在挤占居民的收入——中国国民收入分配格局分析》，《中国社会科学》，2009年第5期。

⑤ 李扬、殷剑锋：《中国高储蓄率问题探究——1992~2003年中国资金流量表的分析》，《经济研究》，2007年第6期。

个百分点，而金融企业部门高出约 3.51 个百分点，非金融企业部门高出约 3.80 个百分点①。

三、对我国要素收入分配格局形成原因的研究

多数研究表明 20 世纪 90 年代以后我国劳动收入份额是过低的（李稻葵，2009；白重恩、钱震杰，2009；罗长远、张军，2009；周明海，2010；张车伟，2015 等）。我国的劳动报酬比重不仅低于发达国家，也低于很多发展中国家，国民收入分配呈现“强资本、弱劳动”的态势。对于国民收入分配失衡的原因，理论界从不同角度进行分析解读，得出了不少很有价值的结论。

对于我国劳动收入分配偏低的原因，一些学者从刘易斯的二元结构理论出发，认为我国经济发展符合二元结构理论表述的演进轨迹，劳动收入份额降低是二元经济向现代经济发展过程中的必然现象。李稻葵（2009）以二元经济理论为背景构建二元经济中劳动力转移的数理模型，分析了在劳动力由农业向工业转移的过程中经历的三个阶段：第一阶段，劳动力从农业部门转移到工业部门初期，工业部门的边际产出增加，而工业部门的工资没有边际产出增长快，因而出现劳动收入份额下降趋势；第二阶段，劳动力转移中期，工业部门的边际产出开始下降，农业部门的边际产出增加，因而带动工业部门工资加速上升，劳动报酬在最低位趋于平稳；第三阶段，劳动力转移末期，工业部门边际产出继续下降，最终工人工资等于边际产品，而农业部门边际产出继续提高，工资开始上升，这时劳动报酬开始增加。结论是在劳动力由农业向工业转移的过程中，劳动份额经历了一个先下降后上升的过程，而总产出不断提高，劳动份额与人均产出呈正“U”形关系。②龚刚、杨光（2010）构建一个凯恩斯主义特征的非均衡动态模型框架，实证分析认为中国具有二元经济结构下劳动力的无限供给特征，劳动力市场的无限供给使工资对劳动力市场的供求关系变化反应不灵敏，劳动生产率和物价的变

① 周慧、岳希明：《中国国民收入分配格局的现状与国际比较》，《国际税收》，2019 年第 10 期。

② 李稻葵、刘霖林、王红领：《GDP 中劳动份额演变的“U”形规律》，《经济研究》，2009 年第 1 期。

化对工资的影响不够敏感，因而经济增长和劳动生产率提高所带来的大部分收益转化为利润而不是工资，这是我国劳动报酬下降的根本原因。①

产业结构变化反映了二元结构的改变，因而要素收入分配与产业结构调整存在密切联系，劳动收入占比下降可能是产业结构调整和经济发展的一个阶段性特征（罗长远、张军，2009），他们认为工业化时期是第一产业地位逐渐降低、二三产业逐渐提升的过程，整个经济的劳动收入占比会经历一个下降阶段，工业化完成之后，服务业成为经济发展的引擎，劳动收入将会逐渐提高。② 对中国的实证分析表明，1996 年之前劳动报酬占比提高与三次产业的劳动收入占比均有增加，以及第一、第三产业比重提高有关，但最主要的原因则是第二产业劳动收入占比提高；1996 年之后劳动收入占比下降，主要是因为工业化程度提高后，第一产业比重下降而第三产业比重没有提高造成的。白重恩、钱震杰（2010）实证分析表明，当经济结构从农业转向非农业部门时，劳动收入比重下降，当从工业转向服务业部门时，劳动收入比重是提高的。③ 这个结论与罗长远、张军基本相同。然而，周茂等学者（2018）的研究结果与罗长远等人不同，他们认为产业升级增强了对高技能劳动即人力资本的需求和依赖，这种劳动收入的技能结构转变通过拉高高技能劳动者的相对工资、从业人数比重及劳动收入，进而提升了劳动报酬总和在增加值中所占的份额，因此产业升级显著提升了劳动收入份额④。

一些学者将劳动收入份额下降的原因归结为技术进步的影响。理论研究表明，资本节约型技术进步会拉动劳动收入比重的上升，而劳动节约型技术进步将导致劳动收入比重的下降。黄先海、徐圣（2009）⑤ 引入希克斯要素偏向型技术进步的思想，估计了我国劳动密集型和资本密集型部门的劳动边际产出弹性，并分解了这两个部门劳动收入，发现我国资本深化能提高劳动收入比重，但大于 0

---

① 龚刚、杨光：《从功能性收入看中国收入分配的不平等》，《中国社会科学》，2010 年第 2 期。

② 罗长远、张军：《经济发展中的劳动收入占比：基于中国产业数据的实证研究》，《中国社会科学》，2009 年第 4 期。

③ 白重恩、钱震杰：《劳动收入份额决定因素：来自中国省际面板数据的证据》，《世界经济》，2010 年第 12 期。

④ 周茂、陆毅、李雨浓：《地区产业升级与劳动收入份额》，《经济研究》，2018 年第 11 期。

⑤ 黄先海、徐圣：《中国劳动收入比重下降成因分析——基于劳动节约型技术进步的视角》，《经济研究》，2009 年第 7 期。

小于1的乘数效应缩小了其对劳动收入比重的正向拉动作用，而采用劳动节约型技术进步是这两类部门劳动收入比重下降的最主要原因。王林辉等（2015）[①] 通过计算得出中国各地区的资本与劳动替代弹性均小于1，技术进步整体上呈现资本偏向性；而要素禀赋结构对技术进步偏向性的影响存在门限效应，在门限值之前，由于采用技术进步资本偏向性而降低劳动收入份额；在门限值以后，技术进步劳动偏向性而提升劳动收入份额，并指出中国多数地区仍没有跨越门限值。杨扬等（2018）利用省际面板数据实证分析表明，我国技术进步总体偏向资本，技术进步偏向显著降低了劳动收入份额；分区域的回归结果显示，技术进步偏向对劳动收入份额的影响仍然显著为负，东部技术进步偏向效应显著大于中部和东北部以及西部地区[②]。

经济全球化使要素在全球范围内配置，具有比较优势的地区更容易吸引外商直接投资、促进国际贸易增长，全球化对劳动收入占比的影响不可忽略。唐东波（2011）基于开放经济中的后凯恩斯对立要求模型，构建以劳资议价为特征的劳动收入占比决定方程，通过中国省级面板数据分析，结果表明全球化进程中的贸易扩张显著地提高了中国劳动收入占比水平，但是各地区间为FDI的竞争导致劳资议价发生了有利于资本的扭转，FDI不利于劳动收入占比的提高。戴小勇、成力为（2014）分析认为出口扩张与外商直接投资使劳动要素对最终产品分配权的相对地位下降，将导致劳动收入份额降低，实证分析也表明我国企业出口以及外商直接投资均不利于劳动收入比重。[③] 吴晓怡、邵军（2019）利用倾向得分匹配方法研究出口参与对中国制造业企业劳动收入份额的异质性影响。研究结果表明，制造业企业劳动收入份额处于较低水平，整体呈“金字塔”形，且企业劳动收入份额呈下降趋势[④]。

---

① 王林辉、赵景、李金城：《劳动收入份额“U”形演变规律的新解释：要素禀赋结构与技术进步方向的视角》，《财经研究》，2015年第10期。

② 杨扬、姜文辉、张卫芳：《人口老龄化、技术偏向是否加剧了中国劳动收入份额下降》，《经济问题》，2018年第6期。

③ 戴小勇、成力为：《出口与FDI对中国劳动收入份额下降的影响》，《世界经济研究》，2014年第8期。

④ 吴晓怡、邵军：《出口参与对制造业企业劳动收入份额的异质性影响研究》，《国际贸易问题》，2019年第1期。

有学者分析市场扭曲对劳动收入降低的影响，市场扭曲使劳动收入份额偏离劳动产出弹性，同时也是使工资率偏离劳动边际产出的因素，从而降低了劳动收入比。章上峰、陆雪琴（2016）利用CES生产函数模型，把劳动收入份额分解成技术偏向和市场扭曲两个因素，并实证分析它们对劳动收入份额变动的贡献率，结果表明，技术偏向并不是中国劳动收入份额下降的原因，相反对劳动收入份额有正向影响，市场扭曲是劳动收入份额下降的主要原因；而我国要素市场的市场化程度偏低，不同企业在资本、土地等要素市场由于企业所有权性质、产业政策导向、政企关系等原因而面临不同的融资成本、土地价格、关键生产资源的价格、税费和补贴等，这些是市场扭曲的主要原因。简泽等（2016）认为在中国工业部门的绝大多数产业里，产品市场是不完全竞争的；劳动力市场上，作为雇主的企业在劳动价格谈判中处于支配地位，在这种联合市场结构下，产品市场的不完全竞争产生了很高的垄断租金归企业所有，造成了偏低的劳动收入份额。[①]

在劳动力市场上，劳资地位决定了工资议价能力，强势的一方主导收入分配倾向。如果劳资地位相对均衡，则容易形成讨价还价的工资决定机制，此时工资是劳资双方集体谈判的结果；当时如果劳资议价能力失衡，则工资水平将偏离均衡工资，通常状况下资方比较强势，做出的分配安排都是不利于劳动者的。柏培文、杨志才（2019）运用模型刻画了劳动力议价能力与劳动收入占比的关系，实证结果表明，劳动力议价能力与劳动收入占比显著正相关，劳动力议价能力可以解释劳动收入占比波动的10.10%。[②] 任太增（2009）认为我国具有买方垄断的劳动力市场结构、劳动力市场分割、社会保障制度缺失、资方偏向的第三方力量以及低工资的历史传统，在制度环境上表现为资方偏向制度环境的典型特征，因而劳动者在工资议价中处于不利地位，这是劳动收入比重下降的重要原因。[③] 朱富强（2011）认为由于交换体制的不健全，那些强势者通过分配规则的制定而获得大量市场收入，如资本市场、房地产市场、国企畸形的薪酬分配体制等造就了

---

① 简泽、黎德福、沈筠彬、吕大国：《不完全竞争的收入分配效应研究：一个融合产品——劳动力市场的视角》，《中国工业经济》，2016年第1期。

② 柏培文、杨志才：《劳动力议价能力与劳动收入占比》，《管理世界》，2019年第5期。

③ 任太增：《劳动份额、制度羁绊与劳动者讨价还价能力》，《改革》，2009年第5期。

巨额非劳动财富收入。①

有学者认为政府对收入分配格局产生重大影响，政府通过政府收支、收入分配政策影响市场主体的分配关系。吕冰洋、禹奎（2009）认为我国宏观税负偏高，由于我国税收收入主要由间接税构成，企业部门可将大量间接税转嫁给居民部门承担，因此税收最终由居民承担，导致居民收入比重持续下降。② 方文全（2011）认为我国财政收支对劳动收入份额有间接和持续的双重负面挤压作用。在财政收入方面，政府收入高度的资本依赖使劳动者处于弱势地位，在财政支出方面主要用于生产性支出提高了资本产出效率和资本份额，间接降低了劳动收入份额。③ 国家发展改革委员会社会发展研究所课题组（2012）认为，21世纪以来由于各种制度外收入和土地出让收入的快速增加，使政府所得份额上升明显，国民收入分配明显向政府倾斜，政府所得对企业和居民所得存在挤压作用。④ 赵秋运等（2017）认为政府干预下的制度环境是导致劳动收入份额下降的主要原因；如果要提高劳动收入份额，就应该减少地方政府的干预，塑造良好的制度软环境。⑤

还有些学者认为劳动收入比重降低与所有制结构有关，根据马克思主义理论，分配关系受制于生产资料所有制，不能离开所有制空谈分配关系。程恩富等（2010）认为劳动报酬占比下降是公有制的比重在中国经济中的比重下降、政府和工会未能在市场经济中充分发挥作用的客观结果。⑥ 李炳炎等（2012）认为我国有从“以公有制为主体”逐渐演变成“以私有制为主体”的趋势，公有制的主体地位受到威胁，按生产要素分配逐渐被强化，这是我国劳动收入比重下降的

---

① 朱富强：《如何理解市场经济下劳动收入的合理性》，《学术研究》，2011年第4期。

② 吕冰洋、禹奎：《我国税收负担的走势与国民收入分配格局的变动》，《财贸经济》，2009年第3期。

③ 方文全：《中国劳动收入份额决定因素的实证研究：结构调整抑或财政效应》，《金融研究》，2011年第2期。

④ 国家发改委社会发展研究所课题组：《我国国民收入分配格局研究》，《经济研究参考》，2012年年第21期。

⑤ 赵秋运、李成明、胡巧玉：《地方政府干预与劳动收入份额：基于分税制的视角》，《经济理论与经济管理》，2017年第12期。

⑥ 程恩富、胡靖春：《论我国劳动收入份额提升的可能性、迫切性与途径》，《经济学动态》，2010年第11期。

制度原因。[1] 齐昊（2011）认为改革开放以后我国经历了国企改革以及快速的城市化、工业化和全球化，出现了日渐庞大的以非公有制经济为主的“隐性部门”，以雇佣劳动、个体生产为代表的生产组织，在分配上不利于劳动的生产关系增加了，这是劳动者报酬比重进入长期下降趋势的根源。[2] 周明海等（2010）认为我国企业存在显著的异质性，实证分析表明我国国企、民企和外企的生产效率是依次递增的，但劳动收入份额却是递减的，说明劳动收入份额与所有制结构有关系。[3]

综上所述，研究者根据马克思理论、新古典理论、凯恩斯理论等经典理论研究我国国民收入分配格局失衡问题，由于研究使用的理论框架不同，得到的失衡原因自然有所差异，这些因素都能在不同程度上解释失衡原因，它们的关系多数是互补的，而不是相互排斥的。西方经济理论研究分配关系的理论依据是边际生产力理论，从劳动报酬与边际产品的关系解释劳动份额变化；当然西方理论也很重视发展阶段、产业结构、技术进步、市场结构在收入分配中的作用；在分析方法上偏重于计量经济学实证研究，单纯的理论分析较少。而马克思理论认为分配关系受制于一定的生产关系，强调所有权占有状况决定分配关系，马克思在《资本论》第3卷中指出“一定的分配形式是以生产条件的一定的社会性质和生产当事人之间的一定的社会关系为前提的。因此，一定的分配关系只是历史地规定的生产关系的表现”。[4] 例如，资本主义生产方式是追求剩余价值的生产方式，资本掌握生产资料、生产工具所有权，对劳动力的使用也有支配权，因而分配上必然出现有利于资本的结果。因此研究分配关系既不能离开社会制度和所有制，也不能离开生产关系。相对于西方经济理论，马克思理论更能揭示分配问题的实质，从所有制变化视角分析分配问题也是理解我国分配失衡最根本的方法。实际上，改革开放以后我国单一的公有制变为公有制为主体、多种所有制共存的格

① 李炳炎、沈佳坤、沈建国：《我国初次分配的现状与改革对策思考》，《探索》，2012年第2期。

② 齐昊：《劳动者报酬比重下降的“非典型”事实：马克思主义的解读》，《当代经济研究》，2011年第6期。

③ 周明海、肖文、姚先国：《企业异质性、所有制结构与劳动收入份额》，《管理世界》，2010年第10期。

④ 马克思：《资本论》第3卷，人民出版社2004年版，第998页。

局，这符合社会主义初级阶段生产力发展的要求，但是非公所有制主体中资本对劳动具有绝对控制力，劳动者的收入是由资本所有者决定的；普通劳动者在生产中没有资本投入，只能通过劳动参与劳动过程，因而只能获得相当于劳动力价值的固定工资，没有分享生产剩余的权利，与资本投入方的收入差距越拉越大。随着非公经济比重的不断增加，如果没有政府积极有为的调控，收入分配状况只会越来越恶化，收入差距不会自动出现所谓的倒“U”形走势。马克思理论也是我国解决分配失衡问题的根本理论遵循和改革方向，只有让劳动者共享生产资料所有权，提高他们在生产过程中地位，充分激发积极性和创造性，收入分配失衡问题才能得到根本解决。当然，收入分配问题的复杂性远超过其他社会问题，在市场经济中，解决收入分配问题既要遵循市场规律又要发挥政府作用，应该借鉴和吸收西方经济理论中的有益成果，这样才能有利于更好地解决我国收入分配问题。

四、关于要素收入占比变化对经济增长的影响研究

一是研究考察劳动收入对总需求的影响。Bhaduri 和 Marglin 在马克思—卡莱斯基（Kalecki）的劳资分配和有效需求理论基础上建立的增长模型，该理论认为劳动收入具有两面性：一方面，劳动收入是消费需求的来源，提高劳动收入可以增加消费需求；另一方面，劳动收入是企业生产的重要成本，提高劳动收入将抑制投资需求。因此，综合这两种效应，提高劳动收入如果对消费需求的刺激作用超过对投资的抑制作用，则总需求增长，宏观经济属于“工资拉动的增长”，反之是“利润拉动型增长”。Gordon（1987）利用拓展的 Bhaduri 和 Marglin 模型，检验了美国收入分配变化对总需求的影响，结果显示美国的需求机制表现为利润驱动型①。刘盾等（2014）基于该模型，实证地考察了提高我国劳动收入份额对经济增长率的潜在影响，结果表明，现阶段我国呈现“工资拉动增长”的类型，意味着更加公平的初次分配对经济增长还会产生更广泛的促进作用②。黄

① Gordon R. Productivity, wage and prices inside and outside of manufacturing in the U. S. Japan and Europe, [J]. Europe Economic Review, 1987, (31): 685 – 739.

② 刘盾、施祖麟、袁伦渠：《论提高劳动收入份额对我国经济增长的影响》，《中国经济问题》，2014年第2期。

乾、魏下海（2010）运用中国省级面板数据，应用面板数据协整分析方法实证研究了劳动收入比重变动对国内需求和总产出的影响效应①，实证结果表明，我国国内需求体系属于工资领导型，提高劳动收入比重不仅有利于居民消费扩张，而且更有利于促进经济增长。

二是研究劳动收入对总供给的影响。收入分配变化通过两种途径对劳动生产率产生影响：劳动收入份额变动借助总需求效应影响总产出，进而通过“Verdoorn 效应”影响劳动生产率；给定劳动生产率，劳动收入份额上升意味着实际工资水平的上升，而实际工资水平上升通常会提升劳动生产率。Storm 和 Naastepad（2009）、Vergeer 和 Kleinknecht（2010）通过对 OECD 国家的研究指出，更快的实际工资增长将带来更快的劳动生产率增长，李平等（2011）通过对中国省际面板数据（1995～2009 年）的实证分析发现，工资上升导致劳动生产率上升的结论适用于中国。邹薇、袁飞兰（2018）利用中国 1978～2015 年时间序列数据展开实证研究，结果表明中国总需求增长机制主要表现为“利润拉动型”，并且随着出口以及投资在 GDP 中占比不断提升，“利润拉动型”特征呈不断增强趋势。实际工资上升和总产出增长均会给劳动生产率带来正向效应。

三是考察劳动收入比重变动对通货膨胀的影响②。Batini 等（2000）在新凯恩斯菲利普斯曲线假设基础上，研究了英国过去 30 年劳动份额变动与通货膨胀率之间的关系，结果表明，劳动收入份额与通货膨胀率呈显著的正相关关系；然而，Rudd 和 Whelan（2002）对 Woodford 的观点提出了反驳，他们研究得出了劳动收入份额的变动和通货膨胀率的相关性很弱，劳动收入份额的增长与通货膨胀率的上升不存在必然联系。

五、评述

收入分配与经济增长都是经济学关注的重点，从古典经济学注重功能性收入

① 黄乾、魏下海：《中国劳动收入比重下降的宏观经济效应》，《财贸经济》，2010 年第 4 期。

② 李平、宫旭红、张庆昌：《工资上涨促进劳动生产率提升存在性及门槛效应研究》，《山东大学学报》，2011 年第 3 期。

分配传统到新古典经济学关注规模性收入分配问题，再到当代经济学将两者联系在一起研究，这个演变过程反映了经济研究的阶段性特征。当代收入分配与经济增长研究反映出几个特点：一是当代西方学者关注到经济增长对收入分配的影响，相当长的时间内，对库兹涅茨倒“U”形曲线成为研究的重点，但该结论只是对西方发达国家零星数据的统计结果，其中还有相当的猜想成分，[①] 并没有深入研究背后的理论依据，因而其结论适用性和真实性值得怀疑，不应成为我们制定收入分配政策的主要依据。二是基于不断扩大的居民收入差距，当代西方学者十分重视收入不平等对经济增长的影响研究，他们利用最新理论创新成果如人力资本理论、内生经济增长模型、中间投票者定理等，深入探讨了收入分配不均对经济增长的影响机制和途径，取得了丰硕的研究成果。三是国民收入分配与经济增长关系研究集中在劳动收入比重的变化及其原因分析，以及居民、企业和政府收入分配格局变化趋势和原因分析，研究结果有助于我国科学制定提高劳动收入的政策，而国民收入的宏观分配格局对经济增长的影响机制研究较少，如劳动收入份额变化对经济增长的影响机理研究，主体收入分配格局变化对经济增长的影响研究，从经济增长、经济效率和经济结构等方面评价我国国民收入分配格局的研究更少，这不能不说是一个欠缺。四是绝大多数研究基于西方经济学理论，研究者十分重视实证分析，使用精巧、复杂的数学工具和先进的计量模型对相关国家和地区的收入与增长问题进行统计分析，由于不同的国家发展阶段不同、选取变量不同，因而许多实证研究结论大相径庭，但是一些结论对我国具有启发性。然而利用马克思主义理论研究收入分配对经济增长影响的研究较少，这一方面反映当前西方经济学在我国经济学界的统治地位，同时也反映了马克思主义政治经济学在我国的发展滞后，没有与我国改革开放波澜壮阔的经济发展现实同步发展，对我国经济发展没有起到应有的指导作用。当前我国正在建立中国特色社会主义政治经济学，研究社会主义经济发展和运行规律，解释和解决我国经济面临的新情况、新问题。我们认为利用马克思主义理论能够深刻分析和理解我国当前国民收入分配格局存在的问题，并能提出适应我国经济持续发展的收入分配新格

① 钱敏泽：《库兹涅茨倒“U”字形曲线假说的形成与拓展》，《世界经济》，2007 年第 9 期。

局。与西方经济学比较，马克思主义政治经济学从生产方式上揭示收入分配决定因素，从生产过程中分析分配对生产的反作用，从阶级关系对比中阐释收入在劳动与资本之间的分配格局变化规律。马克思主义政治经济学以历史唯物主义、辩证唯物主义世界观和方法论作为指导，比西方经济学某些理论依靠心理因素、主观判断当然更为科学。当然，在研究过程中对西方经济学一些理论和研究工具应该借鉴和利用，摒弃其庸俗甚至错误的部分，但不能盲目排斥。

第四节 研究思路与研究方法

一、研究思路

本书总体遵从“理论基础——实证研究——政策建议”的研究思路，首先在前人研究的基础上建立国民收入分配作用于经济增长的机制，搭建本书的研究理论框架，然后以我国国民收入分配演变对经济增长效应以及主要发达国家的国民收入分配格局的经济效应作为实证对象，对理论框架进行检验，在理论和实证分析基础上提出评估我国国民收入分配格局的合理性和调整的政策建议，这是本书的最终目标和价值所在。本书主要内容分六个部分，基本思路与结构如图1－2所示。

一是研究的理论基础。本书梳理和总结经济史上关于收入分配与经济增长的理论。其包括古典主义研究分配与生产理论的代表人物亚当·斯密、大卫·李嘉图等人的观点；新古典主义的收入分配思想及增长思想，包括克拉克的边际生产力理论和马歇尔的均衡价格论；凯恩斯主义国民收入决定模型与宏观经济稳定思想；新剑桥学派的收入分配与增长模型等；马克思关于资本主义收入分配和社会资本再生产的论述。通过理论梳理和评述，为后面的深入研究奠定基础。

二是理论构建部分。首先，分析要素投入与经济增长的关系，经济主体即企业、居民、政府在经济增长中的作用；其次，研究影响国民收入分配格局的主要因素及其合理性原则；最后，分别构建马克思主义经济学与西方经济学视角下收入分配格局的经济增长机制，研究在这两个学术体系中国民收入分配对经济增长影响的传导路径和作用机理。本部分是本书全部研究的基石，特别是实证分析的理论基础。

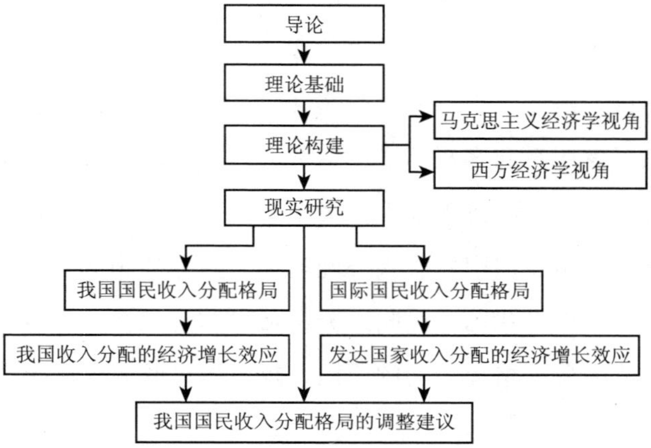

图 1－2　本书的研究思路与框架结构

三是研究改革开放以来我国国民收入分配格局的演变。借鉴前人的研究成果，使用省际 GDP 收入法和资金流量表两种方法测算我国要素收入分配格局和主体收入分配格局，以历史发展视角呈现不同阶段收入分配格局的主要特征和形成原因，从总体上把握我国收入分配格局的演变过程，为下面实证分析我国国民收入分配格局变化的经济效应做好铺垫。

四是实证分析，建立计量模型实证研究我国国民收入分配格局的经济增长效应。该部分使用时变参数模型和面板数据模型，分别构建要素分配格局与主体分配格局对经济增长的影响实证模型，研究国民收入分配对劳动、资本、人力资本、技术等生产要素的影响，进而对我国经济总量、经济效率、产业结构、需求结构、收入差距等经济指标的影响效应。通过实证研究，为评估我国当前国民收入分配格局的合理性提供经验支撑。

五是国际经验考察与借鉴，研究国民收入分配的国际演变趋势与增长效应。该部分研究的内容包括：利用国际统计历史资料计算发达国家和发展中国家的要素收入分配格局演变，总结两类国家收入分配格局变化规律。基于发达国家分配格局对我国发展的借鉴意义，构建发达国家劳动收入份额与经济增长的面板模型，从中分析劳动收入和家庭收入变化对经济增长的影响。选择美国和日本两个国家做典型研究，深入研究这两个国家国民收入格局变化对其经济发展的影响。通过本节的研究，探讨收入分配格局的国际变化规律和经济效应，为我国国民收入分配格局调整提供国际发展经验教训和启示。

六是对策建议，前面的理论分析与实证研究结论为评价我国国民收入分配格局的合理性提供了参照系和客观标准。本部分以马克思主义和习近平新时代中国特色社会主义思想为指导，体现以人民为中心的思想，提出评价国民收入分配格局合理性的标准，指出我国国民收入分配格局与西方的相同点和区别。以此标准分阶段评价改革开放以来我国国民收入分配格局的合理性；从政府与市场关系角度阐述我国国民收入分配格局失衡的原因，提出国民收入分配调整的意义和政策建议。

二、研究方法

本书以马克思主义经济学为指导，借鉴西方经济学相关理论与方法，总体上采用理论分析与实证分析、定性分析与定量分析相结合的方法；在根据不同章节研究内容，采用相应的具体研究方法。

第二章使用理论抽象和归纳方法，从古典经济学、马克思经济学到新古典主义、凯恩斯主义、后凯恩斯主义等主要经济流派的理论中，在理论上抽象和归纳不同学派收入分配主张以及对经济增长影响思想。

第三章使用理论分析法，分别从理论上构建马克思经济学与西方经济学要素收入的经济增长效应；使用规范分析法，建立评价国民收入分配格局合理性的标准和原则。

第四章使用历史分析法研究 1949 年后我国要素收入分配的演变过程，运用统计分析方法研究我国改革开放前后两个阶段的要素收入分配格局与主体收入分配格局的变化。

第五章使用时变参数与面板数据等计量分析方法，在构建理论分析模型基础上，实证分析改革开放以后我国国民收入分配格局变化对经济总量、经济结构、经济效率等方面的影响。

第六章使用历史分析方法研究发达国家和发展中国家收入分配格局演变的历史趋势，使用对比分析法研究我国与这两类国家收入分配格局上的异同；使用动态面板计量方法实证分析发达国家要素分配变动的经济效应。

第七章使用规范分析法研究我国国民收入分配的合理性，遵循马克思主义的立场和观点，使用综合分析方法从不同角度提出适应经济健康持续发展的国民收入分配改革措施和建议。

第二章

国民收入分配格局的经济增长效应理论基础

经济学关于国民收入分配格局对经济增长的影响效应多散见于一些著名经济学家的著作中，认真梳理总结他们的相关思想，从中汲取养分，对于我们深刻理解分配对增长影响的机理和路径是十分必要的，这也是本书研究的逻辑起点和理论基础。

第一节

古典主义收入分配的经济增长效应思想

古典经济学家中研究分配与生产思想的代表人物有亚当·斯密、大卫·李嘉图、布阿吉尔贝尔、西斯蒙第等人。在古典经济学中，收入分配背后的理论基础是劳动价值论。亚当·斯密把收入分为利润、地租和工资三部分，形成了国民收入分配理论的轮廓；法国经济学家西斯蒙第和英国经济学家李嘉图将收入分配看成理解经济增长的钥匙，但是他们的研究角度和主张不同，代表了古典学派研究分配与增长关系的两种思路。西斯蒙第是从总需求角度和国民福利角度研究收入分配的，主张缩小收入差距能够提高总需求和国民福利；而李嘉图则从总供给角度研究分配与增长的关系，认为资本积累是条件，经济增长是目的，而收入分配是达到经济增长目的的手段，收入差距是有利于经济发展的。①

① 陈广汉：《增长与分配》，武汉大学出版社 1995 年版，第 8 - 25 页。

一、古典主义收入分配思想

（一）国民收入的来源

收入分配理论是以相应的价值理论为基础延伸而来的，古典收入分配理论的基础是劳动价值论。威廉·配第是古典经济学派的创始人，他在《赋税论》首先提出劳动时间决定商品价值的原理，即劳动价值论。亚当·斯密系统地阐述了劳动价值论，他认为人类财富的来源是劳动，承认劳动在生产中创造财富的作用；他的主要贡献是区分了交换价值和使用价值，区分了简单劳动和复杂劳动，提出劳动是创造价值的源泉，劳动是衡量一切商品交换价值的真实尺度。[①] 但是涉及分配关系时，他的论述是前后矛盾的，他认为各种收入所得构成了交换价值，而不是他前面提到的劳动决定交换价值。他指出三大阶级的收入来源，工人阶级获得工资、地主阶级获得地租、资产阶级获得利润，于是国民收入只是这三种收入的简单加总，而各种收入的决定似乎是不相关的。大卫·李嘉图是古典经济学的完成者，他将收入分配作为理论体系的中心。他的收入分配理论有三个主要特征：一是坚持劳动价值论，他坚持认为劳动是价值创造的唯一源泉，坚持劳动价值论的一元论，在劳动价值论的基础上发展出地租理论、利润理论和工资理论等收入分配理论；二是提出分配的剩余思想，即能够分配的对象是社会总剩余，社会总剩余在劳动、资本和土地所有者三个阶级之间进行分配，在总剩余确定的情况下，三个阶级的收入是此消彼长的，因而必然出现阶级利益分配冲突和阶级对立；三是创立了边际分析思想，李嘉图在分析农业地租产生原因时使用了边际分析，认为在同一块土地或肥沃程度不同的土地上连续不断追加等量的劳动和资本，所产生的谷物是递减的。由于两份等量劳动和资本所产生的谷物不同，之间的差额就构成了地租。因此，土地边际生产力是随着经济和人口的增长而下降的，从而影响着总剩余在地主与劳动者和资本家阶级之间的分配。

---

① 亚当·斯密：《国民财富的性质和原因问题的研究》，郭大力、王亚南译，商务印书馆 2007 年版，第 26 页。

（二）各种收入的发展趋势

关于工人工资收入的自然发展趋势，古典经济学家一般认为工人只能获得生存工资，即维持工人生理需求的最低生活资料价值，这一点无论是亚当·斯密、大卫·李嘉图还是马尔萨斯等人的认识都一致。马尔萨斯认为生存工资是由人口增长压力所决定的。李嘉图认为三种收入都是由市场供求状况决定的，工资水平一旦上升到自然价格（即生存工资）以上，人口就会增加、农产品价格上升，从而资本家的利润下降，工人工资必然下降到生存工资水平。对于地租价格的自然走势，李嘉图认为地租是不断提高的，这是经济增长的必然后果：经济的增长和人口的增加导致对粮食等农产品需求的增加，但一国土地总量是有限的，质量上也有差别，农业资本家不得不耕种位置偏远和肥力较差的土地，因而优等土地和次优等土地的地租就会上涨。对于利润的走势，李嘉图认为利润的自然趋势是下降的，因为随着社会进步和财富增长，必要的粮食增加量会消耗越来越多的劳动，虽然技术进步可以暂时缓解这一趋势，最终工资的上涨幅度将侵蚀利润，因而利润率会下降。但是李嘉图强调，尽管利润率是由于地租和工资上涨在减少，但是利润总量都会增加。[①] 根据李嘉图的分析，各类收入和人均国民收入走势如图 2－1 所示。

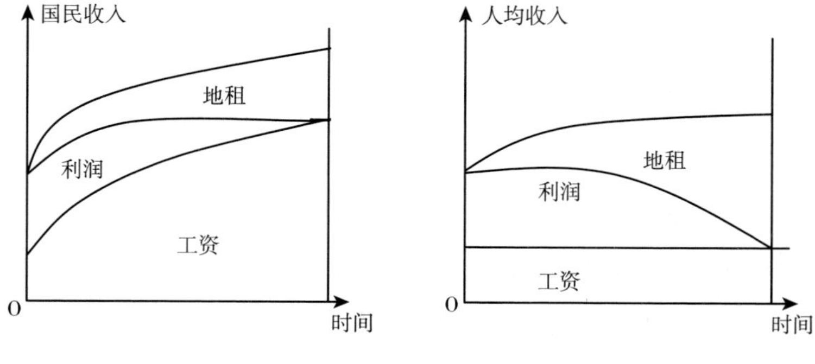

图 2－1　李嘉图分配增长模型中的收入与收入分配变化

① 大卫·李嘉图：《政治经济学及赋税原理》，周洁译，华夏出版社 2005 年版，第 84－89 页。

二、古典主义收入分配对经济增长的效应

（一）从需求角度研究收入分配对经济增长的影响

西斯蒙第认为政治经济学的研究对象应该是国民的物质福利，他指出资本主义国家过度追求财富增长而忽视公共福利的改善。他认为英国虽然积累了如此大的财富，然而对各阶级带来的只有忧虑、困苦和完全的破产的危险。他严厉批评英国的做法——“为了物而忘记人的英国不是为了手段而牺牲目的了吗？”[①]西斯蒙第认为经济增长能否增进社会福利取决于经济中的一些重要的比例关系，如财富增长与人口增长、资本增长与收入增长、消费增长与人口增长等应该相互保持同步；他还论述了生产、收入与消费的关系，认为三者应该保持一定的平衡和协调，国民收入调节国民支出，开支要在消费里吸收全部生产，消费决定再生产，再生产又产生收入，因此国民财富是循环往返的发展路线，他强调“一旦这种比例遭到破坏，国家就会灭亡。”[②] 而维持这些平衡和协调取决于收入分配的情况，因此，不同于以前政治经济学研究的主题，他研究政治经济学新的基础是全民收入和收入的分配，“通过研究收入就能够最好地达到这门科学的目的”。[③] 收入分配对经济增长影响途径有以下渠道：

第一，国民收入在资本收入与劳动收入之间的分配比例决定积累与消费的比例，从而影响经济增长。西斯蒙第认为年国民收入等于年生产，年国民收入的总量必须用来交换年生产总量。在供给方面，他认为资本积累决定生产总量，在需求方面国民收入决定消费总量，如果年国民收入不能购买年生产量，那就会有部分的商品积压，生产者的资本闲置，生产就会陷入停顿。实际上，如果收入分配使积累和消费比例失衡，就会导致总供给与总需求失衡。西斯蒙第十分重视消费对再生产的限制，他认为如果消费能够永远决定更高的再生产，财富的其他部分能够按照均衡的比例发展，并且逐渐增大，国民财富就能

① 西斯蒙第：《政治经济学新原理》，何钦译，商务印书馆 1983 年版，第 9 页。
② 西斯蒙第：《新政治经济学原理》，何钦译，商务印书馆 1983 年版，第 80 页。
③ 西斯蒙第：《新政治经济学原理》，何钦译，商务印书馆 1983 年版，第 12 页。

不断增加。[①] 如果出现消费不足，就会产生经济危机。西斯蒙第和马尔萨斯一样认为资本主义社会肯定会发生生产过剩的经济危机，反对萨伊等人倡导的资本主义社会“生产能够创造需求”的理论。其实，法国政治经济学创始人布阿吉尔贝尔很早就意识到消费与经济增长有一定关系，他认为法国公共收入减少的真正的原因是消费的不足，消费不足的原因是税收变化不定和不公正，“完全任意征税而无固定规则，只有一点固定不变，愈穷者纳税越重……，愈富的人纳税越轻”。[②]任意征税和不合理的税赋导致穷人无法消费。由此，他把税收、消费与经济增长联系在一起，进一步认为国民收入的增加与消费成正比，破坏消费对国王并无好处。据此，他主张减税与公平征税，提出富者多缴、穷者少缴的公平征税原则，以促进消费增长从而推动经济增长。

第二，国民收入分配情况制约人口数量和资本数量，从而影响经济增长。在古典经济学理论中人口和资本是经济增长最重要的两大生产要素。马尔萨斯认为一个国家的人口数量受该国能够提供生产资料的制约，而人口数量是按照几何量级增长，生产资料按照算术量级增长，所以最终生产资料无法满足人口增长需要，长期来看经济必然陷入停滞。西斯蒙第虽然承认马尔萨斯限制人口的结论，但他认为不是生产资料数量而是收入限制和调节人口数量，“人口只能由收入来调节，”[③] 西斯蒙第所说的收入是指用于垫付再生产之外的那部分财富，如资本家的收入是指其利润，不包括固定资本和流动资本；地主的收入是指地租收入，不包括土地本身的价值；工人的收入是指满足劳动力再生产之外剩余的部分，这部分收入在消费完了以后不会留下亏空。如果收入和人口不能协调发展，就会降低资本积累或减少人口，从而制约经济增长。如资本家把利润花光以后，他还要出售固定资本或流动资本用来消费，那么就会减少再生产的资本。同理，地主卖掉自己的财产或土地，就会减少用来交换劳动的收入，工人不合理的使用自己的收入，就不能维持自己身体的健康或保持劳动能力。无论是哪种情况，受到伤害最深的还是工人。因而西斯蒙第主张人口要与收入保持协调增长，但是他不反对

---

① 西斯蒙第：《新政治经济学原理》，何钦译，商务印书馆 1983 年版，第 80 页。

② 布阿吉尔贝尔：《布阿吉尔贝尔选集》，商务印书馆 1984 年版，第 23－24 页。

③ 西斯蒙第：《政治经济学新原理》，何钦译，商务印书馆 1983 年版，第 416 页。

人口增长，只要每个人能够通过劳动获得适当的收入和生活，人口增长并不是坏事，他不赞同马尔萨斯认为经济增长前景是灰暗的，即使本国的生产资料不能满足人口增长的需要，还可以从国外输入，只要有劳动需求和劳动供给充足的工资，工人所需要的生产资料永远能够生产出来。①

第三，通过政府干预收入分配，实现经济增长与社会福利增长的统一。亚当·斯密反对政府干预经济，主张发挥市场“看不见的手”的作用，他认为只要发挥市场的作用就能使经济保持平衡增长，但他没有意识到收入差距对经济增长的制约作用。对此，西斯蒙第和布阿吉尔贝尔等经济学家并不认同。为了使收入分配更为合理均衡，西斯蒙第针锋相对地指出“我们几乎始终呼吁亚当·斯密所摒弃的政府干预”。②他认为富人有时通过增加新产品的方法增加财富，有时会窃取本来属于穷人的财产增加财富，所以政府应该保护弱者不受强者的欺负，应当使集体利益不被个人利益的侵占。西斯蒙第比较同情穷人，呼吁应该保护他们的利益，他反对亚当·斯密只关注财富的增长而忘记经济增长的目的，“各国政府所争取的目标要使人人能够获得温饱”。③ 西斯蒙第认为资本家为了追求利润如会压低工人的工资，由于资本积累过剩导致的利息率下降，资本家倾向于用资本代替劳动，导致对劳动力需求减少，不但直接损害工人阶级的利益，而且会破坏生产和消费的平衡。因此，政府应该通过立法保护工人阶级获得合理的收入。总之，西斯蒙第认为政府调节收入分配有双重作用：一是可以增加消费总量，调节总供给与总需求的平衡，促进经济增长；二是可以提高工人的收入，协调人口增长与收入增长的比例，增加社会福利。

（二）从供给角度研究收入分配对经济增长的影响

李嘉图把确立收入在各阶级之间分配的研究作为政治经济学研究的首要问题，他是经济思想史上第一位系统研究收入分配与经济增长关系的经济学家。李嘉图认为收入分配不仅是收入分配比例本身，更重要的是收入分配是理解经济运行的机制、经济增长的前景和一些政策的答案。此外，李嘉图认为收入分配会影

---

①　西斯蒙第：《政治经济学新原理》，何钦译，商务印书馆 1983 年版，第 434 页。

②③　西斯蒙第：《政治经济学新原理》，何钦译，商务印书馆 1983 年版，第 46 页。

响经济的增长，但他研究收入分配的落脚点在经济增长上。① 李嘉图研究分配对经济影响的视角基于供给角度，他假设当时资本主义社会的人口是无限供给的，因而决定经济增长的就是资本数量，收入分配正是通过影响资本积累的数量而影响经济增长的。

收入分配中利润的份额是影响经济增长的关键因素。李嘉图认为经济增长是土地、资本、人口和技术等生产要素的函数。土地在数量上是有限的，在质量上是有差别的，位置优越和比较肥沃的土地会产生地租。土地具有边际生产力递减性质，农业技术虽然可以缓解这一趋势，但不能改变递减的性质。因此，土地是制约经济增长的重要因素。人口的增长是自然工资和市场工资差额的函数，如果市场工资高于自然工资，就会刺激人口增加，反之将减少人口数量。李嘉图认为人口增长的速度赶不上资本增加的速度，因而资本对雇佣更多的人口，从而导致市场工资大于自然工资，因此在社会的自然发展过程中劳动工资具有上涨的趋势，人口的增加提高了农产品价格，地租就会提高，所以李嘉图指出："随着财富和人口的增加，地租和工资都有上涨的趋势。"② 在国民收入中，由于工资和地租有上涨趋势，因而利润率将会降低，由此会减少资本的积累。在李嘉图的增长理论中，利润不仅是资本积累的源泉，也为资本积累提供了动机，当利润率下降到资本积累停滞的那个水平时，经济增长就停止了。土地边际生产力递减规律构成李嘉图收入分配和经济增长的基石，一方面边际收益递减导致地租不断升高；另一方面使农产品价格持续攀升，推动货币工资上升，最终资本家利润减少，资本积累消失，工人工资下降。在这一过程中，收益的只有不劳而获的地主阶级。因而，李嘉图对资本主义经济增长和收入分配给出十分悲观的前景。

在李嘉图的分配理论中，工资的决定和工资份额的变动处于中心地位。他认为在国民收入一定时，工资和利润是此消彼长的，"工资不跌落，利润就绝不会提高"。③ 因此要使积累持续增加，工资就必须保持在生存工资水平，他反对政府的《济贫法》，因为该法案规定向穷人提供必要的生活必需品，他认为这样做

---

① 陈广汉：《增长与分配》，武汉大学出版社 1995 年版，第 18 页。

② 大卫·李嘉图：《政治经济学及赋税原理》，周洁译，华夏出版社 2005 年版，第 71 页。

③ 大卫·李嘉图：《李嘉图著作和通信集》第 1 卷，商务印书馆 1984 年版，第 69 页。

会消耗国民纯收入，降低资本积累，鼓励了穷人的惰性，主张工人工资应该同所有契约一样由市场自由竞争决定。因而，李嘉图的分配理论的一切出发点都是以经济增长为目标，凡是阻碍资本积累的做法都是他反对的，包括基本的人道主义救济，他的经济理论反映的意识形态倾向不言自明。

三、评述

古典经济学家对分配的经济增长效应做了开创性的探索，尽管有些思想论述不够系统或者前后矛盾，但是他们的许多思想无论对西方经济学还是马克思经济学都是重要的理论源泉。古典经济学家坚持劳动价值论，这一理论被马克思继承和发展，创立了科学的劳动价值论；李嘉图的边际分析思想被新古典经济学所承袭，并创立了边际生产力理论。古典经济学注重阶级分析法，提出资本主义社会的三大阶级即资产阶级、地主阶级和工人阶级，探索劳动产品在他们之间的分配法则，总体认为长期看工人获得生存工资、资本家利润是递减的，工资和利润是此消彼长的，地主是最大的获益者，因而三个存在难以调和的利益冲突和对立。此后，阶级分析法被马克思所承袭，而被新古典主义摒弃，造成了后者的理论缺陷和解释力的严重削弱。

古典经济学认为经济增长的核心因素是资本积累，而资本积累来自利润，因而主张工人只能获得维持最低水准的生存工资，靠剥削工人获得高额利润完成资本积累，因而资本主义社会收入必然出现两级分化。正因为如此，积累和消费、人口和收入等重要比例必然出现失调，导致有效需求不足，从而引发经济危机。对此，古典经济学家呼吁要保持生产、收入与消费的协调发展，加强政府干预，实现公平分配，当前我国收入分配也出现差距较大问题，由此带来比较严重的社会和经济问题，古典经济学家的建议值得我们吸收借鉴。

不少古典经济学家如西斯蒙第，他们对底层劳动者抱有深切的同情心，认为经济增长的目的不是单纯的财富积累，而是提高劳动者的生活水平。他们认为资产家相对于工人处于强势地位，呼吁政府通过立法提高工人的境遇，实行公平的分配政策，降低劳资冲突，尽管主观上他们是维护资产阶级的整体利益，但是客观上有利于资本主义的稳定和发展。

当然，古典经济学分配和增长理论中也有为资产阶级辩护的庸俗成分和消极思想，如马克思批判的由萨伊提出的“三位一体”的生产要素价格论，抹杀了劳动是创造价值的源泉，掩盖了资产阶级、地主阶级对工人阶级的剥削，企图调和各阶级的矛盾，对此我们也应该有清醒的认识。在土地收益规模递减和利润率下降的假设下，马尔萨斯和李嘉图等人对经济发展前景持悲观态度，他们没有看到技术进步对规模报酬递减的抵消作用，没有看到人是社会生产力的决定性因素，因而得出的结论必然是消极的甚至是错误的。

第二节 马克思收入分配的经济增长效应思想

马克思在批判地继承古典经济学劳动价值论的基础上，建立了科学的劳动价值论，创建了剩余价值学说，在此基础上阐述了工资、利润、地租等收入的来源与本质，深刻地揭示了资本主义收入分配制度的实质，揭露了被蓄意掩盖的资本家无偿占有工人劳动的事实。马克思还构建了社会再生产理论，指出社会再生产的条件，实际上是建立了马克思的经济增长模型。马克思的收入分配理论与经济增长理论结合在一起，逻辑地推导出资本主义必然出现两极分化和周期性经济危机，由于资本主义制度自身无法克服这些固有矛盾，最终不可避免地被更高的社会形态所取代。

一、马克思收入分配理论

（一）马克思收入分配理论的基础

1. 劳动价值论

马克思的收入分配理论是建立在科学的劳动价值论基础上的。马克思继承了古典经济学中有关价值理论的科学部分，批判和修正了威廉·配第的劳动价值观、亚当·斯密理论中的“教条”、大卫·李嘉图劳动价值论中的矛盾以及边际效用价值论，创建了科学的劳动价值论。马克思通过对商品的二因素分析发现了劳动的二重性，具体劳动生产商品的使用价值，而抽象劳动形成商品的价值，劳动是商品价值的唯一源泉，指出“一切劳动……，就相同的或抽象的人类劳动这个属性来说，它形成商品价值”。[①] 马克思指出商品的价值量是由生产商品的社会必要时间来决定，商品价值与生产商品的社会必要时间成正比，与劳动生产率成反比。马克思指出了价值形式的发展，从简单的价值形式、扩大的价值形式、一般价值形式，最后是一般等价物，指出货币是一般等价物，是抽象人类劳动的化身，是商品价值的表现形式，商品价值的货币表现形式就是商品价格。马克思创建了劳动力商品理论，指出劳动与劳动力的区别，劳动力的价值“就是维持劳动力占有者所必要的生活资料的价值”，同时还指出劳动力价值与其他商品不同，它还包含历史和道德因素的规定。[②] 马克思指出劳动力是一种特殊的商品，这种商品能够产生比自身价值更高的价值，资本家只有购买劳动力商品才能生产出剩余价值。马克思还创建了生产价格理论，通过分析平均利润的形成过程，即剩余价值转换为利润、剩余价值率转化为利润率，利润转化为平均利润，价值最后转化为生产价格，从而成功解决了李嘉图体系中“资本和劳动的等价交换、等量资本获得等量利润”无法解释的难题。总之，马克思对劳动价值论的贡献在于区分了使用价值和价值，创造了劳动二重学说，指出劳动是价值的唯一源泉，阐述了价值的发展形式，创建了社会必要劳动时间和劳动力商品理论，创立了生产价格理论，形成了科学完整的劳动价值论。劳动价值论是剩余价值论的基础，是按劳分配的理论依据，是马克思经济理论的基石。

2. 剩余价值理论

剩余价值理论是马克思经济学的精髓和主体。马克思在劳动价值论的基础上，把资本主义的分配过程同生产过程、流通过程结合在一起考虑，发现了剩余价值的秘密，解决了古典经济学中价值或收入分配的矛盾。马克思从资本总公式 $G-W-G'$（$G'=G+\Delta G$）开始分析，一定预付资本 G 通过流通后变成了增值的资本 G′，这个增加额 ΔG 被称为剩余价值。马克思分析认为“流通或商品交换不

① 马克思恩格斯：《马克思恩格斯文集》第 5 卷，人民出版社 2009 年版，第 60 页。
② 马克思恩格斯：《马克思恩格斯文集》第 5 卷，人民出版社 2009 年版，第 199 页。

创造价值”,[①] 即流通领域无论是等价交换还是非等价交换都不会生产剩余价值,那么剩余价值产生秘密是什么?怎样解释资本总公式的矛盾?马克思认为关键的问题是资本家在市场上购买了一种特殊的商品——劳动力,“这个商品有独特的使用价值,即它是价值的源泉,并且是大于它自身的价值的源泉,”[②] 只要劳动时间超过一个定点,这个定点就是劳动者用来补偿自身价值的劳动时间,超过劳动力商品价值而延长劳动时间创造的价值就是剩余价值。我们考察货币资本的一个循环说明剩余价值的产生机理:

$$G(c+v)\rightarrow W\begin{cases}A(v)\\Pm(c)\end{cases}\rightarrow P\rightarrow W'(W+w)\rightarrow G'(G+g=c+v+m) \tag{2-1}$$

在这个循环中,资本家作为买者以预付资本 G 来购买一定的商品额,包括劳动力 A(可变资本 v)和生产资料 Pm(不变资本 c),然后把它们结合在一起投入产生过程 P,通过劳动,生产资料价值 c 被转移到新产品中,不会发生增值,工人的劳动时间超过劳动力的社会必要时间以后延长的时间,生产出剩余价值,工人劳动不但生产出劳动力价值 v,剩余劳动产生的价值为 m,这时新产品 W 的价值比原商品 W 多了 w,通过售卖以后,商品变回到货币形式,总量为 c+v+m,这个价值增值 m 就是剩余价值的货币形式。因此,剩余价值是工人无偿的剩余劳动创造的被资本家占有的价值,表现为资本家对工人的剥削。马克思把 m/v 定义为剩余价值率,表示资本对劳动的剥削程度。马克思还论述了资本家生产剩余价值的两种方法,即绝对剩余价值生产和相对剩余价值生产,并分析了协作、分工、机器工业管理、专业化和技术进步等因素对剩余价值的影响。

3. 所有制与收入分配

马克思恩格斯运用辩证唯物主义和历史唯物主义的科学方法研究人类社会历史上各种不同所有制的产生、发展、灭亡的条件和规律,阐述了它们的性质、特点和具体表现形式。[③] 根据马克思恩格斯的论述,所有制是人们在生产过程中对生产资料的所有、占有、支配、使用等经济关系。[④] 他们特别具体研究了资本主

---

① 马克思恩格斯:《马克思恩格斯文集》第 5 卷,人民出版社 2009 年版,第 190 页。

② 马克思恩格斯:《马克思恩格斯文集》第 5 卷,人民出版社 2009 年版,第 226 页。

③ 陈湘舸:《所有制通论》,浙江大学出版社 1994 年版,第 1 页。

④ 陈钊、陆铭:《中国所有制结构调整的理论与实证分析》,山西经济出版社 2003 年版,第 9 页。

义私有制的产生、发展的经济条件和实现的经济机制，《资本论》对资本主义生产过程的生产、分配、交换和消费四个过程经济关系的分析就是私有制在资本主义生产方式下的实现形式。关于资本主义的私有制，马克思研究了生产条件的归属问题和生产成果分配问题，指出生产条件的归属决定生产成果的归属，“消费资料的任何一种分配，都不过是生产条件本身分配的结果”，分配关系是以生产要素的所有制关系为基础的。马克思分析认为无论在商品市场还是在劳动力市场，交换主体在法律上是平等的，即资本家与工人都以平等的身份进行交易，但是所有权对于资本家和工人具有相反的意义，“所有权对资本家来说，表现为占有别人的无偿劳动或产品的权利，而对工人来说则表现为不能占有自己产品，”① 即资本家对生产资料的所有权表现为无偿占有工人劳动产品的权利。在资本主义制度中生产资料的所有权性质决定索取权，一般地说，索取权的基础是所有权。② 由于土地、资本、货币等生产资料所有权属于资本家，所以他们对剩余价值声称拥有索取权，表现为地租、利润和利息等收入，而工人对剩余价值没有索取权，只能获得工资收入。

（二）资本主义社会的国民收入分配

马克思认为国民收入就是社会总收入，它在价值形态上表现为一国一定时期内所生产的社会总产品价值减去同期内所消耗的生产资料价值，即 v + m；从实物形态上一定时期内所生产的社会总产品 c + v + m（全部生产资料和生活资料之和）扣除同期所消耗的生产资料 c。因此，“国民收入是工资加上利润加上地租，也就是总收入”，即 v + m。③ 在马克思的分配模型中，国民收入分配是借助于工资和平均利润两个基本杠杆自发调节的。工人的工资表现为 v，利润和地租等于 m。马克思认为国民收入的分配是对物质生产部门新创造出来的价值的分配，即对“v + m”的分配。在产业部门，产业资本家收入占有全部国民收入，然后把相当于可变资本 v 部分以工资的形式支付给雇佣工人，相当于剩余价值 m 的部分，

---

① 马克思恩格斯：《马克思恩格斯全集》第 46 卷，人民出版社 1974 年版，第 500 页。
② 张向达等：《中国收入分配与经济运行》，东北财经大学出版社 1996 年版，第 38 页。
③ 马克思恩格斯：《马克思恩格斯文集》第 7 卷，人民出版社 2009 年版，第 952 页。

通过各部门的竞争和利润率的平均化，在各个剥削集团之间分配，其中产业资本家获得产业利润，商业资本家获得商业利润，借贷资本家获得利息，土地所有者获得地租。马克思把国民收入分为工资和剩余价值，表明了资产阶级和工人阶级的利益冲突，剩余价值的分配表明了资产阶级内部的利益冲突。马克思的收入分配理论旨在揭示生产资料和劳动力分离的情况下，阶级冲突和矛盾的经济根源。资本主义国家国民收入的分配关系见图 2－2。

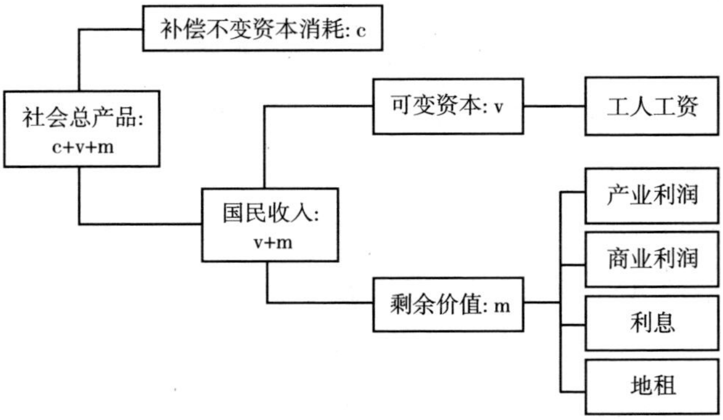

图 2－2　资本主义国家国民收入的分配关系

（三）资本主义社会各种收入的变化趋势

马克思的收入分配理论还揭示了各种收入的动态变化趋势。马克思分析工资和利润的变动趋势是建立在他的资本有机构成理论上。马克思把资本的有机构成定义为“由资本技术构成决定并且反映技术构成变化的资本价值构成，”[①] 用公式表示为 c/v 的数值，即不变资本与可变资本的比值。对于工资即劳动价格，在资本有机构成不变的情况下，资本积累增长得越快，它所推动的劳动就越多，并且可以比劳动力或工人数量增加得更快，这样资本超过了工人的供给，工资就会提高；但是工资不会一直上升，劳动力价格的上涨限制在这个限度内，即资本主义制度的基础是不可侵犯的，同时保证了资本主义的扩大再生产。[②] 资本积累随着劳动价格的提高而削弱，利润的刺激变得迟钝了，积累与可供剥削的劳动力的

① 马克思恩格斯：《马克思恩格斯文集》第 5 卷，人民出版社 2009 年版，第 707 页。
② 马克思恩格斯：《马克思恩格斯文集》第 5 卷，人民出版社 2009 年版，第 716 页。

不平衡消失了，劳动价格重新回到适合资本生存的水平。就是说，短期内由于工资不仅受劳动力价值的制约，而且受供求关系的影响；但是从长期来看，由于工场手工业分工和机器的采用，以及建筑物、炼铁炉、运输工具等形式积累的生产资料的量不断增大，劳动生产率不断提高，生产资料的量比起它所能推动劳动力的量相对增长，即资本有机构成提高了，导致劳动需求同总资本量相对减少，因而导致了过剩的劳动人口。“工人人口本身在生产出资本积累的同时，也以日益扩大的规模生产出使他们自身成为相对过剩人口的手段。”① 过剩人口导致劳动力市场供过于求，资本家可以在生存工资上获得无限的劳动供给，因而工资必定被限制在维持劳动力再生产所必需的生活资料的价值上。可见，同李嘉图等人一样，马克思认为工人只能获得生存工资。随着积累的增加，工人阶级中的贫困阶层和需要救济的贫民就越多，导致工人阶级整体贫困化，也就是马克思所指的“资本主义积累的绝对的、一般的规律”。

对于利润率的变化，马克思认为随着资本主义生产方式的发展，可变资本同不变资本相对比会相对减少，即资本有机构成是不断提高的，这是资本主义生产方式的规律。在当剩余价值率恒定时，总利润率逐渐下降是不可避免的。但是马克思指出，利润率下降的规律从来不排除这样一种情况：社会资本和剥削促进的绝对劳动量在增加，从而支配着剩余劳动力的增加。② 即利润率下降的同时不排除绝对利润量在增加。关于地租的变动，马克思认为地租是土地所有权在经济上的实现，是土地所有者垄断权的收入。一方面，随着社会的发展，土地产品的市场需求会增大；另一方面，土地对于一切可能的部门都是竞争的条件，因而地租和土地价格会随土地产品市场的扩大而增加。因此，马克思认为“土地所有权在这个未经它参与就创造出来的价值中占有不断增加的部分的权力也发展起来了，剩余价值中一个不断增大的部分也就转化为地租”。③

前面的分析表明，马克思依据不同的理论和方法得出各种收入的变化趋势，其结论与大致与李嘉图相似，即工资保持在生存工资水平，利润总量增加但利润

---

① 马克思恩格斯：《马克思恩格斯文集》第5卷，人民出版社2009年版，第728页。
② 马克思恩格斯：《马克思恩格斯文集》第7卷，人民出版社2009年版，第241页。
③ 马克思恩格斯：《马克思恩格斯文集》第7卷，人民出版社2009年版，第720页。

率下降，地租总量绝对增加。但是他们所持的立场截然不同，李嘉图是站在资产阶级的立场上，担忧利润率的下降会减少资本积累，不断削弱经济发展动力，从而导致发展停滞或危机；而马克思则站在工人阶级的立场上，他所关注的是由于资本积累的不断增加导致工人阶级整体贫困化，由于收入分配的严重失衡导致工人阶级和资产阶级的对立和冲突。马克思认为只有推翻资本主义制度，消灭资本主义生产方式和雇佣劳动制度，工人阶级才能获得解放。

（四）未来社会的按劳分配和按需分配

马克思批判了资本主义制度收入分配的剥削性，认为未来社会主义社会分配应该按照按劳分配的原则。与资本主义私有制根本对立的是社会主义公有制，全体公民共同占有生产资料，排除了个人凭借私有资料占有获取劳动以外收入的可能性。未来社会个人劳动直接表现为社会劳动，社会消灭了商品货币关系。对于这种社会制度的分配原则，马克思指出要实行按劳分配，每个生产者获得的生活资料份额取决于他的劳动时间，劳动时间也是衡量生产者在共同劳动中所占份额的一个指标，劳动时间也是衡量生产者个人消费占共同产品份额的一个指标。[①] 按劳分配以劳动为分配依据，是对剥削制度的根本否定，按劳分配以劳动时间和强度来衡量，以劳动为尺度平等地获得消费资料，“他从社会方面领得一张证书，证明他提供了多少劳动，而他凭这张证书从社会领得和他所提供的劳动量相当的一份消费资料”[②]。但是按劳分配不是平均分配，它允许存在收入差异。马克思认为在共产主义第一阶段，“平等的权利按照原则仍然是资产阶级权利”，它不承认任何阶级差别，因为每个人都像其他人一样只是劳动者；但是它默认，劳动者的不同等的个人天赋，从而不同等的工作能力，是天然特权，[③] 即由于每个人的体力智力等差异，因此分配是不平均的。按劳分配的社会总产品必须在一定扣除后才能进行分配。马克思认为劳动者不能把劳动产品全部分光，原因是在分配以前要扣除补偿生产资料的部分、应对自然灾害和不幸事故等后备基金和保险基

① 马克思恩格斯：《马克思恩格斯全集》第23卷，人民出版社1974年版，第96页。
② 马克思恩格斯：《马克思恩格斯文集》第3卷，人民出版社2009年版，第434页。
③ 马克思恩格斯：《马克思恩格斯文集》第3卷，人民出版社2009年版，第435页。

金，劳动者所得是“有折有扣”的劳动产品。

按需分配是共产主义高级阶段实行的分配制度。这个阶段劳动分工已经消失，脑力劳动和体力劳动也已消失，劳动成为生活的第一需要，随着个人的全面发展，集体财富的一切源泉都涌流出来，“只有在那个时候，才能完全超出资产阶级法权的狭隘眼界，社会才能在自己的旗帜上写上：各尽所能，按需分配”。①

二、马克思经济增长理论

在经济增长理论史上，是马克思第一个系统地建立了科学的经济增长理论。② 马克思的《资本论》研究资本主义的生产方式以及与它相适应的生产关系和交换关系，从另一角度来看，它也是研究资本主义经济增长问题的经典文献。马克思的经济增长理论所包含的思想内容非常丰富，不但研究了古典经济学家关注的社会分工、资本积累、劳动力等经济增长因素，而且研究了新古典经济学家关注的技术进步、发展方式、均衡发展等问题。马克思关于经济增长的天才思想，集中体现在社会资本再生产理论上。

（一）增长理论基本前提

马克思在研究资本主义社会再生产时，首先科学地建立了两个基本前提，这两个前提曾经长期困扰古典经济学家，彻底弄清楚了研究社会资本再生产必须考察“以产品补偿产品”和“以价值补偿价值”这个关键问题。对此，马克思指出“再生产过程必须从 W′的各个组成部分的价值补偿和实物补偿的观点加以考察。”③ 这两个前提，一是社会总产品分为生产资料和消费资料两大部类，由此把社会所有部门分为生产资料的生产部门和消费资料的生产部门；二是每一部类的资本都分为可变资本和不变资本两个组成部分，即社会总产品的生产从实物形式上分为两大部类：第一部类是生产资料的生产部门，第二部类是消费资料的生

① 马克思恩格斯：《马克思恩格斯文集》第 3 卷，人民出版社 2009 年版，第 437 页。
② 吴易风：《马克思的经济增长理论模型》，《经济研究》，2007 年第 9 期，第 11 页。
③ 马克思恩格斯：《马克思恩格斯文集》第 6 卷，人民出版社 2009 年版，第 436 页。

产部门；从价值形式上每个部类分为不变资本（c）、可变资本（v）和剩余价值（m）三个组成部分。[①] 马克思把社会资本再生产分为简单再生产和扩大再生产两种情形。

（二）社会总资本再生产的实现条件

首先，分析社会资本简单再生产的实现条件。简单再生产就是资本家将剩余价值全部用来消费，没有资本积累从而社会资本保持原有规模的再生产。马克思从两个前提出发，通过深入研究发现了实现简单再生产需要的客观条件。设 t 时期两大部类社会总产品的价值构成分别为：

$$\begin{cases} \text{Ⅰ}: c_1 + v_1 + m_1 = y_1 \\ \text{Ⅱ}: c_2 + v_2 + m_2 = y_2 \end{cases} \tag{2-2}$$

马克思的研究表明简单再生产的平衡条件为[②]：

$$\text{Ⅰ}(v + m) = \text{Ⅱ}c \tag{2-3}$$

式（2－3）的含义为第二部类的不变资本等于第一部类的可变资本加上剩余价值之和。由式（2－2）和式（2－3）不难推导出：

$$\begin{aligned} &\text{Ⅰ}(c + v + m) = \text{Ⅰ}c + \text{Ⅱ}c \\ &\text{Ⅱ}(c + v + m) = \text{Ⅰ}(v + m) + \text{Ⅱ}(v + m) \end{aligned} \tag{2-4}$$

式（2－4）表明第一部类产品的价值等于第一部类不变资本和第二部类不变资本之和，第二部类产品的价值等于第一部类与第二部类的可变资本与剩余价值之和。上述条件就是实现简单再生产的平衡条件。

其次，分析社会资本扩大再生产的实现条件。扩大再生产就是资本家将剩余价值用于积累从而扩大生产规模，因而生产规模比原有规模更大的再生产。设 Δc_{it}，Δv_{it}，α_i（i = 1，2）分别表示第一、第二部类追加的不变资本、可变资本和积累率。根据马克思的研究结论，扩大再生产的实现条件为：

$$c_{2t} + \Delta c_{2t} = v_{1t} + \Delta v_{1t} + (1 - \alpha_1) m_{1t} \tag{2-5}$$

式（2－5）表明第二部类不变资本和追加的不变资本之和等于第一部类的

---

① 马克思恩格斯：《马克思恩格斯文集》第 6 卷，人民出版社 2009 年版，第 438－439 页。
② 马克思恩格斯：《马克思恩格斯文集》第 6 卷，人民出版社 2009 年版，第 446 页。

可变资本、追加的可变资本与本部类资本家用于个人消费的剩余价值之和。由此还可以推导出其他扩大再生产的实现条件：

$$\begin{aligned} &\text{I}(c+v+m) = \text{I}(c+\Delta c) + \text{II}(c+\Delta c) \\ &\text{II}(c+v+m) = \text{I}(v+\Delta v+m/x) + \text{II}(v+\Delta v+m/x) \end{aligned} \quad (2-6)$$

式（2-6）表示第一部类产品价值等于第一、第二部类不变资本与追加的不变资本之和，第二部类产品价值等于第一、第二部类可变资本、追加的可变资本和资本家用于个人消费的剩余价值之和。满足上述条件，扩大再生产就可以持续下去。

三、资本主义收入分配的经济增长效应

马克思的社会资本再生产理论是科学的宏观经济增长理论，它假设资本有机构成、储蓄率和剩余价值率不变，以实现“两个补偿”为核心，以两个部类的不变资本、可变资本、剩余价值之间的比例关系为条件，分析经济长期均衡发展的动力机制和平衡机制。马克思的收入分配与经济增长理论是以资本主义社会为分析对象，资本主义的收入分配现实难以保证“两个补偿”的正常实现，经济平衡发展条件难以保证，因而资本主义经济增长出现周期性危机，以破坏性的强制力量将不平衡状态拉回到低水平的平衡状态，造成了社会资源的极大浪费。

（一）向资本倾斜的分配对经济增长的促进作用

从静态来看，在技术进步和组织变革静止的情况下，马克思认为资本主义经济增长的主要因素是资本积累。资本积累就是把剩余价值转化为资本，或者“积累就是资本以不断扩大的规模进行的再生产。”①资本家对利润的追求和客观的竞争压力迫使他们不断追加资本，马克思指出资本家作为“价值增殖的狂热追求者，他肆无忌惮地迫使人类为生产而生产，从而去发展社会生产力。”② 资本积累来自剩余价值 m，剩余价值的一部分作为收入供资本家消费，另一部分用作积

① 马克思恩格斯：《马克思恩格斯选集》第 2 卷，人民出版社 2012 年版，第 262 页。
② 马克思恩格斯：《马克思恩格斯选集》第 2 卷，人民出版社 2012 年版，第 266 页。

累。在这两部分比例一定时，资本的积累量显然取决于剩余价值的绝对量。在劳动力无限供给的情况下，劳动者处于绝对的弱势，资本家通过延长工作时间、强制降低工资水平获得更多剩余价值，也就是绝对剩余价值生产。马克思指出“把工资强制压到这一价值（指劳动力的价值）以下，在实际运动中起着极为重要的作用……，这实际上是把工人的必要消费基金转化为积累基金。”① 因此，延长劳动时间、压低劳动者工资——提高剩余价值率——增加资本利润率——扩大积累，这是经济增长的一条途径。

从动态看，随着科学水平的提高和资本积累的扩大，采用机器等先进技术设备、改进生产组织、提高管理水平成为提高劳动生产率的主要手段，“劳动生产力是随着科学和技术的不断进步而不断发展的”。② 这时资本主义主要采用相对剩余价值生产，资本家用更多的更便宜的新机器新工具代替旧的机器和工具，通过降低劳动力价值进而延长剩余劳动时间生产更多剩余价值。实际工资从来不会和劳动生产率同步提高，这样，同一可变资本价值可以推动更多的劳动力，同一不变资本价值资本表现更多的生产资料，从而吸收更多的劳动。这样在追加的资本价值不变的情况下仍可能增加剩余价值。从长期看，资本有机构成呈不断提高趋势，尽管利润率逐渐下降，由于资本所推动的劳动增加以及劳动生产率提高，利润总量还是有可能提高的，经济总量仍会提高。需要指出的是，资本有机构成的提高表现出的不变资本增加来自工人的剩余劳动。因此，提高劳动生产率——降低劳动力价值——提高剩余价值总量——提高资本积累量，这是另一条经济增长途径。在此过程中，工人通过与资本家的斗争可以暂时提高工资水平，但是“资本在其纯粹经济的行动上是比较强的一方”③，现代工业的发展对资本家越来越有利，资本主义发展的总趋势不是提高而是降低工人的平均工资水平。以上论述表明，资本主义社会国民收入在劳动收入和资本收入的分配中向资方绝对倾向，加上信用制度、股份公司和科技的发展，快速地提高积累总量，在一定程度上促进了经济增长，但是由于收入严重不均、经济增长的同时却孕育着危机的因素。

---

① 马克思恩格斯：《马克思恩格斯选集》第2卷，人民出版社2012年版，第269－270页。
② 马克思恩格斯：《马克思恩格斯选集》第2卷，人民出版社2012年版，第271页。
③ 马克思恩格斯：《马克思恩格斯选集》第2卷，人民出版社2012年版，第66页

（二）收入分配格局的失衡导致周期性经济危机

前面的分析说明劳资分配失衡在一定程度上促进资本主义经济增长，但是辩证地看，劳资分配失衡恰恰也是造成资本主义经济非均衡发展的主要原因。马克思在扩大再生产模型中假设储蓄率、资本有机构成和剩余价值率不断，满足“两个补偿”条件，资本主义经济就能保持均衡发展，但是满足扩大再生产的条件只是偶然现象，“这种平衡本身已经包含着：它是以平衡的对立面为前提的，因此它本身可能包含危机，危机本身可能成为平衡的一种形式”。[①] 马克思集中论述了社会资本扩大再生产条件不能满足的两个因素：资本有机构成提高、利润率降低。

从长期动态来看，资本家为了获得超额利润，必然会采用先进技术提高劳动生产率，因而资本有机构成 c/v 是不断提高的。马克思指出，资本有机构成的提高，执行资本功能的社会财富越来越大，降低雇佣工人数量，从而无产阶级的绝对量和产业后备军就越多，工人阶级中的贫困人口和需要官方救济的人也越多，这是资本主义绝对的一般的规律。因而资本积累造成了资产阶级和无产阶级的贫富两极分化，必然导致资本主义生产和消费不可调和的矛盾。在资本积累过程中，由于工人阶级的工资 v 在国民收入中所占比例呈下降趋势，而资本家的储蓄率较高，因而消费总量难以提高，“社会消费力既不取决于绝对的生产力，也不取决于绝对的消费力，而是取决于以对抗性的分配关系为基础的消费；这种分配关系，使社会大多数人的消费缩小到只能在相当狭小的界限以内变动的最低限度，……，生产力越发展，它就越和消费关系的狭隘基础发生冲突”。[②] 因而，扩大再生产经常处于 $\text{I}(v+\Delta v+m/x)<\text{II}(c+\Delta c)$ 状态，造成生产的相对过剩，使“两个补偿无法”实现。另外，资本主义自发的生产方式难以保证扩大再生产的各种比例关系，如第一部类生产生产资料和生产生活资料的比例，第二部类必要消费品和奢侈消费品的比例等，“资本主义生产方式不可能经常满足这

① 马克思恩格斯：《马克思恩格斯全集》第 26 卷Ⅱ，人民出版社 1974 年版，第 595 – 596 页。

② 马克思恩格斯：《马克思恩格斯文集》第 7 卷，人民出版社 2009 年版，第 273 页。

种实现条件或平衡条件”。[①]

资本的有机构成提高导致平均利润率下降，这是资本主义经济危机的重要原因。马克思指出随着资本有机构成提高，“在剩余价值率或资本对劳动剥削程度不变的情况下，一般利润率会逐渐下降”。[②] 这一点很容易证明，设 p 为利润率，q 为资本有机构成，m 与 e 分别为剩余价值和剩余价值率，容易得到：$p = m/(c+v) = (m/v)/(c/v+v/v) = e/(1+q)$，即 $p = e/(1+q)$，此式中当 e 保持不变时，p 与 q 呈相反方向变动，资本有机构成 q 提高，一般利润率 p 将下降。当利润率下降到一定临界点时经济增长停滞，原因是利润率很低，资本家已经没有动力投资。当资本有机构成提高利润率下降时，存在生产扩大与价值增值、人口过剩与资本过剩、剩余价值生产与实现三大矛盾，“这些矛盾的积累、激化促使经济危机不可避免”。[③]危机爆发以破坏性强制力扭转结构失衡、消除多余生产能力，从而为下一轮经济增长扫清道路，但平衡只是暂时的、脆弱的，最终仍然会陷入下一轮危机的泥潭。

四、评述

马克思的收入分配理论是坚持劳动价值论的基础上，运用历史分析法、阶级分析法和矛盾分析法，把研究收入分配建立在人与人之间的社会关系上，分析生产方式的变化引起的阶级地位的变化，从而分配关系的变化，不像新古典学派那样“在表面联系上兜圈子”，不去关注事物背后的社会关系。马克思认为资本主义的分配方式和生产方式是一种特殊的历史形式，它有其历史适应性和内在矛盾，必然被更先进的形式所代替，而不像古典经济学家宣扬的资本主义制度是“永恒的自然形式”；马克思还使用矛盾分析法，分析了资本主义社会中工人、资本家和地主之间阶级利益冲突，分析工资和利润的矛盾关系、消费和积累的矛盾关系、资本家瓜分剩余价值的矛盾等，不像新古典经济学派主张的各阶级利益

---

① 吴易风：《马克思的经济增长理论模型》，《经济研究》，2007 年第 9 期，第 14 页。

② 马克思恩格斯：《马克思恩格斯文集》第 7 卷，人民出版社 2009 年版，第 236 页。

③ 王志民、曹永栋：《资本论对经济危机原因的考察》，《科学社会主义》，2013 年第 6 期，第 119 页。

分配和谐论。

除了坚持劳动价值论外，马克思把收入分配同制度因素联系在一起分析，把剩余价值理论同资本主义私有制紧密联系起来，认为是私有占有制度造成了等价交换的异化，从而形成雇佣劳动制度，这个制度中资本家是资本的所有者、地主是土地的所有者，工人不占有任何私有财产，只是拥有劳动力，这样的生产条件决定工人要受到资本家的剥削，不能脱离生产要素的分配研究收入分配。由此可见，所有权分析和生产方式决定分配方式的观点是马克思主义分配理论的鲜明特点，从而深刻地揭露了资本主义分配两极分化和严重不公的根源是资本主义私有制度。马克思关于所有制决定分配关系的理论对于研究我国的收入分配格局同样具有指导意义。

对于分配对经济影响的效应，马克思认为由于劳资分配严重不均，一方面有利于资本积累，从而扩大投资推动经济增长；另一方面也导致资本有机构成提高、一般利润率下降，同时造成产业后备军不断扩大，工人阶级消费能力的下降，引起有效需求不足、生产比例失衡，最终导致经济危机的爆发。马克思认为生产决定分配，“就对象说，能分配的只是生产的成果，就形式说，参与生产的一定方式决定分配的特殊形式”,[①] 但是生产也离不开分配，分配对生产有巨大的影响，正如资本主义社会收入严重不均带来的社会与经济后果那样。这些论述提醒我们应该高度重视收入分配问题，通过改善收入分配状况，推动我国经济持续健康发展。

毋庸讳言，限于时代背景和历史条件的约束，马克思的收入分配与经济增长理论是基于资本主义自由竞争时期的研究，当今资本主义经济发展环境和制度背景与马克思所在的时代有很大差别，马克思分配与增长理论需要创新和发展，以适应实践的变化。例如，由于当时存在大量产业后备军，马克思认为工人工资始终会处于生存工资水平，但是后来的实践表明，在劳动力无限供给状态结束以后，劳动供求发生了根本变化，劳动工资有上涨趋势。

---

① 马克思恩格斯：《马克思恩格斯文集》第 8 卷，人民出版社 2009 年版，第 19 页。

第三节

新古典主义收入分配的经济增长效应思想

19 世纪 70 年代发生了“边际革命”，杰文斯、门格尔和瓦尔拉斯相继提出了边际效用理论，结束了李嘉图传统的古典经济学时代，经济学进入新古典主义时代。新古典主义的分配理论的代表人物是克拉克和马歇尔，前者提出要素分配的边际生产力理论，后者提出要素分配的均衡价格论。

一、新古典主义收入分配决定理论

（一）边际生产力理论

克拉克认为在自然规律的作用下，社会总收入由性质不同的三个部分组成：工资总额、利息总额和利润总额，它们分别是劳动的收入、资本的收入、雇佣劳动与利用资本执行调和工作的人的（即企业家）收入。这里的劳动收入既包括除工人工资外，还包括企业家的平均利润；地租是利息收入的一部分；利润是指在技术进步下企业家获得的超额利润。从事任何生产职能所获得的收入是以它实际所生产的成果来衡量，即劳动所生产的部分给予劳动者，资本生产的部分给予资本家，而从事调和工作所生产的部分给予企业家。克拉克指出，每个参加生产的要素都做出了特殊的贡献，都应获得相应的报酬，这就是分配的自然规律。他认为这种自然规律是公正的分配原则，不存在谁占有谁的劳动产品，“如果工资、利息、利润本身都是根据一个公正的原则来决定，那么这些从事生产的各个阶级，也就没有什么可以互相埋怨的了”。①

克拉克认为劳动和资本价格是由它们所提供的最后一单位产品的估值决定的。因此，克拉克认为工资和利息是由劳动和资本的最后生产力（即边际生产力）支配的。劳动和资本生产力边际递减规律是边际生产力分配论的理论支柱，

① 克拉克：《财富的分配》，陈福生、陈振骅译，商务印书馆 1983 年版，第 15 页。

在静态条件下，假设资本量不变，不断追加劳动量，单位劳动的生产力是递减的。同理，假设劳动是不变的，不断追加资本量，资本的边际生产力也是递减的。我们分析最后生产力是如何支配工资标准的。在静态情况下，假设资本是不变的，随着劳动量的增加，劳动的边际生产力是递减的，当最后一批劳动力增加的产品价值与劳动工资相等时，工人的工资水平就确定了。如果前面一批任何工人要求的工资超过最后一批工人的产量，雇主就可以解雇他们，而用最后一批工人替代他们。总之，最后生产力原则决定了工资和利息的标准，这是克拉克在静态条件下想要揭示的社会收入的分配自然规律，是新古典主义的分配理论基础。

在静态分析时由于充分竞争和生产要素自由流动，不存在超额利润。但是社会不是静止的，克拉克指出社会在五种情形下是不断进步的：人口的增加、资本的增加、生产方法的进步、生产组织的改变和人类欲望的提高，就是说这五种情况导致社会的动态变化，就可能产生企业家的超额利润。以一项新的发明为例，它使某种东西的生产成本降低、生产力提高，由于工资和利息不变，超额利润便出现了，“这部分收益首先要给企业家，其次又按照我们曾经叙述的方法提高工资和利息，”[①] 于是工人获得了新的更高的收入，直到新的发明收获分布于整个社会时，工人的收入就是新的收入标准了，这时企业家的超额利润消失了。克拉克描绘了一幅资本主义社会收入分配的美好图景：随着社会不断进步，社会总收入不断增加，企业家虽然暂时获得了超额利润，但是随后超额利润转化并增加工人工资，“由于动态势力的作用，今天产生一个静态标准，明天产生一个较高的标准，后天产生一个更高的标准”“工人获得了改良的利益”。[②] 这又是明显的资本主义社会阶级利益“调和论”。

（二）供求均衡要素分配理论

马歇尔认为国民收入分配是生产要素对其共同创造价值的分割问题，国民收入是支付这些要素收入的唯一源泉。国民收入包括劳动者的工资、资本的利息、土地的地租和企业家的利润四个部分。马歇尔的要素收入决定理论是在承袭克拉

① 克拉克：《财富的分配》，陈福生、陈振骅译，商务印书馆 1983 年版，第 356 页。
② 克拉克：《财富的分配》，陈福生、陈振骅译，商务印书馆 1983 年版，第 360 页。

克边际生产力理论的基础上，结合他的供求均衡理论形成的。马歇尔认为每个生产要素的正常价格取决于它们的供给与需求情况，工资、利息、地租和利润就是各生产要素供给与需求达到均衡时的价格，“我们必须把需求和供给结合起来考虑，来研究生产成本和效用如何影响劳动者、资本家和地主之间对国民收益的分配”。①需求和供给是维持均衡的相互作用力，不论劳动和资本还是其他东西的均衡价格，都要由供给和需求共同维持，“就像建造在拱门中的石块，需要靠两边的作用力保障其不会落下来”。②他首先分析了生产要素的需求价格，认为各种生产要素的需求价格是由其边际生产力决定的，由于要素使用边际报酬递减规律，在其他要素不变的前提下，每多使用一单位要素带来收益是递减的，最后使用一单位该要素带来的产品价值就是该要素的需求价格。要素供给的价格是由其生产成本决定的。与一般商品价格决定相同，要素价格是由需求价格和供给价格共同决定的，供给价格和需求价格达到均衡状态时的价格就是要素的市场价格。以劳动者工资决定为例，根据要素均衡价格原则，工资决定于劳动供给价格和需求价格，劳动需求价格是由劳动的边际生产力决定的，而劳动供给价格由劳动的边际成本决定的，包括维持劳动力再生产的基本生活开支、教育培训支出、健康和医疗支出等，当劳动的供给和需求均衡时的价格就是劳动的工资，在这个均衡点上，工资倾向于等于产品的纯收益。

马歇尔的要素收入供求均衡理论得出的结论是价值分配原则和生产原则的延伸，他认为各种要素共同创造了财富和价值，因而也就有权共同分配这些财富和价值，而分配的发展是由市场供求决定的，这对任何阶级任何人都是一样的，这种法则是一种客观的趋势，从而资本主义的分配制度是公平合理的。尽管他承认资本主义社会存在分配不公和贫富差距，但他认为“这是自由竞争法没有完全贯彻所致，”③并提出通过限制高收入家庭的收入标准、对富人加税、加快生产设备的进步、加快教育的普及、加大医疗的投入、提高青少年的素质和才能、提高底层劳动的福利待遇等途径解决。④

---

① 马歇尔：《经济学原理》，彭逸林等译，人民日报出版社2009年版，第373页。
② 马歇尔：《经济学原理》，彭逸林等译，人民日报出版社2009年版，第374页。
③ 宴智杰：《边际革命和新古典经济学》，北京大学出版社2004年版，第328页。
④ 马歇尔：《经济学原理》，彭逸林等译，人民日报出版社2009年版，第521–527页。

马歇尔的分配思想被同时代的英国经济学家威克斯蒂德（P. Wicksteed）用数学工具进一步发展，后者在其著作《分配规律的协调》一书中明确提出，按照边际生产力原则分配总产品被各要素全部分光的思想，即分配的欧拉定理。如果产品是各生产要素的函数，即 $P=F(A, B, C\cdots)$，那么各要素的价值增量之和恰好等于产品总增量的价值，即：$\Delta P=\frac{\Delta P}{\Delta A}\cdot\Delta A+\frac{\Delta P}{\Delta B}\cdot\Delta B+\frac{\Delta P}{\Delta C}\cdot\Delta C+\cdots$，或 $P=\frac{\Delta P}{\Delta A}\cdot A+\frac{\Delta P}{\Delta B}\cdot B+\frac{\Delta P}{\Delta C}\cdot C+\cdots$。① 欧拉公式说明，当生产函数为一阶线性齐次函数，并且生产成规模报酬不变的情况下，按照边际生产力原则确定的均衡时各要素的收入之和恰等于总产品价值。

二、新古典收入分配对经济增长的效应

第一，收入分配通过影响储蓄引起经济增长变化。新古典增长理论的代表是哈罗德—多玛增长模型和索洛增长模型。前者用公式表示为 $G=s/v$，即经济增长率等于储蓄率与资本产出比之商，经济增长率与储蓄率成正比，与资本产出比成反比。后者用公式表示为 $\dot{k}=sf(k)-nk$，索洛模型的基本含义为人均资本变化率 $\dot{k}$ 取决于人均收入储蓄率 $sf(k)$ 和新增加人口配备的资本之差。新古典增长理论认为经济增长与资本投入是正相关的，由于新古典假设技术进步不变或中性技术进步，经济增长主要依靠增加生产要素数量，在资本与劳动两个主要生产要素中，由于劳动是可以看成无限供给的，制约经济增长的主要原因是资本存量，扩大资本投入需要相应的国民储蓄作为保证，因而国民储蓄是影响经济增长的重要原因。在其他条件不变的假设下，这两个增长模型都表明高储蓄率对可以引发高增长率。新古典经济学还通过乘数与加速原理阐述了国民储蓄与投资相互作用关系，从而引起经济周期性变化。投资的增加引起国民收入数倍的增加，从而国民储蓄数倍增加，又通过加速效应引起投资的更大增加，这样，经济就会出现繁荣周期。相反，投资减少引起储蓄的减少，进而投资和储蓄进一步下降，经

① 宴智杰：《经济学中的边际主义》，北京大学出版社 1987 年版，第 210－211 页。

济进入衰退时期。

第二，收入分配通过影响消费引起经济增长变化。增加投资可以增加总供给，但是，没有总需求的扩大特别是没有消费需求的增加，将导致总供给与总需求的失衡，无法提供足够就业，从而引起经济不振；相反，如果消费能力超过供给能力，必将引起刺激生产要素价格的上涨，引起经济过热。消费来自国民收入扣除储蓄的余额，新古典主义十分重视消费与国民收入的关系，莫迪利安尼的生命周期理论认为人们的消费取决于一生的收入水平，消费者将根据一生的收入安排当期支出以实现效用最大化；弗里德曼的持久收入理论认为人们的消费是持久性收入的稳定函数，只有当前的收入能够证明为持久性收入时，才能增加消费支出，消费者暂时的收入增加不能促使其增加当期消费。

第三，收入分配通过影响生产要素相对价格引起经济增长方式变化。新古典主义认为资本与劳动是可以相互替代的，理性生产者将用价格相对较低的要素代替相对价格较高的要素，如果实际工资率相对实际利息率提高，将导致资本替代劳动，形成资本密集型增长方式；反之，将导致劳动替代资本，形成劳动密集型增长方式。在经济发展不同阶段资本和劳动稀缺性不同，在经济发展初期，一般资本比较稀缺，劳动力价格较低，因而生产者用劳动来替代资本；随着资本积累增长，资本变得比较宽裕，而劳动比较稀缺成本上升，生产更多地使用资本。

三、评述

新古典主义分配理论放弃了古典经济学的劳动价值论和阶级分析法，抽去了资本主义生产关系和剥削关系，把社会制度当成既定条件，把从属于生产关系的分配关系单纯地由边际生产力和供求关系等技术因素决定，无视权力关系和财产所有权关系对分配的影响，提出在完全竞争和私有制条件下，劳动、资本和土地根据对生产的边际贡献获得相应收入，每个人都是生产要素的所有者和出卖者，在地位上都是平等的关系，不存在谁剥削谁的问题，力图证明在资本主义私有制条件下收入分配的公正合理性。新古典主义分配思想与庸俗古典经济学代表人物萨伊、西尼尔、巴师夏、凯里等人的思想是一脉相承的，要害之处在于把资本和土地都作为产生价值的源泉，该理论的根源就是萨伊的“三位一体”分配公式。马克思在《资本论》第三卷所批判的萨伊“三位一体”公式同样适用于新古典收入分配理论。[①] 马克思的批判主要体现在三点：一是该理论主张土地和资本能够生产价值，掩盖了工人劳动是产生价值的源泉；二是该理论认为资本—利息、劳动—工资、土地—地租等收入是自然而然的事情，脱离了社会生产关系，马克思指出“资本不是物，而是一定的、社会的、属于一定历史形态的生产关系”[②]；三是用使用价值的生产与价值的生产混为一谈，土地和资本虽然能够创造使用价值，但是不能产生价值，劳动才是价值的唯一源泉。

在资本主义社会，按照新古典收入分配理论原则实施国民收入分配，必然导致资产阶级收入份额不断增加，工人阶级收入份额不断减少，资本家的储蓄总额不断提高，导致生产能力不断增加，而工人阶级的消费能力不能保持同步提高，因而导致有效需求不足成为资本主义社会的发展常态，资本过剩和需求不足共存使资本主义产能过剩、虚拟经济投机严重，经济金融危机无法消除，根本原因是新古典收入分配不承认劳动价值论，有意降低劳动在生产中的贡献，在分配中严重偏向资本而对劳动不公，收入两极分化严重。

但是新古典分配理论并非没有参考价值。边际生产力理论是按生产要素分配的理论基础，根据各生产要素在生产中的贡献获得相应收益是市场经济分配的原则，它有利于要素资源的合理分配，有利于激发充分调动各要素参与生产的积极性。尽管很难准确判断各要素在生产中的准确贡献，但是在根据不同时期不同地区要素的稀缺程度、供求状况、在生产中的地位等情况，还是可以大致判断出要素的贡献大小，这对于我国坚持按劳分配为主体、多种分配方式共存的分配制度，完善劳动、资本、技术、管理等要素按贡献参与分配的初次分配机制有启示作用。新古典主义生产函数从柯布—道格拉斯函数到哈罗德—多马增长模型，从索洛—斯旺模型到现代的内生经济增长模型，它们表明了经济增长率与劳动、资本、人口、储蓄、技术等要素之间的函数关系，由此可以衡量出各要素的对增长的贡献率以及全要素生产率，解释了经济长期增长的源泉和动力，为政府制定经

① 王云中：《边际生产力理论评析》，求是学刊，1995 年第 2 期，第 56 页。

② 马克思恩格斯：《马克思恩格斯文集》第 7 卷，人民出版社 2009 年版，第 922 页。

济政策提供理论依据。因此，新古典分配理论和增长理论尽管存在不少缺陷，但是不能因此全盘否定它们的积极意义。毋庸置疑，我们发展中国特色社会主义市场经济要以马克思主义理论为指导，但是西方经济理论中的有益成分要为我所用，大胆吸收和借鉴人类社会一切积极有益的文明成果，这是马克思主义的科学态度。

第四节

凯恩斯主义收入分配的经济增长效应思想

凯恩斯之前的经济学家信奉萨伊的“供给自动创造需求”思想，认为资本主义不会出现失业现象，更不会出现经济危机。然而，1929 年的大萧条危机的严酷事实给这种思想以致命一击。凯恩斯 1936 年出版了《就业利息和货币通论》（以下简称《通论》），它否认了萨伊的充分就业认识，认为充分就业和均衡发展是一种特殊情况，经济系统通常处于有效需求不足状态，因此自由放任的政策需要修正，取而代之的是政府的积极干预，使有效需求等于供给，从而实现充分就业和经济均衡发展。

一、简单国民收入的决定模型

凯恩斯的《通论》旨在寻求增加国民收入的途径，使经济增长能够提供充分的就业机会，以解决资本主义失业问题和经济过度生产危机。凯恩斯认为国民收入由消费和投资两部分组成，消费量取决于消费倾向。凯恩斯认为消费相对于收入有一个基本心理法则，“当所得增加时，消费也将增加，但不如所得增加为甚，”[①] 即边际消费倾向递减。投资的数量取决于资本边际效率和利息率，资本边际效率由预期收益和资本重置成本决定；利息率取决于货币供给量和流动性偏好。上述理论框架可以用图 2－3 表示。

① 凯恩斯：《就业利息和货币通论》，徐毓枬译，商务印书馆 1983 年版，第 85 页。

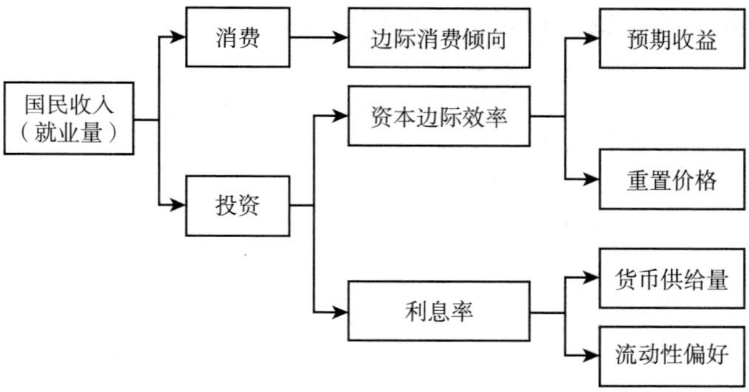

图 2－3　简单国民收入的构成与影响因素

简单的国民收入决定模型就是把投资作为给定的量，说明消费是如何决定就业量或国民收入的。根据 $y = c + i$，$c = \alpha + \beta y$，其中 c 为消费，i 是投资（假设为不变），β 为消费倾向，可以得到均衡时的国民收入为 $y = (\alpha + i)/(1 - \beta)$，其中 $1/(1 - \beta)$ 是投资乘数，它表示投资量的变动引起的国民收入多倍于投资量变动。正是由于存在投资乘数效应，因而通过增加投资可以有效提高国民收入。图 2－4 中，用横坐标表示国民收入 Y，纵坐标表示消费和投资之和，C 表示消费函数，Z 表示 45°线，该线上的任何一点表明投资消费之和与国民收入相等，图上第三条线被称为 C＋I 总需求曲线。可以看出，总需求曲线与 45°线的交点 E 就是均衡的国民收入，也就是凯恩斯所说的有效需求，因为在这点的企业投资加上居民消费等于国民收入（产量），符合凯恩斯的国民收入定义。在均衡点 E 点，居民收入 $EY_1 = OY_1$，人们意愿的消费为 FY_1，意愿的储蓄为 EF，社会商品的卖价 $EY_1 = OY_1 = FY_1 + EF$，即社会供给等于有效需求。假设充分就业时的国民收入 OY_0，这时意愿的消费为 NY_0，意愿的投资为 MN，有效需求为 $MY_0 = NY_0 + MN$，此时社会商品总卖价为 MY_0，而国民收入为 OY_0，意愿的储蓄 LN 大于意愿的投资 MN，差额为 LM。这时一部分商品不能够被卖出，企业亏损，因而会减少生产，社会出现失业现象。凯恩斯认为，通常状态下，资本主义自由放任的政策无法使总供给等于总需求，通过政府干预，提高消费倾向、资本边际效率或降低利率，使消费或投资增加，从而提高有效需求，例如，在图 2－4 中，通过需求管理政策，使需求曲线从 D 向上移至 D_0，使供给等于有效需求，这时交点 L 就是充分就业时的均衡点。然而，由于受三大心理规律支配，即边际消费倾向递减规律、资本边际效率递减规律和流动性偏好规律，资本主义制度不能保证决定储蓄量的消费倾向以及决定投资量的资本边际效率和利息率正好处于能维持充分就业时的数值，[①] 因而资本主义经常会出现失业和危机问题。

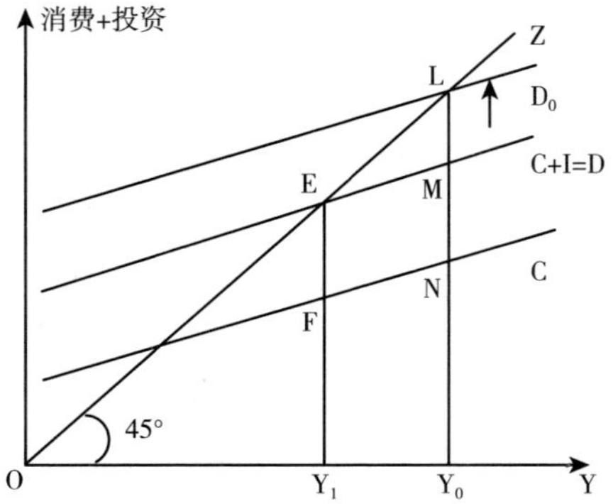

图 2－4　均衡时的国民收入决定

二、提高有效需求的公平分配政策

凯恩斯并没有详细论述他的收入分配理论，但是他认为要解决资本主义有效需求不足问题，就要实现更公平的收入分配政策。要提高有效需求，一是可以提高居民的边际消费倾向从而提高消费量，但是在贫富悬殊的社会，富人的消费倾向低于穷人的消费倾向，如果能够实施公平的分配政策，通过遗产税、所得税等限制富人收入、提高穷人收入，则可以提高平均消费倾向，总消费才能提高。因而，他认为“若现在采取步骤，重新分配所得，以提高消费倾向，则对于资本之生长有利无弊”。[②] 二是降低利率以提高投资量，由于利率是投资成本，对于确定的资本边际效率，利率越低资本家的投资意愿越强。为了降低利率，凯恩斯主张增加资本数量，消灭地主、高利贷者之类的“坐收利息阶级”，“坐收利息阶级一经消灭，资本主义将大为改观”。[③] 可见，凯恩斯主张通过公平分配，降低

① 高鸿业：《凯恩斯〈就业利息和货币通论〉译者导读》，《高校理论战线》，2000 年第 1 期。
② 凯恩斯：《就业利息和货币通论》，徐毓枬译，商务印书馆 1983 年版，第 321－322 页。
③ 凯恩斯：《就业利息和货币通论》，徐毓枬译，商务印书馆 1983 年版，第 324 页。

贫富差距程度，消灭食利阶层，是提高总需求的有效手段。当然凯恩斯主张的公平分配，并不是通过阶级斗争和暴力革命，而是在资本主义制度内的分配制度改革，如提高社会保障、调整财税政策等措施降低收入差距。

三、发挥市场和政府的合力推动经济增长

古典经济学把自由放任的市场机制奉为圭臬，坚决反对政府干预市场，认为政府的作用是“守夜人”，然而自由放任的后果并没有带来资源的有效配置，反而是周期性危机和大量失业，造成资源的严重浪费。凯恩斯清醒地认识到自由放任的危害，他主张经济发展要发挥“国家之权威和私人与私人策动力量互相合作”，即发挥市场和政府的合力作用。对此，凯恩斯并不是完全否定古典经济学理论，但是他认为在现实中经典理论假定很少能够得到满足，所以不能用来解释现实问题。如果实施政府管理以后，总产量与充分就业的产量就相差不远了，因而经典理论还是对的。凯恩斯认为市场和政府在经济中发挥作用的领域不同，他认为在有效需求不足时，要使消费倾向和投资引诱两者互相适应，政府机能不能不扩大。例如，国家必须改变税收体系、限制利率，指导消费倾向，增加政府投资，凯恩斯认为这几种情形不能让经济力量自由运用，必须由政府来约束或指导。但是，凯恩斯同时认为“还有一大片园地可以由私人负责，由私人策动，在这个园地以内，个人主义之优良传统还是继续存在。”[①] 例如，私人为追求利润、决定生产什么、如何生产等，完全应由市场机制决定。

四、评述

凯恩斯主义诞生于如何使西方国家摆脱大萧条影响的背景下，该理论认为经济危机的主要原因是有效需求不足，要摆脱有效需求不足，必须提高边际消费倾

① 凯恩斯：《就业利息和货币通论》，徐毓枬译，商务印书馆 1983 年版，第 327 页。

向。凯恩斯的简单国民收入决定模型提供了边际消费倾向与国民收入的函数关系，进而把分配与经济增长联系在一起。提高边际消费倾向的作用是一箭双雕，一是提高消费需求，二是通过乘数效应提高投资的效应，总效应是提高国民收入和就业量。凯恩斯认为资本主义国家的收入差距太大，劳动者收入很低，因此有效需求难以提高，所以他主张通过税收、转移支付等形式限制高收入和食利阶层，提倡公平分配以提高消费倾向。凯恩斯倡导通过调整收入分配提高有效需求的思想对我国调整国民收入分配结构有借鉴意义。

凯恩斯还主张扩大政府职能，使政府在提高消费倾向和投资引诱方面发挥积极作用。凯恩斯开创了政府干预经济运行的理论先河，这一理论为政府制定政策提供有益的参考和依据。时至今日，各国政府都保持庞大的经济管理职能，一旦遇到经济危机或金融危机，政府干预成为不二之选，本次金融危机爆发后各国政府采取的量化宽松政策、政府投资计划等都体现了凯恩斯的思想。可以说从凯恩斯理论创立后，政府深度介入经济运行，它与企业、家庭一样成为市场经济运行的主体，成为国民收入分配的重要参与者。

在政府和市场关系上，凯恩斯主张政府和市场应该合力协调发挥作用，并指出各自发挥作用的领域，这对于当前深刻反思西方新自由主义政策危害十分有益的，也与我国政府“让市场发挥决定性作用和更好地发挥政府作用”的提法是相契合的，市场和政府两者作用不能偏废，这对我国特色社会主义市场经济发展至关重要。

第五节

后凯恩斯主义收入分配的经济增长效应思想

后凯恩斯主义是现代凯恩斯主义的非主流经济学派，它的主要代表人物有琼·罗宾逊、尼古拉斯·卡尔多、皮罗·斯拉法、卢伊季·帕西内蒂、约翰·伊特韦尔等人，这些人都在英国的剑桥大学任教，其理论主张不同于以马歇尔为代表的剑桥学派，所以又称为新剑桥学派。后凯恩斯主义的收入分配与经济增长思想基础是由罗宾逊夫人和卡尔多沿着凯恩斯—哈罗德—卡莱茨基的思想构建起来的，并由帕西内蒂等人发展起来的。新剑桥学派在收入分配和经济增长方面颇有建树，其理论独树一帜。

一、卡尔多—罗宾逊的分配与增长理论

（一）卡尔多模型

在后凯恩斯主义的收入分配与经济增长模型中是由新剑桥学派代表人罗宾逊夫人和卡尔多在20世纪五六十年代建立起来的，该理论分析的基础是凯恩斯主义的宏观均衡条件储蓄等于投资，即 $I=S$。下面首先以卡尔多模型为例论述。假设全社会由工人和资本家两个阶级构成，其收入分别来自工资和利润，总收入 Y 由工资 W 和利润 P 组成，总储蓄等于工人工资 S_w 和资本家利润 S_p 之和，工人收入储蓄倾向为 s_w，而资本家收入储蓄倾向为 s_p，一般情况下，资本家的储蓄倾向高于工人的储蓄倾向，固有 $s_p>s_w$。根据凯恩斯的国民收入均衡条件 $I=S$，有以下恒等式：$Y=W+P$，$I=S$，$S=S_w+S_p$。根据恒等式 $I=S$，得到：

$$I=s_wW+s_pP=s_w(Y-P)+s_pP=(s_p-s_w)P+s_wY \tag{2-7}$$

式（2-7）两边同除以 Y，得到：$\frac{I}{Y}=(s_p-s_w)\frac{P}{Y}+s_w$，整理后得到：

$$\frac{P}{Y}=\frac{1}{s_p-s_w}\cdot\frac{I}{Y}-\frac{s_w}{s_p-s_w} \tag{2-8}$$

式（2-7）两边同除以资本存量 K，整理得到：

$$\frac{P}{K}=\frac{1}{s_p-s_w}\cdot\frac{I}{K}-\frac{s_w}{s_p-s_w} \tag{2-9}$$

式（2-8）和式（2-9）是卡尔多的分配与增长基本公式，可以看出在卡尔多模型中，收入分配与经济增长之间是相互影响的关系。在 s_w 和 s_p 不变的情况下，利润份额 $\frac{P}{Y}$ 与积累率 $\frac{I}{Y}$ 成正比，资本积累和投资决定利润率，同时决定利润在国民收入中的份额。在后凯恩斯主义理论中，首先决定的是利润，而工资是利润的余数，这一点与李嘉图的看法刚好相反，在工资和利润的决定顺序上，李嘉图认为收入分配中首先要确定工资，剩余的部分才是利润。所以后凯恩斯主义的分配理论是利润决定论。罗宾逊夫人提出“是经济社会的活动决定利润率而不是

工资水平，因而工资水平变成一种剩余”。[①]

卡尔多模型可以阐明经济增长理论中的两个基本问题：经济均衡增长的条件和决定经济增长率的各种因素[②]：第一，关于经济均衡增长的条件，卡尔多认为只要两个阶级的储蓄倾向不变且 $s_p > s_w$，经济均衡增长不仅存在而且是稳定的。他认为储蓄和投资的任何偏离都会导致国民收入的变化，国民收入的变化又反过来调节储蓄和投资，直至它们再次相等。以投资 I 增加为例，当经济预期乐观时，投资增加导致社会总需求扩大，带动整体价格水平提高，价格提高的速度超过工资增长的速度，因而工资降低、利润提高。在 $s_p > s_w$ 条件下，收入分配份额的变化导致总储蓄 S 提高，最终储蓄等于投资，经济实现均衡发展。在整个宏观均衡的框架中，投资和储蓄的关系完全是凯恩斯主义的：不是储蓄决定投资，而是投资的变动通过收入分配引起储蓄的变动。第二，在决定经济增长率的因素中，卡尔多认为国民收入分配格局是十分重要的因素，因为它直接影响投资率。根据卡尔多模型两个基本公式，当 s_w 和 s_p 不变时，利润在国民收入份额的增加将导致投资率的增长；反之，投资率的增加必然引起利润在国民收入份额的提高。卡尔多模型中 $1/(s_p - s_w)$ 称为“收入分配的灵敏度系数”，它表示投资在收入中的变化引起利润在收入中的变化程度，$s_p - s_w$ 差距越大，投资增长引起的利润比重增加就越小，反之就越大。如果工人的储蓄倾向不变 s_w，资本家的储蓄倾向 s_p 越小，其利润份额就越大，也就是说，资本家储蓄越少、消费越大，其利润就越大，其含义正如罗宾逊引用卡莱茨基的名言“工人花费他们所得到的，而资本家得到他们所花费的”。[③]

（二）罗宾逊分配模型

罗宾逊模型与卡尔多模型略有不同，它假定在一个自由竞争的封闭经济中只有劳动和资本两个生产要素，技术进步为中性。罗宾逊夫人借鉴马克思的生产两

---

① 琼·罗宾逊、约翰·伊特韦尔：《现代经济学导论》，陈彪如译，商务印书馆 1982 年版，第 243 页。

② 蒋自强：《当代西方经济学流派》，浙江大学出版社 1988 年版，第 88 页。

③ 琼·罗宾逊、约翰·伊特韦尔：《现代经济学导论》，陈彪如译，商务印书馆 1982 年版，第 244 页。

大部类和两大阶段的分析范式，把生产部门分为投资品和消费品，把收入分为利润和工资两部分。她假定工人工资都用来消费，没有储蓄，即 s_w 等于 0，而资本家没有消费，即 W = C，全部利润用来投资，即 P = I，因此，工人的收入等于消费品的总价格，资本家的利润等于投资品的总价格，引入资本存量 K。根据凯恩斯投资等于储蓄的恒等式，得到 P = I = S，于是资本利润率 π 等于资本积累率 g，用公式表示为：

$$\pi = \frac{P}{K} = \frac{I}{K} = g \tag{2-10}$$

如果放宽假设，使资本家有部分利润用来储蓄，这时 $S_p \cdot P = S = I$，即 $P = I/S_p$，代入式（2－10）可得：

$$\pi = \frac{P}{K} = \frac{I}{K}\frac{1}{s_p} = \frac{g}{s_p}, \text{简写为：} \pi = \frac{g}{s_p} \tag{2-11}$$

式（2－11）表明在资本家储蓄倾向不变时，宏观利润率与资本积累率是相互制约的关系，利润率和资本积累率成正比，对此罗宾逊指出“如果没有利润，企业家就不能积累，同时如果他们不积累，他们就没有利润”。[①]其实，从卡尔多模型中也能推出相同的结论，式（2－9）中令 $s_w = 0$ 即可得到式（2－11）。罗宾逊夫人认为资本主义经济要想保持稳定均衡增长，一是要满足技术中性，即技术进步不改变资本和劳动的相对价格；二是资本积累率和人口以相同速度稳定增长；三是利润率长期不变，工人实际工资水平随人均产量上升而提高，资本家对未来充满乐观预期，此时意愿积累率和潜在积累率将一致且等于产出增长率，经济将保持长期均衡发展。[②] 罗宾逊夫人把满足以上条件的经济增长状态成为“黄金时代”。[③]

然而，现实中资本主义经济发展是难以满足上述条件的，20 世纪 20 年代末资本主义经济大萧条以后，社会有效需求不足，资本家投资信心丧失，工人失业严重，收入分配差距悬殊，西方资本主义国家陷入漫长的经济紧缩状态。在资本主义经济行将崩溃之际，凯恩斯提出以需求为主的宏观经济政策，呼吁政府扩大

---

① 琼·罗宾逊：《资本积累论》，于树生译，商务印书馆 1963 年版，第 77 页。
② 刘文超：《后凯恩斯主义增长理论：从何处来向何处去》，《社会科学阵线》，2015 年第 3 期。
③ 琼·罗宾逊：《资本积累论》，于树生译，商务印书馆 1963 年版，第 99 页。

机能、干预经济，提高投资率和消费倾向，从而提升全社会的有效需求。凯恩斯在《就业利息和货币通论》最后一章指出资本主义社会“其显著缺点，乃在不能提供充分就业，以及财富与所得分配有欠公平合理，”① 并提出要消灭“坐收利息阶层”，重新分配所得，但是凯恩斯没有展开论述收入分配如何调节经济增长。罗宾逊夫人继承了凯恩斯这一思想，深化了凯恩斯提出但是没有展开论述的收入分配问题的重要性，她认为资本主义社会中工人工资增加缓慢、劳资冲突严重，导致资本经济失衡，她主张政府应该采取干预措施，抑制垄断势力、实行累进税、征收高额的财产税和遗产税等措施，以促进国民收入公平合理分配。

二、帕西内蒂的分配与增长理论

帕西内蒂认为卡尔多—罗宾逊分配增长模型存在缺陷，卡尔多模型中工人存在储蓄，但是没有获得任何报酬，而罗宾逊模型中假设工人没有储蓄，这些假定不符合20世纪中期以来资本主义实际。为此，帕西内蒂拓展了卡尔多—罗宾逊模型，使其结论更为一般化。② 帕西内蒂认为工人和资本家一样，其储蓄目的无论是放贷还是投资都是为了获得利润。假设工人有工资收入 W 和利润收入 P_w，资本家仅有利润收入 P_c，s_w 和 s_p 分别代表工人和资本家的储蓄倾向，则储蓄函数为：$S_w = s_w(W + P_w)$ 和 $S_p = s_p P_c$，根据均衡条件 $I = S$，以及 $Y = W + P_w + P_c$ 得到：

$$I = S_w + S_p = s_w(W + P_w) + s_p P_c = s_w Y + (s_p - s_w) P_c \quad (2-12)$$

式（2－12）两边分别同除以 Y 和 K，整理分别得到利润份额方程和利润率方程：

$$\frac{P_c}{Y} = \frac{1}{s_p - s_w}\frac{I}{Y} - \frac{s_w}{s_p - s_w} \quad (2-13)$$

$$\frac{P_c}{K} = \frac{1}{s_p - s_w}\frac{I}{K} - \frac{s_w}{s_p - s_w}\frac{Y}{K} \quad (2-14)$$

---

① 凯恩斯：《就业利息和货币通论》，徐毓枬译，商务印书馆1983年版，第321页。

② 详见 Pasinetti, L. L. “Rate of Profit and Income Distribution in Relation to the Rate of Economic Growth,” The Review of Economic Studies, Vol. 29, No. 4, 1962: 267－279。

根据帕西内蒂的假设，工人的储蓄为 P_w，也应该有利润收入，故：

$$\frac{P}{Y}=\frac{P_c}{Y}+\frac{P_w}{Y} \tag{2-15}$$

$$\frac{P}{K}=\frac{P_c}{K}+\frac{P_w}{K} \tag{2-16}$$

帕西内蒂假设 K_w 是工人通过贷款或金融资本给资本家的资本，利率为 r，对于式（2－16）有：

$$\frac{P}{K}=\frac{1}{s_p-s_w}\frac{I}{K}-\frac{s_w}{s_p-s_w}\frac{Y}{K}+\frac{rK_w}{K} \tag{2-17}$$

同时假设，在动态平衡中，利润率等于利率，每个阶级的资本所占比重与其储蓄所占比重相同，即$\frac{P}{K}=r$，$\frac{K_w}{K}=\frac{S_w}{S}$，于是：

$$\frac{K_w}{K}=\frac{S_w}{S}=\frac{s_w(Y-P_c)}{I} \tag{2-18}$$

将式（2－13）变换为 $P_c=\left(\frac{1}{s_p-s_w}\frac{I}{Y}-\frac{s_w}{s_p-s_w}\right)Y$，代入式（2－17）整理得到：

$$\frac{P}{K}=\frac{1}{s_p-s_w}\frac{I}{K}-\frac{s_w}{s_p-s_w}\frac{Y}{K}+r\left(\frac{s_w s_p}{s_p-s_w}\frac{Y}{I}-\frac{s_w}{s_p-s_w}\right) \tag{2-19}$$

把$\frac{P}{K}=r$代入式（2－19），当 $I-s_wY\neq0$ 时，化简、整理得到：

$$\frac{P}{K}=\frac{1}{s_p}\frac{I}{K} \tag{2-20}$$

式（2－20）两边同时以$\frac{Y}{K}$，得到$\frac{Y}{K}$，于是有：

$$\frac{P}{Y}=\frac{1}{s_p}\frac{I}{Y} \tag{2-21}$$

式（2－20）和式（2－21）就是帕西内蒂收入分配模型所得的结果，不难发现，这与卡尔多模型中工人储蓄倾向为零时的结论是一样的［在式（2－8）、式（2－9）中令 $s_w=0$ 即可得到式（2－20）和式（2－21）］。帕西内蒂的结论表明，即使是工人储蓄不为零的情况下，在动态均衡情况下，$\frac{P}{Y}$和$\frac{P}{K}$独立于工人

储蓄 s_w，这被称为帕西内蒂定理。帕西内蒂模型的基本结论是：一是由于工人的储蓄获得部分利润，资本家的总利润相应减少，但由于假设储蓄与所得利润成比例，因而资本家储蓄减少恰恰来自工人的储蓄增加，故总储蓄不变；二是工人的储蓄倾向会影响工人与资本家的收入分配，但是不会影响收入在工资和利润之间的分配，也不会影响利润率。①

三、评述

后凯恩斯主义坚决反对新古典主义使用边际效用的主观价值论和边际生产力分配论，反对新古典综合派的均衡思想，主张回到李嘉图古典经济学研究传统，建立一个以客观价值理论为基础，以分配理论为中心的理论体系。该学派强调社会制度和阶级分析的方法，根据物质生产条件、社会制度、历史因素来解释价值的形成和收入分配的决定，这一点显然是继承了马克思经济学和古典经济学的传统，相对于新古典主义和新古典综合派是一个进步。据此，该学派认为研究国民收入分配问题时，决不能撇开所有权因素和历史因素对分配的影响，资本收入和劳动收入是受一个国家历史上形成的工资水平、国内劳资双方议价的力量对比因素的影响，他们认为国民收入是由劳动者生产的，利润是国民收入的一部分，是资本家凭借对财产所有权的占有而获得的非劳动收入。

后凯恩斯主义将收入分配作为研究重心，把收入分配与经济增长联系起来，重点研究收入分配对储蓄进而对资本形成的影响，从而使收入分配摆脱了新古典主义把收入分配当作单纯的定价的研究范式。将收入分配作为调节经济增长的主要手段是后凯恩斯主义的主要特点，他们认为资本主义经济增长是不稳定的，劳动与财产的分离是造成资本主义经济社会各种矛盾和冲突的重要原因。无论是卡尔多—罗宾逊模型还是帕西内蒂模型都表明利润率与积累率呈正比例关系，经济增长率越高，利润所占国民收入的份额就越大，从而工资所占份额就越小，正因为如此，资本主义社会经常出现消费不足问题，从而进一步制约了投资增长，最

① 李平：《卡尔多的分配理论及其修正和发展》，《辽宁大学学报》，1986 年第 3 期。

终导致经济危机。因此，政府在国民收入分配中不能无所作为，应该出台有利于工人的收入分配政策，使工人工资水平随劳动生产率的提高而提高，从而解决资本主义发展中面临的制度性矛盾。应该说后凯恩斯主义的这些观点都切中了资本主义制度的内在矛盾，也提醒我们在发展经济的同时必须同步改善国民收入分配格局。

后凯恩斯主义增长模型也存在缺陷，它们无法引入财政政策和货币政策参数，因而政府无法使用积极的政策干预经济增长，这与资本主义经济发展现实不符。这些模型仅仅考虑使用收入分配手段来调节经济增长，而忽视技术进步、人力资本、创新等因素，而这些因素是现代经济增长的主要动力，因而该模型难以解决资本主义经济发展遇到的难题，这就很容易解释它们无法成为官方经济学的原因，最终该学派被西方主流经济学派的增长模型所取代。

第三章

国民收入分配格局影响经济增长的机制分析

无论是马克思经济学还是西方经济学都认为劳动和资本是经济增长的主要生产要素，它们对经济增长都贡献了各自的作用，应该按照它们对经济增长的贡献度获得相适应的报酬。现代经济体系的主要参与者是家庭、企业和政府三个部门，它们在经济发展中都发挥重要的作用，因此都应该获得合理的收入。国民收入在劳动和资本之间的要素分配格局以及在家庭、企业和政府之间的主体分配格局，直接或间接影响到积累和消费、总需求和总供给，影响到产业结构和就业结构，从而影响经济增长的质量和速度。本章主要研究收入分配格局的决定因素以及对经济增长的作用机理。

第一节 要素投入与经济增长的关系

经济增长需要资本、劳动、技术、管理等各要素共同参与，而这些要素是在家庭、企业和政府等经济主体的合理配置下参与经济活动，因而生产要素和经济主体与经济增长存在逻辑关系。

一、资本、劳动与经济增长

毋庸置疑，资本和劳动是在任何经济制度下都是经济增长的最基本、最主要的生产要素，资本是从事商品生产的物质基础，它一方面提供有效需求，另一方面为未来发展奠定基础。对生产资料的投资可以扩大再生产，创造就业机会；资本积累是技术创新的物质基础，技术创新反过来又促进生产的专业化和社会化。古典经济学家亚当·斯密指出一国国民的劳动是一切必需品和便利品的源泉，他认识到经济增长的动力在于劳动分工、资本积累和市场机制的发挥。大卫·李嘉图把经济增长等同于资本积累过程，资本积累如果停滞了，经济增长就会停止。新古典经济增长理论认为增长是对应各种资本和劳动投入的增长，并把劳动和资本纳入经济增长模型，在哈罗德—多马增长模型、柯布—道格拉斯生产函数、索洛—斯旺生产函数等增长理论中资本和劳动的增长作用是决定性的。即使是内生经济增长模型，它们更强调人力资本、知识、技术变革、制度在经济长期增长中的作用，但是物质资本和人口因素仍是基本的增长要素。

马克思则指出资本积累是资本主义发展的根本动力，劳动是创造价值唯一源泉和使用价值的创造者，但劳动并不是它所生产的使用价值即物质财富的唯一源泉，资本是财富创造的必要条件，没有资本劳动就成了无源之水、无本之木，对此，他引用威廉·配第的话“劳动是财富之父，土地是财富之母”。[①] 在马克思看来，经济增长就是资本与劳动结合起来从事生产劳动、创造剩余价值、实现价值增值的过程，是资本不断往复循环的过程。马克思把资本循环分为三个阶段，分别是货币资本循环（G…G′）、生产资本循环（P…P′）和商品资本循环（W…W′），资本总循环是这三个循环现实的统一，只有这三个阶段的保持时间和空间上转换连续性，总循环才不会中断，这在三个阶段都体现了资本和劳动的结合。首先，货币资本的循环 G…W，马克思指出生产是物的因素和人的因素结合，它们表现为一定的商品形式，因此，在从事生产之前，资本家把一定量的货币资本 G 分成两个部分，市场上分别购买生产资料 Pm 和和劳动力 A，在具体形态上表现为不变资本 C 和可变资本 V，这样就完成了生产的必要前提，实现了劳动力和生产资料的结合；接着就货币资本就转换为生产资本，开始了生产资本循环过程 W…P，即真正的生产商品的劳动过程。马克思指出生产过程的简单要素是有目

---

① 马克思恩格斯：《马克思恩格斯文集》第 5 卷，人民出版社 2009 年版，第 56－57 页。

的的活动或劳动本身，即在资本家的监督和协调下，工人对利用生产工具对劳动对象进行加工、改造和创造过程，把生产资料价值 C 转移到产品中，而工人不仅生产出自身劳动力价值 V，而且在剩余劳动中创造出剩余价值 M，至此生产资本使命完成，包含剩余价值的商品被生产出来；然后进入商品资本循环阶段（W…G），就是商品的流通阶段，这个阶段商人资本家也要把资本分为两部分：一部分购置仓库、机器、运输设备、必要的簿记等；另一部分购买劳动力，通过工人的劳动把商品销售出去，实现“惊险的一跃”，尽管这个阶段不增加商品的价值，但却是整个资本循环至关重要的一环。需要指出的是，马克思认为劳动和资本在生产过程中的地位是不同的，劳动的作用要高于资本的作用。工人的活劳动是创造价值的劳动，是价值的唯一源泉，它不仅保存了原先存在于生产资料的价值并将其转移到产品中去，而且创造了新的价值。资本是物化劳动，活劳动支配和主导物化劳动，没有工人的创造性劳动，资本就丧失了价值，更无法生产出剩余价值。因此，资本与劳动在经济增长中的地位是不同的，劳动的作用是主导的、支配性的，资本是辅助的、被支配的地位。因而，在马克思理论中劳动者的地位应该得到充分的注重，劳动者应该获得更高比重的收入。

资本和劳动的投入比例和总量是经济增长的重要因素，利率和工资水平是衡量资本和劳动贡献的主要指标，也是激励或制约要素投入的关键因素，资本收入和劳动收入在国民收入中的比重成为研究宏观经济发展的重要依据。一般来说，资本收入与劳动收入应该保持合理比例，收入分配必须充分体现劳动的价值，资本收入太大，必然会降低劳动收入，扩大收入差距，不能充分调动劳动者的积极性，也不利于扩大消费；当然，资本收入比例过低，资本拥有者不能获得应有的收益，进而减少资本投入，终将削弱经济长期发展的基础。如果收入分配完全依靠市场机制发挥作用，资本往往是强势的一方，资本的收入增速必然高于劳动的收入增速，因而需要完善体制机制，发挥劳动组织和政府的作用，适度调控资本收入份额，使劳资双方收入实现共同增长。

二、家庭、企业、政府与经济增长

现代经济体系通常由三个部门构成，即家庭、企业和政府部门，这三个部门的收入与支出运动推动国民经济运行。从要素供给角度来看，国民收入是各种要素供给收入的总和，即国民收入 = 工资 + 利润 + 租金 + 利息 + 税收 = 消费 + 储蓄 + 税收 = C + S + T，从需求角度看，国民收入 = 消费支出 + 投资支出 + 政府支出 + 净出口 = C + I + G + NX，净出口 NX = 出口 X - 进口 M，国民收入均衡时，C + S + T + M = C + I + G + X，即决定国民收入的是消费、储蓄、投资、税收、进口、政府支出、进口等七个因素。在这个系统中，家庭向厂商提供各种生产要素，并获得相应收入；厂商利用生产要素进行生产，并向家庭提供产品和服务；政府从家庭和企业获得税收收入，并通过政府购买和转移支付提供公共产品和服务。金融机构也是现代经济系统的重要组成部分，它从资金盈余方获得资金形成储蓄，然后把储蓄投向资金需求方。因而家庭、企业、政府、金融机构四部门与国民经济增长密切相关。四部门收入流量模型见图 3 - 1。

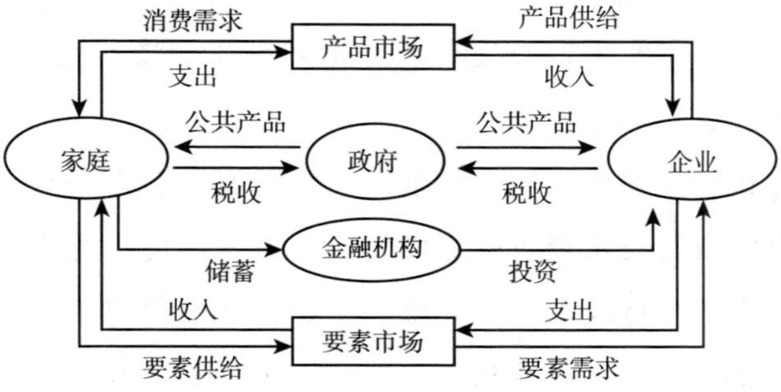

图 3 - 1　四部门收入流量模型

（一）家庭部门与经济增长

家庭是现代社会的基本组成单位，它为社会提供劳动和资本等要素获得收入，同时用收入购买生活资料，消费厂商生产的产品。家庭是劳动人口供给的来源，劳动人口是在经济增长中最为活跃的生产要素。在一定的发展阶段，人口与经济发展应该保持一定的比例。古典经济学家威廉·配第指出，人口是国力和财富的象征，人口多、生产就多，税收增加；而李嘉图和马尔萨斯则是人口悲观论者，认为在自然状况下人口增长速度必然超过生活资料的增长速度，增加生产成本、降低资本积累，不控制人口数量人类无法摆脱贫困。马克思指出资本主义积累造成人口的相对过剩，从而形成规模庞大的失业后备军，它在生产停滞和中等繁荣时期加压于现役劳动军，在生产过剩和亢进时期又抑制劳动军的要求①。保持相当规模的劳动后备军是资本家抑制工资成本上升、控制工人反抗的手段，但同时客观上造成了社会消费不足和生产相对过剩。新古典经济学认为人口增长率对经济增长进程影响很大，人口增长可以提高劳动供给、人力资本和消费能力，但是也会降低人均资本和资源拥有量，无法达到“大推进”所必须的资本要求，致使经济难以起飞。家庭的收入状况也是影响经济增长的重要因素，一个社会呈现中等收入家庭比例较大、高收入和低收入比例较小的收入格局消费需求比较旺盛，同时储蓄总量也较高，有利于经济增长，反之，中等收入比例小、高收入和低收入比重高则不利于经济增长。

（二）企业部门与经济增长

企业在经济系统中处于核心地位，它把各种生产要素集中起来组织生产，为社会提供各种消费产品和投资需求，企业也是政府税收的主要贡献者，为政府提供公共产品和服务做出了主要贡献。按照制度经济学的观点，企业配置资源是通过企业管理当局的管理协调完成的，是一种替代市场进行资源配置的组织，通过协调节约了交易成本。马克思对企业管理的作用给予充分肯定，他把资本家的管理职能比作为“乐队指挥”，管理、协调和调节生产要素和生产过程。马克思指出人数较多的工人在同一时间、同一空间，在同一资本家指挥下生产同种产品，这是资本主义生产的起点。他认为企业出现使生产产生了协作效应，协作不仅提高了个人生产力，而且创造了生产力，这种生产力本身必然是集体力。② 资本主义企业从行会手工业到工场手工业再到机器大工业的组织发展过程，工人的协作程度越来越高，使资本主义生产力爆炸性增长。马歇尔之前的经济学家认为经济增长因素是资本、劳动和土地，马歇尔提出了第四种生产要素：工业组织，包括分工、机器改良、产业集群、企业管理等，他认为大规模的

---

① 马克思恩格斯：《马克思恩格斯文集》第5卷，人民出版社2009年版，第736页。

② 马克思恩格斯：《马克思恩格斯文集》第5卷，人民出版社2009年版，第374－378页。

工业企业组织将导致内部经济和外部经济效应，有效地抵消了规模报酬递减效应，提高了资本和劳动的使用效率，有可能出现规模报酬递增；企业集群有利于信息、技术、技能、新思想在集群内企业的传播应用，最容易获得经济性。[①] 企业家在企业生产管理中处于核心位置。著名经济学家熊彼特在《经济发展理论》中从理论上阐述了企业家的作用，认为企业家是将各种生产要素组织起来进行生产，并通过不断创新组合促进经济增长。

家庭和企业作为经济体系的组成部分发挥各自不可替代的作用，两者相互依赖，相辅相成。家庭收入和企业收入比重对经济体系运行影响巨大，家庭收入来自企业提供的劳动工资和资本投资收益，家庭收入低于正常水平，难以补偿家庭必要生活开支，更无力进行人力资本投资，不利于提高劳动者素质；企业利润来自销售收入超过生产成本的部分，企业收入低于正常利润，将削弱扩大再生产的基础和承担风险的能力，降低对企业家的激励，不利于企业创新，最终损害经济的长远发展。

（三）政府与经济增长

对于政府在经济系统中的作用，著名发展经济学家阿瑟·刘易斯在其著作《经济增长理论》中写道："政府的行为同企业家、父母、科学家或牧师的行为一样，在促进和阻碍经济活动方面起着重要作用。"[②] 政府在众多方面与经济增长是相关的，刘易斯总结与经济相关的九种政府职能：维护公共事业、影响态度、确定经济制度、影响资源使用、影响收入分配、控制货币数量、控制波动、保证充分就业和影响投资水平。[③] 总的来看，现代经济理论认为政府经济职能是提供公共产品和公共服务，降低经济发展的交易成本。

第一，政府提供的公共产品为经济增长提供稳定的发展环境和基本运行制度。该类公共产品为国家正常运转提供基本物质条件和制度保障，如国防、外交、行政管理、公共安全、市场监管、立法和司法体系等。例如，廉洁高效的

① 马歇尔：《经济学原理》，彭逸林等译，人民日报出版社 2009 年版，第 145 – 158 页。

② 阿瑟·刘易斯：《经济增长理论》，商务印书馆 1996 年版，第 411 页。

③ 阿瑟·刘易斯：《经济增长理论》，商务印书馆 1996 年版，第 412 页。

行政管理体制能够降低政府运行成本，简化行政审批事项，降低家庭和企业部门从事经济活动的成本，提高经济效率。公正权威的司法体系能遏制官员的腐败行为，降低社会的寻租活动，减少因腐败造成的经济损失和消费者福利损失。严格的市场监管制度保障了产品和服务供给的质量和效率，遏制假冒伪劣商品，使消费者愿意消费、敢于消费，扩大了社会的消费能力。第二，公共产品起到“社会先行资本”的作用。这类公共产品可以为微观经济运行提供硬件支撑，如交通设施、供水、供电、能源、电信、网络等。基本设施对经济发展的促进作用不仅体现在当期，更重要的是发力于长远。当期的基础实施投资就是社会总需求的重要组成部分，直接拉动经济增长；同时基础设施的发展会直接或间接地降低其他生产部门的成本，如交通基础设施具有空间网络属性，能够将本地与其他地区连成一体，提升区位优势，降低物流成本，促进资本、人力和信息等生产要素快速流动，增强对产业投资的吸引力，引起生产要素集聚，促进经济长期持续发展。第三，政府的公共产品为人们提供基本的民生保证。这类公共产品保障了人们的基本生活需要。保障民生就是保障人们基本的生存权和发展权。国家提供免费或低廉优质的公共产品，免除了后顾之忧，降低了强制储蓄，有利于提高人们的消费能力。从长期来看，更为重要的是，国家对教育、科技和医疗等方面的投入能提高人力资本，增强人才竞争力和创新能力。第四，政府公共产品投资可以有效地熨平经济周期性波动的影响。经济周期性波动是经济运行的内在规律，在经济衰退期间政府通过加大财政支出力度带动民间投资和消费，使经济重新恢复活力，减少衰退给经济带来阵痛的时间和程度。尽管凯恩斯主义反周期调控政策存在一些问题，但是一遇到严重经济危机，各国政府还会毫不犹豫地拾起它来对付危机，这次国际金融危机国际社会的行动就是如此。综上所述，公共产品对经济增长的机制和途径可以用图 3 - 2 来表示①。

① 韩心灵：《经济新常态下公共产品供给问题研究》，《理论导刊》，2016 年第 9 期。

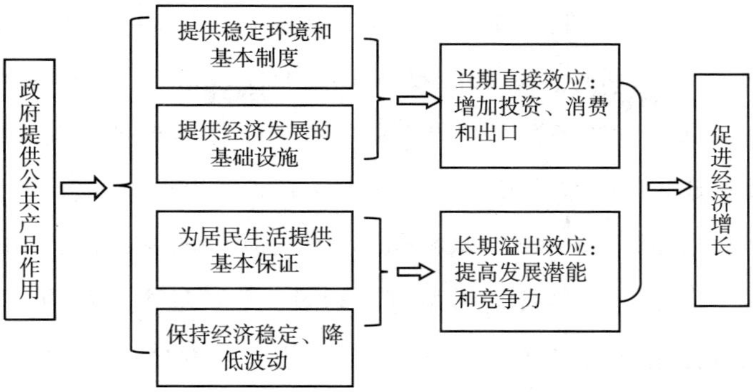

图 3－2 政府在经济增长中作用

人们通常把市场机制成为“看不见的手”，把政府的作用称为“看得见的手”，正如市场机制可能“失灵”一样，政府也可能“失灵”，政府作用发挥不足和过度都会造成负面影响。例如，政府不能有效地调控过大的收入差距将对增长造成不利影响；政府过度地干预经济，就必然导致中央集权式的计划经济，破坏市场机制，影响经济活力。[①] 在现实经济中，政府作用是通过财政收入和支出活动来影响经济的，政府收入占国民收入的比重能够衡量政府作用的大小，从理论上说政府支出增加，它所提供的公共产品和服务也会相应提高，减轻了家庭支出负担、降低了企业经营成本，有利于消费和投资；但是政府支出来自社会的税收，支出的增加税费必然会增加，社会的负担就会加重，因而又阻碍经济增长，所以政府收入份额也应该保持合理的区间。

第二节

国民收入分配格局形成的影响因素及合理性原则

从国民收入分配视角分析，收入分配格局是各要素收入的比例关系或各经济主体收入的比例关系。不同学派对收入分配格局的解读不同，古典经济学一般认为劳动收入应该处于生存工资水平，所以随着经济的发展劳动收入与资本收入之比越来越小；而新古典经济学认为各要素根据对经济增长的边际贡献获得相应报

① 徐滇庆、李瑞：《政府在经济发展中的作用》，上海人民出版社 1999 年版，第 411 页。

酬，劳动报酬份额在国民收入中保持稳定（Kalecki，1938；Keynes，1939；Kaldor，1957；Hotson，1963），该结论被称为“卡尔多事实”。20 世纪 80 年代以后，随着研究的深入，经济学家发现资本和劳动所得不再是“光速”一般恒定。很多研究表明，OECD 国家的劳动报酬份额在下降（Blanchard，1997；Acemoglu，2002；Harrison，2005；Bental & Deougin，2010；Piketty，2014），中国的劳动收入比重也在呈显著下滑趋势（李稻葵等，2009；罗长远等，2009）。因此，劳动收入份额也很难完全符合“卡尔多事实”。[①] 从宏观经济主体收入来看，企业、居民和政府收入比重也在不断发生变化。事实上，分配关系从属于生产关系，它受生产力发展水平、历史、文化传统、道德等多种因素影响。现代经济学研究表明，收入分配格局形成的影响因素是复杂的，它受社会制度、分配政策、技术选择、市场结构、发展阶段等众多方面因素影响。从理论上分析，一个社会在一定的阶段应该保持合理的收入格局，合理收入分配格局有利于促进经济增长和社会福利的提高，反之则反是。

一、国民收入分配格局形成的影响因素

（一）经济发展阶段与分配格局

分配格局与经济发展阶段和产业结构密切相关，劳动报酬变化可能是产业结构调整和经济发展的一个阶段性特征，这一观点最早由李嘉图提出。根据马克思的资本有机构成理论，农业和服务业的有机构成较低，而工业的有机构成较高，导致工业部门的劳动收入比重低于农业和服务业。经济发展总是伴随产业结构转型，库兹涅茨（1941）认为经济发展首先从第一产业开始，然后过渡到第二产业，最终的主导产业为第三产业即服务业。[②] 一般来说，农业的劳动报酬份额最高，其次是服务业，工业最低，因而随着工业化进程的不断推进，农业部门就业人口不断转移到工业部门和服务业部门，劳动收入占比最高的第一产业所占比重不断

① 王晓霞、白重恩：《劳动收入份额格局及其影响因素研究进展》，《经济学动态》，2014 年第 3 期，第 107 页。

② Kuznets，S. National Income and Its Composition，1919 - 1938. New York，National Bureau of Economic Research，1941。

下降时，可能引起整个经济劳动收入占比的走低，因而总体劳动收入份额将呈现先下降后上升的趋势。李稻葵等（2009）、罗长远和张军（2009）、白重恩和钱震杰（2010）等学者的研究表明我国劳动收入份额的变化受产业结构变化的影响。

（二）技术进步与分配格局

经典生产函数如柯布—道格拉斯函数假设不存在技术进步，在完全竞争和利润最大化的假设条件下得出了劳动收入份额不变的结论，即劳动收入份额符合“卡尔多事实”。在新古典要素分配论下，要素相对价格变化导致最优边际技术替代率变化，厂商会根据$\frac{MP_L}{w}=\frac{MP_K}{r}$的原则增加相对价格较低的那种要素投入量。罗宾逊夫人引入了要素替代弹性 e 度量相对价格变化对要素投入比例的变化，当 e 等于 0 时，资本和劳动无法替代；当 e 小于 1 时，则表明劳动的相对价格提高 1%，劳动与资本（L/K）的比例下降小于 1%，劳动收入份额将上升；当 e 等于 1 时，要素相对价格的变动等于要素投入比重的变动，因而劳动收入份额保持不变；当 e 大于 1 时，劳动收入份额下降。由于中性技术进步已无法有效解释经济增长，Acemoglu（2002）认为技术进步是有偏的而非中性，不仅会影响要素的生产效率，还会导致要素投入比例的差异化。在有偏技术进步下劳动收入变化比率取决于原劳动收入份额、替代弹性、人均资本存量的变化比率和技术进步的偏向性。当要素弹性 e 为 1 或劳动资本比的相对深化程度相等时，劳动收入比重不变；当要素弹性 $e<1$ 时，劳动增强型技术进步将为资本偏向型，劳动收入比重将下降，而资本偏向型技术进步将为劳动偏性型，劳动报酬比重将上升；反之亦然。[①]

（三）劳动者的谈判能力与分配格局

对于劳动者的谈判能力影响劳动收入的论断古典经济学家早有论述，亚当·斯密在《国富论》中指出，由于“雇主的人少，团结较易，加之他们的结合为

① 王晓霞、白重恩：《劳动收入份额格局及其影响因素研究进展》，《经济学动态》，2014 年第 3 期，第 111 页。

法律所公认……，但劳动者的结合却为法律所禁止，”① 因此，在发生劳资争议时，雇主总比劳动者更为有利。马克思从雇佣劳动制度分析认为由于工人一无所有，他们只能出卖劳动力给资本家，一旦签订劳动雇佣合同，两者的地位发生了天壤之别，资本家阔步在前，笑容满面、雄心勃勃，而工人尾随于后，战战兢兢、畏缩不前，在这种地位悬殊下，劳动收入只能维持基本生存水平。在现代资本主义国家，工资一般是由市场力量、工会代表工人进行谈判和最低工资的立法这三个方面进行某种程度的结合而决定的，一般来说，工会组织势力强大的国家劳动收入比重都较高。20 世纪 80 年代以来，由于新自由主义的盛行，市场管制放松，劳动谈判能力变弱，劳动报酬呈明显下降趋势。而在刘易斯二元结构模型中，在劳动力无限供给没有出现拐点以前，劳动工资对劳动生产率和物价的变化不敏感，工资无法与之同步增长；只有在拐点出现以后，劳动工资才会对劳动力市场供求状况反应敏感。Mc Connell 等（2003）系统地分析了工会势力对劳动收入占比的影响机制，他们认为，工会可以通过向雇主索要高于均衡水平的工资、限制劳动供给以及增加劳动需求，从而提高工会成员的工资水平。在实证方面，Conyon（1994）采用英国的数据研究表明工会化对生产工人的收入份额有正面效应。② Hollander（1982）利用加拿大制造业的横截面数据分析表明工会化增加了对劳动附加值的占有额。③

（四）不完全竞争与分配格局

不完全竞争的产品市场和要素市场也能影响收入分配结构，表现为垄断、要素谈判能力、制度因素的市场扭曲以及政府在分配中的地位等。④ 当产品市场完全竞争时，实际工资等于劳动的边际产出，即 $w/p = MP_L$，利息等于资本的边际

① 亚当·斯密：《国民财富的性质和原因的研究》，郭大力、王亚南译，商务印书馆 1983 年版，第 60 页。

② Conyon. M. J. Labours Share, Market Structure and Trade Unionism, International Journal of Industrial Organization, 1994, 12: 117 – 131.

③ Hollander, A., Unionization and the Dis – tribution of Income in Canadian Manufacturing Industry, Managerial and Decision Economics, 1982, 3: 157 – 163.

④ 权衡、李凌：《国民收入分配结构形成机理与调整思路》，上海社会科学院出版社 2015 年版，第 33 页。

产出，即 $r/p = MP_K$，产品价格等于边际成本，即 $p = MC$。当产品市场不完全竞争时，产品价格不再等于其边际成本，而是等于边际收益产品 MPR，MPR 是指使用额外一单位投入品带来的收益的增加，劳动的边际收益产品 $MPR = MP_1 \cdot MR$，见图 3－3，在完全竞争条件下，厂商雇佣的劳动人数为 L_0，支付的工资水平为 P_0；但是当产品处于垄断状态时，厂商雇佣的劳动力减少为 L_1，支付的工资仍为 P_0，P_1 和 P_0 的差额就是垄断厂商对劳动要素的“剥削”。

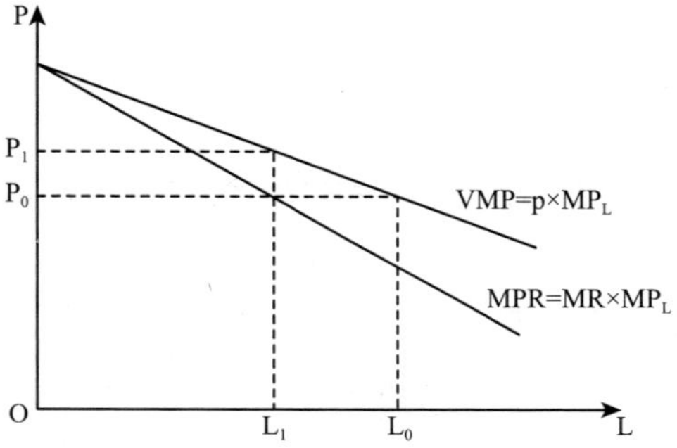

图 3－3 产品市场卖方市场垄断时的工资水平决定

当劳动力处于买方垄断时，厂商所面临的劳动力供给曲线 W(L) 是向右上方倾斜的，即要素的市场供给量随要素价格的上升而增加，厂商的边际要素成本曲线 MFC 比 W(L) 更陡峭，MRC 表示厂商增加使用一单位劳动所增加的成本。如图 3－4 所示，如果劳动力是完全竞争市场，厂商利润最大化的均衡点将在 W(L) 曲线和 MPR 曲线的交点 A，此时劳动力数量为 L_1，工资水平为 W_1。现在劳动力处于买方垄断地位，均衡点将在 MFC 与 MRP 的交点 B 处，此时雇佣的劳动力为 L_0，支付的工资为 W_2 而非 W_0，这两者的差距就是厂商凭借对劳动力买方市场的垄断获得的超额收益。西方一些国家的工会组织势力强大，它们在劳动力市场上往往有定价权，形成劳动力的卖方市场，如图 3－4 所示，如果是自由竞争市场，厂商根据利润最大化原则使用劳动力，均衡点将处于 MPR 与 W(L) 的交点 A 处，这是劳动供给为 L_0，工资水平为 W_0，如果是劳动力卖方垄断市场，根据企业劳动力 MRP 的需求曲线，工会将获得边际收益曲线 MR，并将劳动力供给曲线作为自己的边际成本曲线 MC，其最大化利润是 W(L) 和 MR 两条曲线的交点，这时市场工资水平为 W_1，市场劳动力的供给量为 L_1，这可能会增加劳动收入的份额。当然，工会在什么程度上达到它们的预期目的，则取决于它们的谈判能力和劳动力市场供求的弹性。

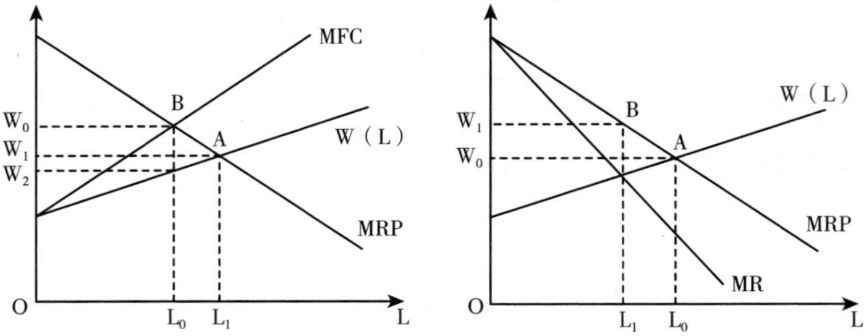

图 3-4 劳动力处于买方和卖方市场的工资水平决定

(五) 经济全球化与分配格局

新古典贸易理论认为不同国家会依据比较优势进行生产和交换，提高相对丰裕要素所有者的收入而降低相对稀缺要素所有者的收入。依据该理论，发达国家资本相对丰裕、劳动力相对稀缺，这样可以解释发达国家劳动收入比重下降的事实。但是发展中国家劳动资源丰富，如中国等，这些国家的劳动收入分配降低就与该理论相冲突。Rodrik（1997）研究认为国际贸易一方面会促使国内竞争力强的企业进行对外直接投资，转移部分国内的生产活动；另一方面国内消费者可以选择进口商品替代国内产品，这两方面都较少了劳动需求，降低了劳动力的谈判能力和劳动收入份额。[①] 全球化还通过技术进步因素影响收入分配格局，不少文献（Feenstra & Hanson，1997；Rodrik，1998；Harrison，2001）强调了国际化生产活动中资本和技术扮演愈来愈重要的角色，为了降低劳动力成本，厂商选择在生产活动中使用更多的资本和技术替代劳动力，导致劳动收入占比将趋于下降。

关于 FDI 对劳动收入占比的影响机制，一方面，FDI 的流入意味着国内新建项目和就业机会，增加了本国劳动需求，相对本地企业，外资倾向于支付更高的工资水平（zhao，2002；Liu et al.，2004），工资外溢效应将增加劳动报酬；另一方面，工资外溢只会出现在使用高技能劳动力的现代部门，对于多数低技能劳

① Rodrik，Dani，“Has Globalization Gone Too Far?”，Challenge，1998：81-94。

动力影响有限，而低技能劳动力人数远高于高技能人才。Feenstra 和 Hanson (1997) 研究发现，墨西哥吸引美国 FDI 流入以及更多的技术进步直接降低了墨西哥低技能工人的相对需求，降低了墨西哥整体劳动力的劳动报酬比重。

（六）生产资料所有制与分配格局

经济基础决定上层建筑，生产资料所有制决定收入分配关系。生产资料所有制主要指人们对生产资料的所有、占有、使用和支配等方面结成的经济关系，它不仅决定生产过程，而且决定分配关系、交换关系和消费关系。根据马克思的理论，广义的分配包括生产条件的分配和生产成果的分配，前者指生产条件所有制问题，即生产要素的所有权归属，后者指生产成果的收入分配，前者对后者有决定性作用，“生产资料的任何一种分配，都不过是生产条件本身分配的结果。”[①]

迄今为止，人类社会出现过两种基本的生产资料所有制类型：生产资料公有制和生产资料私有制。在生产资料公有制条件下，社会成员已经消灭了生产资料的私人占有，财产所有权不再成为决定人们分配份额的因素，分配的因素主要取决于人们的劳动能力，如人的体力智力、劳动时间、劳动贡献差异等。[②] 马克思设想在未来的社会主义社会中实现按劳分配制度，劳动收入是主要的分配形式。在私有制条件下，例如，资本主义生产方式的基础形式是生产资料和土地掌握在资本家手里，工人只有劳动力，因而资本家获得大部分的资本收入，工人只有劳动收入，无法获得资本收入，所以劳动收入与资本收入比较起来微不足道。当然现代资本主义社会为了缓解阶级矛盾，激励工人的劳动积极性，企业采用了股权激励、利润分享制度等让工人获得少量资本收入激励制度，工人也可以投资资本市场获得非劳动收入，但是这些收入无法从根本上改变劳资分配格局。现实社会中更多采用混合所有制形式，公有资本和非公有资本等交叉持股，混合所有制经济中普遍实行企业员工持股，因而工人既有劳动收入又能获得非劳动收入，形成资本所有者和劳动者利益共同体。因此在混合所有制下，劳动者的收入形式多样

---

① 马克思恩格斯：《马克思恩格斯选集》第 3 卷，人民出版社 2012 年版，第 365 页。

② 张道根：《经济发展与收入分配——相关机制的系统分析》，上海社会科学院出版社 1993 年版，第 95 页。

化，劳资格局朝有利于劳动者的方向发展。实证方面，钱晓烨、迟巍（2011）分析表明产业结构与所有制结构是影响一个地区劳动收入份额的主要因素。陈斌开等（2009）实证表明中国经济转型过程中所有制结构变迁、工资制度改革、产业结构变迁和技术进步等因素是我国城镇居民劳动收入差距变化的重要原因。

二、国民收入分配格局合理性的原则

如前所述，一国的收入分配格局在众多因素合力作用下形成的，现存的收入分配格局是否合理对于该国经济社会发展有重要影响。收入分配格局合理化是指国民收入经过初次分配和再分配以后，国民收入中的劳动和资本收入总量和比例能够充分体现按劳分配和按要素贡献原则，国民收入在国家、企业和居民之间的分配总量与生产总量基本平衡，能够形成利益兼顾和比例适度的协调关系，能够充分激发各方的发展动力、有利于生产力又好又快发展的收入分配格局。[①] 客观地讲，没有一成不变的国民收入分配格局，但是在一定阶段存在适应发展要求的分配格局，评价国民收入分配格局是否合理可以参照以下原则：

一是劳动生产率提高与经济增长原则。首先，发展生产力是马克思主义唯物论的首要观点，发展生产力的根本途径是提高劳动生产率。而保持较高水平的劳动生产率是劳动收入提高的前提，换句话说，只有做大蛋糕才有可能分享更多蛋糕，没有生产率增长的收入水平提高是没有根基的。其次，经济增长与发展是一个总量概念的标准，如果社会资本扩大再生产能够顺利循环、经济持续增长，说明收入分配格局基本上是合理的；反之分配结构失衡，如收入差距太大，它对多数居民产生负激励，因而不可能激发人们的生产积极性和创造力，降低居民消费水平和储蓄能力，企业扩大再生产难以进行，最终导致经济失去发展动力。最后，从经济结构上分析，如果经济保持增长的同时结构不断优化，产业结构从低端到中高端不断升级，这说明分配结构是合理的。分配结构不合理导致消费结构和投资结构的不合理，从而导致经济结构畸形发展。

---

① 郭代模：《对国民收入分配格局的探究》，《财政研究》，1993 年第 7 期。

二是激励原则与适度差距原则。收入是对各要素投入数量、质量、风险、效益的最直接体现，总体上要遵从收入与产出相协调的原则，用边际生产力理论说明就是要素收入与其边际产出相等。多劳多得、依据要素的贡献获得相应报酬就反映了分配的激励原则，分配的高度平均主义或者分配差距悬殊都会产生负激励效应。但是，由于不同经济主体的初始资源禀赋不同、机会不同或者制度不完善，完全按照市场原则分配收入必然会引起收入差距过大以及劳资分配失衡问题，即使是实行按劳分配原则也会出现收入差距，正如马克思在《哥达纲领批判》所指出的“但是它（指劳动能力）默认不同等的个人天赋，因而也就默认不同等的工作能力是天然特权。”[①] 因此，政府要制定合理的收入分配政策，降低收入差距，严格控制高收入群体的收入，增加弱势群体的收入，大力提高中等收入群体的比重，使分配结果既能反映效率也要兼顾公平，使收入差距保持在合理可控的范围内。

三是劳动者分享生产剩余原则。国民收入 $Y = C + V + M$，即国民收入等于不变资本、可变资本与剩余价值之和，马克思在分析资本主义收入分配问题时指出劳动者在必要劳动时间内生产劳动力价值即可变资本 V，在剩余劳动时间生产剩余价值 M，很显然 M 是工人的劳动与资本的结合形成的，只有资本是无法产生剩余价值的，因此工人的收入不仅应该包括 V，而且应该分享生产剩余 M 的一部分。但是在资本主义社会，劳动者的收入只包括 V，不含有 M 的成分，因而是不合理的。正是由于收入分配的不合理，资本主义生产中无法激发劳动者的积极性和创造性，造成收入分配的劳资分配严重失衡和经济难以保持持久的稳定增长。随着工人斗争意识的提高、工会与政府作用的发挥以及市场竞争的加大，为了缓和阶级矛盾，资产阶级生产分配中实现一定形式的利润分享制，如职工持股计划和奖金制，即工人不但获得固定工资，其收入还与利润挂钩，在一定程度上改善了生产效率。但是由于资本主义劳资关系的对立，利润分成制推行并不顺利，实现范围有限，工人分享比例很低，工人热情不高。劳资共享生产剩余既符合要素贡献分配原则，又能从根本上提高劳动积极性和创造性，能够实现劳资双方共

---

① 马克思恩格斯：《马克思恩格斯全集》第 19 卷，人民出版社 1974 年版，第 22 页。

赢。我国是公有制主导的社会主义国家，劳资对立关系远小于资本主义国家，应该说实行利润分享制有制度保障。

四是兼顾各方利益原则。现代社会经济发展主体由企业、居民和政府构成，企业是组织生产的主体和商品的提供者，居民提供生产要素，政府提供公共产品和宏观调控，这三者在经济发展中各负其责、相互依赖、缺一不可，因此都需要获得相应收入，国民收入分配在三个主体间的分配要兼顾各方利益。在国民收入一定的情况下，过度向某一主体倾斜都会减少其他主体的收入。例如，收入分配向企业和国家倾斜必然会降低居民的收入比重，将降低居民消费能力，引发消费需求不足，最终企业产品滞销、产能过剩，企业收入下降，政府税收减少。因而从长期来看，收入分配格局失衡状态下不符合任何一方利益。合理的主体分配格局要综合考虑各级政府的事权相适应的财权与财力，考虑企业经营效益和盈亏状况，考虑劳动收入与劳动生产率同步增长，最终形成政府获得与其提供公共服务相适应的财政收入，企业获得与其经营情况相匹配的利润收入，居民获得与物价水平、经济发展同步增长的劳动收入。

三、最优国民收入分配格局

以经济增长视角研究收入分配格局的合理性，从理论上说，无论是劳动、资本、管理、技术等形成要素收入格局，还是企业、居民和国家收入形成的主体分配格局，在某个发展阶段都存在一个最优收入分配格局，即每一个要素或经济主体的收入在总收入中的比重都有一个最优范围，低于或超过这个最优范围都会对经济增长造成损害。根据西方经济学原理，要素收入或主体收入的使用都存在边际报酬递减规律，即在其他条件不变的情况下，随着一种可变要素投入的增加，其带来的产量首先是递增的，达到最大值后产量就会递减。下面以财政收入为例说明政府最优收入的确定，家庭收入与企业收入最优规模原理与此相同。在图 3－5 中，横轴代表财政收入在国民收入中的比重，纵轴代表总产量。通常认为政府具有提高基本公共服务水平、完善基础设施、确定产权制度、实施宏观调控等职能，提高政府财政支出水平对经济增长具有正向影响，但这种影响存在一个最优值。[①] 如果财政支出超过该值，就会对经济增长造成负面影响，一方面因为财政支出具有边际产量递减趋势；另一方面财政收入来自企业和居民的纳税，财政支出的增加会减少企业和居民的可支配资金，从而降低企业投资和居民消费。

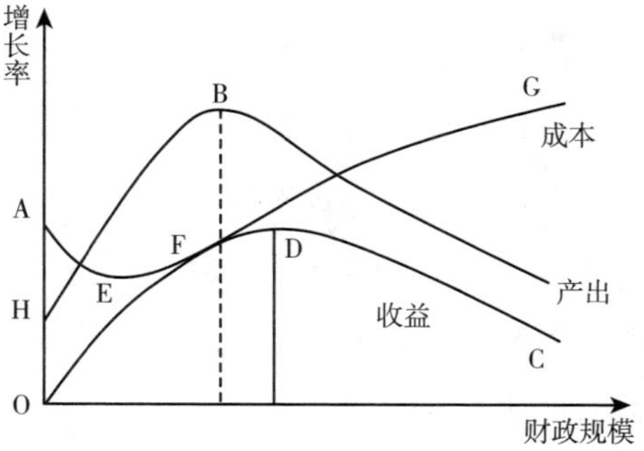

图 3-5 政府收入最优规模示意图

在图 3-5 中，当财政支出为零时，经济增长率处于较低位置 H，随着财政对基础设施、公共用品等方面支出增加，边际产量是递增的，财政支出规模继续增大，其边际产量就逐渐降低，经济增长率在 B 点达到最高，此时继续增加财政支出就会降低经济增长率。在图 3-5 中，用 OFDC 曲线代表财政支出的收益曲线，用 AEFG 代表财政支出的成本曲线，随着财政支出的增加，它在 D 点达到最大值，与此对应的财政支出曲线在 E 点达到最小值，此后财政支出的效率扭曲效应增大，财政支出成本逐渐增加，财政支出规模在 D 和 E 点之间确定。根据边际成本等于边际收益的原则，最优的财政支出规模位于在支出曲线和成本曲线的切线处，即图 3-5 中的 F 点。可以看出，随着财政支出规模的扩大，产出曲线开口向下的抛物线形状。

第三节

马克思经济学视角下收入分配格局的经济增长机制

马克思曾经指出分配和生产之间的关系：一方面，“一定的生产决定一定的

① 孙长清、李晖：《基于经济增长的财政支出最优化》，中国经济出版社 2006 年版，第 59 页。

消费、分配、交换和这些不同要素相互间的一定关系”[①]；另一方面，作为产品之前的分配，生产要素的“这种分配包含在生产过程本身中并且决定生产的结构，产品的分配显然只是这种分配的结果”。[②] 研究收入的分配格局及分配的合理性对于社会再生产的顺利进行十分有意义。第二章已经论述过马克思的经济增长理论，马克思经济增长模型是在社会资本扩大再生产的基础上拓展而来的，该模型表明社会资本再生产要正常运行需要各部门保持合理的比例关系。本节我们从社会资本扩大再生产实现条件出发，首先分析经济均衡发展时劳动收入决定机制，其次推导劳动、资本、储蓄、技术等变量与经济增长率之间的数理关系模型，梳理马克思理论视角下论述分配格局对经济增长的影响机制，阐述马克思对实现收入分配与经济增长良性互动的制度构想。

一、马克思经济理论中劳动收入份额决定机制

资本主义在雇佣劳动的基础上，通过生产过程、流通过程和分配过程，获取了工人生产的超过劳动力价值的剩余价值。在生产过程中，资本家把预付的资本一部分购买不变资本 C，一部分购买可变资本 V，不变资本和可变资本结合在一起在资本家的管理和监督下组织生产活动。工人在必要劳动时间内生产劳动力价值 V，在剩余劳动时间内生产剩余价值 M。马克思把 $e = M/V$ 定义为剩余价值率，表征工人受剥削的程度。剩余价值率 e 的大小与工作日长短成正比，与工资的高低成反比，与劳动生产率成正比。马克思把通过延长工作日的剩余价值生产称为绝对剩余价值生产，把缩短必要劳动时间、改变工作日两个组成部分的量的比例而生产的剩余价值称为相对剩余价值，[③] 资本家通过首先采用改良的生产方式，如采用使用机器或改进生产流程等方式，获取比同行更多的超额剩余价值。微观上我们把每个工人生产的劳动力价值 v 和剩余价值 m 加总起来，就形成了宏观上的劳动收入 V 和资本收入 M，因而可以用$\frac{V}{V+M}$定义为劳动收入比重，设

① 马克思恩格斯：《马克思恩格斯文集》第 8 卷，人民出版社 2009 年版，第 23 页。
② 马克思恩格斯：《马克思恩格斯文集》第 8 卷，人民出版社 2009 年版，第 20 页。
③ 马克思恩格斯：《马克思恩格斯文集》第 5 卷，人民出版社 2009 年版，第 366 页。

$h=\frac{V}{V+M}=\frac{1}{1+e}$。可以看出，劳动收入占比与剩余价值率成反比。考虑到马克思所说的不变资本包括固定资产折旧 C_d，它计入企业的收入，通常意义上的劳动收入份额为：$h=\frac{V}{C_d+V+M}=\frac{1}{C_d/V+1+e}$，其中 C_d/V 主要受资本密集程度和产能利用率的影响。在 C_d/V 不变的情况下，劳动报酬与剩余价值率成反比；在剩余价值率不变的情况下，劳动报酬与资本密集度（可看作资本有机构成的提高）提高或产能利用率越低，劳动收入份额越低。

剩余价值率的直接决定因素是劳动工资、工作日和劳动生产力。劳动工资与工人的基本生活费用、工人阶级和资本家的斗争程度、产业后备军的规模有关，争取更短的工作日更是工人阶级与资本家长期斗争的结果；“正常的工作日的确立是资本家阶级和工人阶级之间长期的多少隐蔽的内战的产物”①；劳动生产力与采用机器和科学的应用直接相关。资本家还通过改进生产组织，从简单的分工到工场手工业再到机器大工业等生产组织形式的演化，提高劳动生产率。资本家通过协调指挥生产提高工人的协作能力，“一旦从属于资本的劳动成为协作劳动，这种管理、监督和调节的职能就成为资本的职能，”② 通过对生产过程的控制，通过协作作用的发挥，“劳动的社会生产力好像是天然具有的生产力，是资本的内在生产力。”③

为了获得更多的剩余价值，资本家还通过剩余价值的资本化即资本积累扩大生产规模，资本积累只是在资本有机构成不变的情况下提高对劳动力的需求，超过劳动力的供给，这样一来工资就会提高，但是劳动价格的提高被严格限制在资本主义制度不受威胁的界限内，所以劳动收入提高只是暂时的现象。在提高资本有机构成比例提高的情况下，用新机器替换旧机器，从而以较少的劳动量推动较多的资本，“不言而喻，经历这种更新过程的资本越是由于集中运动而大量聚集，对劳动的绝对减少也就越厉害”。④ 因此资本积累的过程，就是制造更多的产业

---

① 马克思恩格斯：《马克思恩格斯文集》第 5 卷，人民出版社 2009 年版，第 348 页。
② 马克思恩格斯：《马克思恩格斯文集》第 5 卷，人民出版社 2009 年版，第 384 页。
③ 马克思恩格斯：《马克思恩格斯文集》第 5 卷，人民出版社 2009 年版，第 387 页。
④ 马克思恩格斯：《马克思恩格斯文集》第 5 卷，人民出版社 2009 年版，第 724 页。

后备军的过程，用机器替代工人，使工人失去谈判能力，故意压低工人的工资，从而获得更多的剩余价值。这个过程同时也是产生过剩生产能力、加快固定资产折旧的过程，进一步压低劳动报酬比重。总之，剩余价值率与微观生产方式、宏观制度环境和劳资关系对比等因素有关，它们彼此联系、相互影响，共同决定劳动收入份额。马克思理论中劳动报酬占比的决定机制见图3－6。

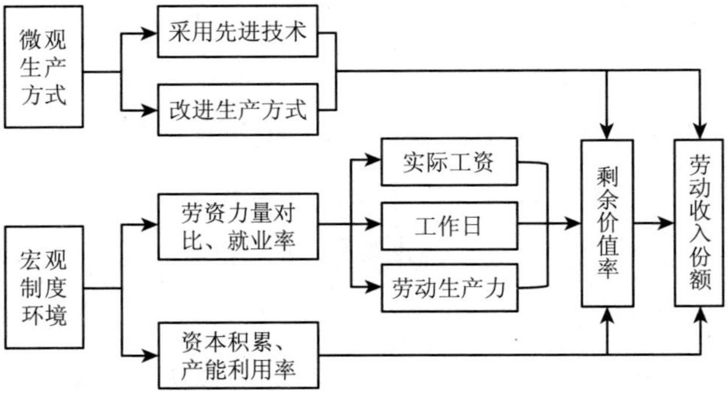

图3－6　马克思理论中劳动收入占比的决定机制

二、要素收入分配格局对经济增长的影响机制

在推导资本主义国家要素收入分配格局对经济增长的影响时，借鉴新剑桥学派的分析假设思路，分三种假设情形推导经济增长率的影响因素，从中可以推导出分配格局变化对经济增长的影响效应。

情形1：工人没有储蓄，资本家储蓄全部用来投资。

根据马克思的论述，社会资本扩大再生产的实现条件为：

$$\begin{cases} y_1 = (c_1 + \Delta c_1) + (c_2 + \Delta c_2) \\ y_2 = (v_1 + \Delta v_1 + (1-\alpha)m_1) + (v_2 + \Delta v_2 + (1-\alpha)m_2) \end{cases} \tag{3-1}$$

即第一部类全部产品价值等于两大部类的不变资本与追加的不变资本之和，第二部类全部产品价值等于两大部类可变资本、追加的可变资本以及资本家用于个人消费的剩余价值三者之和，其中α为剩余价值积累率。

假设年初时两大部类社会总资本的价值构成为：$\begin{cases} c_1 + v_1 + m_1 = y_1 \\ c_2 + v_2 + m_2 = y_2 \end{cases}$，因此，年初时全社会的总产值为：

$$W_1 = y_1 + y_2 = (c_1 + c_2) + (v_1 + v_2) + (m_1 + m_2) = C + V + M \tag{3-2}$$

设两部有相同的资本有机构成（$q = c/v$）和剩余价值率（$e = m/v$）。在扩大再生产条件下，年初两大部类追加的资本为 k_1、k_2，满足 $k_1 = \Delta c_1 + \Delta v_1$，$k_2 = \Delta c_2 + \Delta v_2$，同时满足 $\Delta c_1/\Delta v_1 = \Delta c_2/\Delta v_2 = q$，全社会追加的不变资本为 $\Delta C = \Delta c_1 + \Delta c_2$，追加的可变资本为 $\Delta V = \Delta v_1 + \Delta v_2$，增加的剩余价值为 ΔM，故年终扩大再生产时社会总产值为：

$$W_2 = (C + \Delta C) + (V + \Delta V) + (M + \Delta M) \tag{3-3}$$

社会总产品增加值为 $W_2 - W_1 = \Delta C + \Delta V + \Delta M$，设经济增长率为 g，则：

$$g = \frac{\Delta C + \Delta V + \Delta M}{C + V + M} \tag{3-4}$$

因为 $C = V \cdot q$，$M = V \cdot e$，$\Delta C = \Delta V \cdot q$，$\Delta M = \Delta V \cdot e$，所以式（3－4）为：

$$g = \frac{\Delta V \cdot q + \Delta V + \Delta V \cdot e}{V \cdot q + V + V \cdot e} = \frac{(q + 1 + e) \cdot \Delta V}{(q + 1 + e) \cdot V} = \frac{\Delta V}{V} \tag{3-5}$$

又根据 $C = V \cdot q$，$\Delta C = \Delta V \cdot q$，$M = V \cdot e$，$\Delta M = \Delta V \cdot e$，不难得出：

$$g = \frac{\Delta C}{C} = \frac{\Delta V}{V} = \frac{\Delta M}{M} \tag{3-6}$$

式（3－6）表明社会资本扩大再生产均衡运行时，经济增长率与不变资本增长率、工资增长率、剩余价值增长率均相等，这个结论隐含着实现经济的平衡增长要求增长的成果为普通老百姓所分享，这与国民收入分配的生产剩余分享原则是一致的。事实上，资本家根本不愿把增长成果与工人共享。一般情况下，在资本主义社会中$\frac{\Delta V}{V} < \frac{\Delta M}{M}$，即工人工资增长率远小于资本家的剩余价值增长率，资本主义社会收入分配两极分化是必然的。工人消费倾向高，但是工资水平低，资本家收入高，但消费倾向低，因此社会总消费能力低，社会总产能必然是过剩的，两大部类增长不能保持合理比例，资本主义社会无法长期保持经济均衡发展。

情形 2：资本家和工人都有储蓄，储蓄全部用来投资。

马克思的扩大再生产理论假设工人没有储蓄，在他生活的年代这个前提假设具有合理性，但是随着资本主义生产关系和分配关系的调整，工人工资 v 除了保障基本的生活以外，还有一定数量的储蓄。假设资本家的储蓄倾向为 s_m，工人的储蓄倾向为 s_v，不失一般性假设 $s_v < s_m$。根据式（3－6）得：

$$g = \frac{\Delta C + \Delta V}{C + V} = \frac{(\Delta C + \Delta V)/M}{(C + V)/M} \tag{3-7}$$

式（3－7）中的（ΔC＋ΔV）／M 表示剩余价值积累率，设为 α，而 $\frac{1}{(C+V)/M} = \frac{M}{C+V}$ 表示投资利润率，设为 p，故式（3－7）为：

$$g = \alpha \cdot p \tag{3-8}$$

式（3－8）表明经济增长率等于剩余价值积累率与投资利润率之积。全社会的储蓄为资本家储蓄和工人储蓄之和，资本家储蓄来自剩余价值 M，而工人储蓄来自工资收入 V，两者的储蓄倾向分别为 s_m 和 s_v，故全社会储蓄总额为：$s_m \cdot M + s_v \cdot V$，全社会的储蓄率为 $\alpha = \frac{s_m \cdot M + s_v \cdot V}{M + V} = s_m \cdot \frac{M}{M+V} + s_v \cdot \frac{V}{M+V}$，其中 $\frac{M}{M+V}$ 和 $\frac{V}{M+V}$ 分别等于资本收入比重和劳动收入比重，设为 m 和 n，于是有：

$$\alpha = m \cdot s_m + n \cdot s_v \tag{3-9}$$

把式（3－9）代入式（3－8）得到：

$$g = (m \cdot s_m + n \cdot s_v) \cdot p \tag{3-10}$$

式（3－10）表明经济增长率与劳动收入占比、资本收入占比、劳动和资本储蓄倾向与利润率相关。需要指出的是，这些变量并不是独立的，它们是相互制约、相互影响的，因而不能静止地分析一个变量变化如何影响另一个变量。例如，一般认为资本收入占比和储蓄倾向均高于工人，很容易得出增加资本收入有利于经济增长的结论，这样的分析是基于利润率不变的前提下才能得到。但是，从长期来看，这种结论是站不住脚的，因为资本收入占比增加就会导致劳动收入占比减少，占人口绝对多数的劳动者收入没有提高或者提高很慢，终将无法吸收因资本投入增加引起的产量增加，资本投入的利润率必然下降，所以资本占比大幅增加不可能长期促进经济增长。

情形3：资本有机构成提高。

马克思在分析社会资本扩大再生产时假定技术进步是中性、资本有机构成不变，这是短期分析；从长期动态看，技术是不断进步的，资本有机构成是逐渐提高的。下面分析资本有机构成变化时的经济增长因素。根据定义：

社会储蓄率 $\alpha = \frac{s_m \cdot M + s_v \cdot V}{M + V} = s_m \cdot \frac{M}{M + V} + s_v \cdot \frac{V}{M + V}$，分子分母同除以V，此时有：

$$\alpha = s_m \cdot \frac{\frac{M}{V}}{\frac{M}{V} + 1} + s_v \cdot \frac{1}{\frac{M}{V} + 1} = s_m \cdot \frac{e}{e + 1} + s_v \cdot \frac{1}{e + 1} \tag{3-11}$$

根据式（3－6）和储蓄率定义，有：

$$\begin{cases} g = \frac{\Delta C}{C} = \frac{\Delta V}{V} = \frac{\Delta C + \Delta V}{C + V} \\ \alpha = \frac{\Delta C + \Delta V}{M + V} \end{cases} \tag{3-12}$$

两式相除，整理得到：

$$g = \frac{M + V}{C + V} \cdot \alpha = \frac{M/V + 1}{C/V + 1} \cdot \alpha = \frac{e + 1}{q + 1} \cdot \alpha \tag{3-13}$$

把式（3－11）代入式（3－13）中整理得到：

$$g = \frac{e \cdot s_m}{1 + q} + \frac{s_v}{1 + q} \tag{3-14}$$

式（3－14）说明经济增长率与资本有机构成、剩余价值率和储蓄倾向相关。从供给角度分析，当资本家和工人的储蓄倾向不变时，随着资本有机构成提高，马克思指出，从长期来看，资本主义的平均利润率会降低，当平均利润率低于融资成本时，资本家将减少投资，如果没有新技术的发明，经济增长趋于停滞，因此式（3－14）从供给角度来看经济增长率减少的。如果从需求角度看，资本有机构成提高，短期看资本投资能力增强，固定资产大幅提高，经济增长在投资驱动下暂时保持高增长率。但是从长期看，资本有机构成的提高。一方面，增大资本家和工人的收入差距；另一方面，先进机器替代劳动力，将大量减少劳动力的雇佣数量，导致工人失业增加，作为工人阶级整体劳动收入总量降低，劳动收入比重不能同步提高，全社会总需求将无法吸收多余产能，则经济均衡增长无法持续。因此，如果随着有机构成的不断提高，劳动收入比重下降，经济增长率将先保持上升趋势，随后经济增长率呈下降趋势，为了克服经济增长下降，又一次通过投资提高增长率，而劳动收入没有提高，经济将再一次下滑，如此循环往复，经济将出现周期性波动乃至经济危机。

以上三种情形的分析结论表明经济均衡发展时，劳动收入占国民收入的比重应该保持稳定，劳动收入的增长应该与经济增长协调一致，否则社会总产品的价值补偿和实物补偿无法实现，经济出现周期性波动。

根据马克思的分析，资本主义国家的收入分配格局对经济增长的影响机制可以用图3－7来表示。资本主义国家劳资分配格局对经济增长的影响有正向作用和负向作用两种效应。首先是积极的作用，资本主义雇佣劳动制度的生产方式必然导致收入分配向资本倾斜，劳资分配格局是严重失衡的。由于资本家的储蓄倾向较高，资本收入比重较高有利于资本家的积累和投资，从而可以扩大生产规模。马克思指出经济规模增长的方式有两种：一是外延的增长方式，二是内涵的增长方式。资本家在获得足够积累以后通过扩大生产场地、增加投资规模，即外延的增长方式就可以推动经济增长，还可以提高资本有机构成，即通过采用机器等先进工具和技术提高劳动生产率的内涵方式推动经济增长。资本收入相对集中在资本家手中，对于扩大投资规模、采用先进技术、提高生产力有积极的作用。其次是负面的作用，收入分配向资本倾斜意味着劳动收入较低，造成劳动者的消费能力弱，同时消费对象集中在基本生活用品上，不利于消费结构升级，而资本家虽然消费层次高，但是消费倾向较低、消费总量有限，以上原因造成社会总消费需求不旺盛、消费结构不合理，在资本主义盲目生产的情况下，导致生产总量过剩，生产结构与消费结构不匹配，两个部类无法保持协调发展，最终导致经济危机。最后，劳动者低收入的消极作用与资本高收益的激励作用的抵消降低了资本主义创造活力。由于劳资分配失衡，工人只能获得劳动力价值V，不能分享剩余价值M，收入水平低下，无法通过教育、培训投入提高自身知识和技能；劳资收入差距还造成劳资关系的对立，工人与资本家的斗争对生产力造成很大破坏，马克思时代的工人经常会通过捣毁机器、罢工游行等形式表达对资本家的不满，紧张的社会关系和阶级矛盾制约了经济增长。

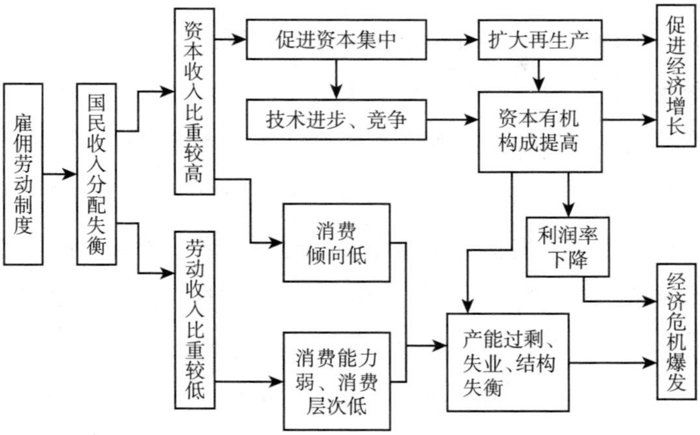

图 3-7　资本主义收入分配格局对经济增长的影响机制

尽管资本主义收入分配出现严重的失衡，理论上资本主义经济增长不能保持快速增长，这种分配关系应该严重制约生产力发展，然而马克思认为从发展生产力的角度来看，资本主义社会在不到 100 年的时间里所创造的生产力比过去一切时代都要多，这是为什么呢？对此马克思从更宽广的视野分析了背后的重要原因，即对外贸易，资本主义巨大的生产能力与国内较小的消费能力的矛盾，可以通过对殖民地和不发达国家的广袤市场来解决，当然很多贸易并不是以平等互利的形式进行的，落后国家的市场是在资本主义野蛮的侵略和威胁下被迫开放的，其中包括通过对清朝的鸦片战争打开了我国市场。对外贸易既解决了商品过剩问题，又为资本家提供了较高的利润，为资本主义经济增长提供了巨大动力。

总之，资本主义分配格局失衡的条件下会产生经济增长和经济危机两种效应，资本主义总是在这两种效应的合力作用下蹒跚前行，一个时期表现为经济总量增长，另一个时期表现经济萧条危机，经济增长波动性较大，难以保持持续稳定发展，这是由资本主义制度生产方式决定的，通过分配制度的调整只能减缓经济波动带来的阵痛。

三、实现收入分配与经济增长良性互动的制度构想

马克思恩格斯深刻分析了资本主义的基本矛盾，指出生产资料私人占有的生产方式决定分配方式和分配结果，而资本主义的分配关系严重制约资本主义生产力发展，只有从根本上解决劳动和资本的对立关系才能实现经济平衡增长。两位革命导师认为只有废除私有制，实现劳动资料共同占有才能结束劳资对立状态，避免周期性危机发生，才能在更大程度上解放和发展生产力，劳动者实现全面自由发展。恩格斯在《共产主义原理》中回答了“废除私有制将产生什么后果”问题时明确指出，资本家被剥夺对一切生产力和交换手段的支配权以及他们对产品的分配权，由社会有计划地管理实有资源，与现在的大工业经营方式相联系的一切有害后果，将首先被消除，危机将终止。他指出，生产资料共同占有将极大增加生产规模，但是超出社会当前需求的生产过剩并不会引起贫困和混乱，这种生产剩余是新的进步的条件和起因，它不但会更好满足所有人需要，还会引起新的需求，并创造出满足这种需要的手段。《共产党宣言》鲜明地指出：“共产党人可以把自己的理论概括为一句话：消灭私有制。”① 未来社会中，由全体人民组成的联合体有计划地利用生产力，结束一部分人对另一部分人的剥削，彻底消灭阶级和阶级对立，消除旧的分工，实现城乡融合，通过产业教育和工种变换，全体人民共享发展成果，实现全面发展，到那时将实现“各尽所能、按需分配”。② 因此在共产主义社会，收入分配与经济增长完全克服了私有制的缺陷，两者将是相互促进的良性互动关系。

马克思指出按需分配是共产主义高级阶段的分配方式，他认为从资本主义社会产生出来的共产主义社会第一阶段将实行按劳分配原则，劳动者将按照劳动这一同一尺度平等地分配生产成果，由于全体人民共同占有生产资料，不但占有可变资本 V，还有权要求共享生产剩余 M，在社会总产品中进行各种扣除以后，剩余产品将按照劳动的尺度进行分配，实现真正的“按劳分配”。

---

① 马克思恩格斯：《马克思恩格斯文集》第 2 卷，人民出版社 2009 年版，第 45 页。

② 马克思恩格斯：《马克思恩格斯文集》第 1 卷，人民出版社 2009 年版，第 687 – 689 页。

总之，按照马克思恩格斯等经典作家的设想，未来社会由于消除了私有制，劳动者将共享生产成果，并且实现人的自由全面发展，完全激发出劳动者的创造性，因而将创造出当今社会无法企及的生产力，实现了分配和生产的统一。然而，当今世界主要国家都实行资本主义制度，私有制占主导地位，在分配形式上以按资分配为主体，劳动者获得相当于劳动力价值的工资，无法分享生产剩余。我国处在社会主义的初级阶段，基本经济制度是以公有制为主体多种所有制共同发展。尽管公有制占主体地位，为了发展生产力，在很大程度上仍然需要私有经济的大力发展，因而在分配方式，私有企业仍然主要按照生产资料所有权分配，劳动者同样无法获得生产剩余，即 M 部分。当前我国私有经济总量已经超过公有经济，按要素分配成为社会主要分配形式之一，因而必然出现分配成果向资本倾斜，分配上的“轻劳动、重资本”现象比较严重，导致我国居民收入分配差距悬殊，因而在经济运行中不可避免地出现与资本主义经济相似的问题，如经常性的产能过剩、消费需求不足、资本投机盛行等，分配问题对经济增长的制约作用不容小看。我国长期处于社会主义初级阶段，在短时间内难以完全实现马恩设想的按劳分配制度，但是在收入分配制度上需要改革，使劳动者能够参与社会剩余的分配，在一定程度上克服私有经济分配问题带来的负面影响，使收入分配制度更加适应我国当前生产力发展需要。

第四节

西方经济学视角下收入分配格局的经济增长机制

边际生产力理论和均衡价格理论是主流经济学的收入分配理论，与马克思分配理论不同，它不研究具体生产方式下的分配问题，而把分配问题理解为要素的价格决定问题。主流经济学借助新古典主义的研究方法和术语，如总资本存量、总生产函数、代表性消费者的消费函数之类的概念，并借助于动态最优化和现代数学工具，建立了不同的经济增长模型，代表性的如索洛—斯旺模型、内生经济增长模型。①

① 罗伯特·J. 巴罗、萨拉-伊-马丁著，夏俊译：《经济增长》第二版，格致出版社、上海三联书店、上海人民出版社 2013 年版，第 13-17 页。

本节利用主流经济学的分析范式，推导收入分配格局的决定模型，阐述收入分配对经济增长影响机制。

一、要素收入分配格局的决定模型

（一）模型假设

主流经济学收入分配格局的决定依赖新古典生产函数，新古典主义生产函数 F(K, L, T) 要满足以下假设①：

一是规模报酬不变。如果劳动和资本同时增加 c 倍，产量也是原来的 c 倍，那么该生产函数就呈现规模报酬不变性质，这种特性也称为 K 和 L 的一阶齐次，即：

$$F(cK,cL,T)=c\cdot F(K,L,T),c>0 \tag{3-15}$$

二是边际收益递减。对于所有的 K > 0 和 L > 0，生产函数对于每一种投入表现出正的且递减的边际产品，用数学公式表示为：

$$\begin{cases}\dfrac{\partial F}{\partial K}>0,\dfrac{\partial^2 F}{\partial K^2}<0\\ \dfrac{\partial F}{\partial L}>0,\dfrac{\partial^2 F}{\partial L^2}<0\end{cases} \tag{3-16}$$

三是稻田条件（inada condition）。随着资本（劳动）趋于零，资本（劳动）的边际产品无穷大；随着资本（劳动）趋于无穷大，资本（劳动）的边际产品趋于零，即：

$$\begin{cases}\underset{K\to 0}{\mathrm{Lim}}\left(\dfrac{\partial F}{\partial K}\right)=\underset{L\to 0}{\mathrm{Lim}}\left(\dfrac{\partial F}{\partial L}\right)=\infty\\ \underset{K\to \infty}{\mathrm{Lim}}\left(\dfrac{\partial F}{\partial K}\right)=\underset{L\to \infty}{\mathrm{Lim}}\left(\dfrac{\partial F}{\partial L}\right)=0\end{cases} \tag{3-17}$$

（二）生产函数为 C－D 形式的分配格局决定

柯布—道格拉斯生产函数（C－D）是经典的新古典主义生产函数，当生产函数为 C－D 函数时，在完全竞争和利润最大化假设条件下，劳动收入和资本收

① 戴维·罗默：《高级宏观经济学》，上海财经大学出版社 2014 年版，第 8－10 页。

入比重分别是劳动和资本的指数。设生产函数为 $Y = AF(K,L) = AK^{\alpha}L^{\beta}$，工资和利息分别为 w 和 r，利润 π 为：

$$\pi = PY - rK - wL = APK^{\alpha}L^{\beta} - rK - wL \tag{3-18}$$

利润最大化的条件是式（3－18）分别对资本和劳动的求导并令其为零，即：

$$\begin{cases} \dfrac{\partial\pi}{\partial K} = A\beta PK^{\alpha-1}L^{\beta} - r = 0 \Rightarrow r = A\beta PK^{\alpha-1}L^{\beta} \\ \dfrac{\partial\pi}{\partial L} = A\alpha PK^{\alpha}L^{\beta-1} - w = 0 \Rightarrow w = A\alpha PK^{\alpha}L^{\beta-1} \end{cases} \tag{3-19}$$

由式（3－19）可以得出资本收入份额为：$\lambda_k = \dfrac{rK}{PY} = \dfrac{K \cdot A\alpha PK^{\alpha-1}L^{\beta}}{PAK^{\alpha}L^{\beta}} = \alpha$，同理，劳动收入份额为 $\lambda_l = \beta$，即资本收入份额和劳动收入份额分别等于产出对资本和劳动的弹性，与技术进步和要素价格无关，这意味着收入分配各要素的相对份额不变，即收入分配符合“卡尔多事实”。

（三）常替代弹性（CES）函数形式时的分配格局

根据新古典模型的假设，在完全竞争条件下要素价格变化导致最优边际技术替代率改变，厂商根据利润最大化原则用相对便宜的要素替代相对昂贵的要素，西方经济学引入要素弹性来衡量要素价格变化对要素收入份额的影响。劳动和资本的替代弹性为 $e = \dfrac{\Delta(L/K)/(L/K)}{\Delta(w/r)/(w/r)}$，当 $e = 1$ 时，表示劳动相对资本价格变化的比例与两者投入变化的比例相同，这时劳动收入份额不变（容易算出 C－D 函数的要素替代弹性为 1，因而劳动和资本收入份额不变）；当 $e > 1$ 时，表示劳动相对价格提高 1%，劳动相对资本的投入下降超过 1%，这时劳动收入占比将下降；反之，当 $e < 1$ 时，劳动收入份额将提高。

技术进步会对要素收入份额产生重大影响。Hicks（1932）第一次提出技术进步的三种方向：即劳动节约型、资本节约型和中性技术进步。为了揭示技术进步对要素收入份额的影响，1961 年阿罗与索洛等人合作，构造了著名的常替代弹性生产函数（CES）：$Y = [a(A_tK_t)^{-\rho} + (1-a)(B_tL_t)^{-\rho}]^{-1/\rho}$，不难算出要素替代弹性为 $e = 1/(1+\rho)$，A_t、B_t分别资本和劳动增强系数。根据生产函数可以计算出资本和劳动的边际产出之比为：$F_K/F_L=\frac{a}{1-a}\left(\frac{A_t}{B_t}\right)^{-(1-e)/e}\left(\frac{K_t}{L_t}\right)^{-1/e}$，当K/L、$F_k/F_L$不变时，技术进步为希克斯中性；当$F_k/F_L$变大时，技术进步为劳动节约型；当$F_k/F_L$变小时，技术进步为资本节约型。在完全竞争条件和利润最大化条件下，经济中劳动和资本的收入份额分别为（计算方法同C－D函数形式，不再赘述）：

$$\lambda_L=(1-a)B_t^{-(1-e)/e}\left(\frac{Y_t}{L_t}\right)^{(1-e)/e}\text{和}\ \lambda_K=aA_t^{-(1-e)/e}\left(\frac{Y_t}{K_t}\right)^{(1-e)/e}\qquad(3-20)$$

资本收入与劳动收入之比为$\frac{\lambda_K}{\lambda_L}=\frac{1-a}{a}\left(\frac{A_t}{B_t}\right)^{(1-e)/e}\left(\frac{K_t}{L_t}\right)^{(1-e)/e}$，并且有$\lambda_K+\lambda_L=1$，由此可见，劳动收入份额由资本劳动比、要素增强型技术进步系数、替代弹性决定。当要素弹性为1或劳动资本比的相对深化程度相等时，劳动收入比重不变；当要素弹性$e<1$时，劳动增强型技术进步将为资本偏向型，劳动收入比重将下降，而资本增强型技术进步将为劳动偏性型，劳动报酬比重将上升；反之则反是[①]，直观的解释是当$e<1$时，劳动和资本是互补关系，劳动增强型技术进步会增加资本需求，增加资本的边际回报。

二、家庭、政府和企业三部门分配格局确定

在现代经济增长因素中政府的作用不可替代，内生经济增长模型把政府支出作为内生变量引入其中。巴罗（1990）提出了以政府提供公共服务为中心的内生经济增长模型，由于市场外部性的存在，巴罗认为私人产品不能代替公共产品。私人资本投资在内生经济增长模型中的边际收益保持不变，只有私人投资和公共投资共同存在、相互补充时才能成立。鉴于此，Barrow和Sara －Martin通过将政府税收融资服务纳入AK模型，建立了基于政府支出的内生经济增长模型。假设生产具有规模报酬不变效应，设政府的购买公共产品总量为G，并具有C－D生产函数形式，即：

① 王晓霞、白重恩：《劳动收入份额格局及其影响因素研究进展》，《经济学动态》，2014年第3期111页。

$$Y = AK^{1-\gamma}G^{\gamma} \tag{3-21}$$

其中，A 为外生的技术进步系数，K 为私人总投资，由式（3－21）可知代表性生产者的生产函数为①：

$$y = Ak^{1-\gamma}g^{\gamma}, 0 < \gamma < 1 \tag{3-22}$$

其中，y 为每个生产者的产出，k 为私人投入。如果 g 是固定的，私人投资 k 具有规模报酬递减效应，但是 g 和 k 共同作用会起到规模报酬不变效应。

（一）家庭部门

为了更好地描绘经济增长的过程，需要让消费路径和储蓄率完全由竞争市场中的追求最优化的家庭和企业共同决定。具有跨期预算约束下无限寿命的家庭通过在消费和储蓄之间选择其最大效用，家庭的消费行为符合拉姆齐（Ramsey，1928）创立的并被卡斯（Cass，1965）和库普斯曼（Koopmans，1965）完善的拉姆齐增长模型的关键要素。在经济系统中，家庭的收入来自劳动和资本，提供劳动获得工资，提供资本获得利息收入，家庭的支出用于消费，积累用于储蓄。每个家庭都包含一个以上的成年劳动成员，这些成人考虑后代人的福利和资源。这些无限延续的家庭相当于无数寿命有限的个人，通过基于利他主义的不间断的代际传承而相互联系在一起。② 设人口增长率为 n 且保持不变，t 时刻的家庭人口规模为 $L(t) = e^{nt}$，每个成人的消费为 $c(t) = C(t)/L(t)$，每个家庭都希望最大化的效用，效用函数如下：

$$U = \int_0^{\infty} u[c(t)]e^{-(\rho-n)t}dt = \int_0^{\infty} \frac{c(t)^{1-\sigma}}{1-\sigma}e^{-(\rho-n)t}dt \tag{3-23}$$

消费函数满足稻田条件。每个家庭的总收入等于劳动收入和利息收入之和，对于家庭而言，其流量预算约束为：$dk/dt = w(t) + rk(t) - c(t) - nk(t)$，即人均资本随着人均收入的提高而提高，随人均消费和人口增长所需资本的扩大而减少。家庭初始条件满足 $k(0) = 1$ 与 $\lim\limits_{t\to\infty} k\left\{\exp\left[-\int_0^t r(v) - n\right]dv\right\} \geqslant 0$，边界条件保

① RJ·Barro，Government Spending in a Simple Model of Endogenous Growth，Rcer Working Papers，1988，98（5）：103－26。

② 罗伯特·J. 巴罗、萨拉－伊－马丁著，夏俊译：《经济增长》第二版，格致出版社、上海三联书店、上海人民出版社 2013 年版，第 69 页。

证满足“非蓬齐博弈”（non ponzl game）条件，这意味着家庭不能通过无限借款实现无限效用。为了求解家庭的最优化问题，需要建立汉密尔顿方程：

$$H(c,k,v)=\int_0^{\infty}\frac{c(t)^{1-\sigma}}{1-\sigma}e^{-(\rho-n)t}+v[w(t)+rk(t)-c(t)-nk(t)] \quad (3-24)$$

v 为收入现值影子价格，式（3－24）最大值的条件为$\frac{\partial H}{\partial c}=0$，得到

$$e^{-(\rho-n)}c(t)^{-\sigma}-v=0 \quad (3-25)$$

由欧拉方程或拉姆齐储蓄最优规则$\frac{\partial H}{\partial k}=-\dot{v}$，得到：$v(r-n)=-\dot{v}$，即：

$$-\frac{\dot{v}}{v}=r-n \quad (3-26)$$

横截面条件为：$\lim\limits_{t\to\infty}[k(t)v(t)]=0$，将式（3－25）移项后两边取对数，然后对时间求导得：

$$-\frac{\dot{v}}{v}=\sigma\frac{\dot{c}}{c}+(\rho-n) \quad (3-27)$$

由式（3－26）和式（3－27）可以得到人均消费增长率为：

$$r_c=\frac{\dot{c}}{c}=\frac{r-\rho}{\sigma} \quad (3-28)$$

（二）企业部门

经济系统中典型的企业从家庭中租借资本、雇佣劳动组织生产，企业在生产中使用的基础设施、司法保障等公共产品由政府免费提供，企业按照一定的比例交税，税率为 τ，假定企业采用 C－D 生产函数进行生产，其形式为 $Y=AK^{\alpha}L^{\beta}G^{\gamma}$，企业所面临的问题是在给定的价格序列｛w，r，τ｝下使税后利润最大化，r 为资金利率，w 为工资，即：

$$\max[(1-\tau)Y-wL-rK] \quad (3-29)$$

由式（3－29）分别对 L 和 K 求导，并令其为零，得到工资和利率分别等于：

$$\begin{cases}w=(1-\tau)\beta AK^{\alpha}L^{\beta-1}G^{\gamma}\\ r=(1-\tau)\alpha AK^{\alpha-1}L^{\beta}G^{\gamma}\end{cases} \quad (3-30)$$

（三）政府部门

政府部门的收入来自企业税收，政府的支出是用税收购买公共产品提供给社会。设政府实行平衡预算政策，政府是按照平衡预算运行的，它以比例税率 τ 对产出 y 征税，税后为 T，根据式（3－22）得到：

$$g=\tau y=\tau Ak^{1-\gamma}g^{\gamma}=T \tag{3-31}$$

对于给定的 g，从式（3－31）可以算出资本的边际产品，即资本利率为：

$$r=\frac{\partial y}{\partial k}=A(1-\gamma)k^{-\gamma}g^{\gamma}=A(1-\gamma)\left(\frac{g}{k}\right)^{\gamma} \tag{3-32}$$

由于 $y=Ak^{1-\gamma}g^{\gamma}=Ak^{1-\gamma}(\tau y)^{\gamma}$，得到：

$$y=kA^{\frac{1}{1-\gamma}}\tau^{\frac{\gamma}{1-\gamma}}\Rightarrow\frac{y}{k}=A^{\frac{1}{1-\gamma}}\tau^{\frac{\gamma}{1-\gamma}} \tag{3-33}$$

又由于，$\frac{g}{k}=\frac{g}{y}\cdot\frac{y}{k}=\tau\cdot\frac{y}{k}$　　（3－34）

把式（3－33）代入式（3－34）中得到：

$$\frac{g}{k}=(A\tau)^{\frac{1}{1-\gamma}} \tag{3-35}$$

将式（3－35）代入式（3－32）可得：

$$r=\frac{\partial y}{\partial k}=A(1-\gamma)\left(\frac{g}{k}\right)^{\gamma}=A^{\frac{1}{1-\gamma}}(1-\gamma)\tau^{\frac{\gamma}{1-\gamma}} \tag{3-36}$$

在比例税率 τ，税后私人边际成本为（$1-\tau$）r，即 $(1-\gamma)(1-\tau)A^{\frac{1}{1-\gamma}}\tau^{\frac{\gamma}{1-\gamma}}$，代入式（3－28）替换 r，有：

$$r_c=\frac{\dot{c}}{c}=\frac{(1-\gamma)(1-\tau)A^{\frac{1}{1-\gamma}}\tau^{\frac{\gamma}{1-\gamma}}-\rho}{\sigma} \tag{3-37}$$

当经济均衡增长时，经济增长率 ξ 等于消费增长率，则：

$$\xi=\frac{(1-\gamma)(1-\tau)A^{\frac{1}{1-\gamma}}\tau^{\frac{\gamma}{1-\gamma}}-\rho}{\sigma} \tag{3-38}$$

经济增长率最大化条件为：$\frac{\partial\xi}{\partial\tau}=0$，整理得到：$\tau=\gamma$，即 $\frac{g}{y}=\gamma$，把所有的生产者获得的公共产品加总起来得到宏观上政府收入占比：

$$\frac{G}{Y}=\gamma \tag{3-39}$$

式（3－39）说明政府收入比重是γ，就是生产函数中政府收入变量的指数，它表明要保持均衡状态的经济最大增长速度，必须使政府的税收恰好全部用来提供公共产品，也是政府最优的支出比重。

在政府支出最优时，根据式（3－29），家庭的所得份额为：

$$\frac{wL+rK}{Y}=\frac{(1-\tau)\beta AK^{\alpha}L^{\beta}G^{\gamma}+(1-\tau)\alpha AK^{\alpha}L^{\beta}G^{\gamma}}{AK^{\alpha}L^{\beta}G^{\gamma}}=(1-\tau)\cdot(\alpha+\beta) \quad (3-40)$$

此时，企业的利润份额为：

$$\frac{(1-\tau)Y-wL-rK}{Y}=\frac{(1-\tau)Y}{Y}-\frac{wL+rK}{Y}=(1-\tau)(1-\alpha-\beta) \quad (3-41)$$

由式（3－39）、式（3－40）、式（3－41）不难得出，政府收入份额、家庭收入份额与企业收入份额之和为1。

三、收入分配格局影响经济增长的机制

（一）西方经济增长理论中的核心增长因素综述

人类社会经济活动是纷繁复杂的，这就决定对经济增长因素的认识很难达到像自然科学规律那样高的水平。在古典经济学到现代经济学的经济增长理论演变中，经济学家对经济增长因素的认识是不断深化的，至今仍能引起众多经济学家的研究兴趣。古典经济学家对经济增长因素作了初步研究，其研究结论和方法对后世有重要影响和启发。亚当·斯密认为在市场机制“无形之手”的驱动下，经济发展主要依靠劳动分工、资本积累、技术进步和对外贸易。大卫·李嘉图的增长理论是围绕分配理论进行的，他认为资本积累是经济增长的核心动力，由于要素遵从假定边际生产力递减规律，工资和地租增长必将导致资本家利润下降，资本积累将趋于为零，经济增长陷入停滞。马尔萨斯强调人口因素是影响经济增长不可忽视的重要因素，必须使用强制措施控制人口增长才能实现经济增长。

阿尔弗雷德·马歇尔开创了新古典经济学，他认同古典经济学家经济增长的三要素说，即资本、劳动、土地，同时创新性地提出第四种要素是组织。组织内容十分丰富，包括分工、机器改良、产业集群、规模经济和企业管理等，尽管资本、劳动和土地等要素存在规模报酬递减规律，但是由于工业组织具有规模报酬

递增特点，因此经济可以实现长期增长。约瑟夫·熊彼特提出创新是经济发展动力，如果没有创新，经济只能处于一种“循环流转”的均衡状态，只有企业家通过“组合”创新，打破经济循环的惯性轨道，经济结构才能实现革命性突破，才有真正的经济发展。现代经济增长理论是从哈罗德—多马增长模型开始的，该模型认为要保持经济持续增长而不陷入经济波动的危机中，一国储蓄率必须等于资本—产出率与有效劳动增长率的乘积。但是由于储蓄率、资本产出率和劳动增长率是分别由独立的因素决定的，因此长期的均衡增长难以保证。[①] 索洛和斯旺改进了哈罗德—多马模型，假设劳动和资本可以相互替代、技术进步是外生决定的，建立了索洛—斯旺模型，该模型中的经济增长由技术进步、资本和劳动共同决定。索洛（1957）发现劳动和资本的增加仅能够解释经济增长约为12.5%，而技术进步的贡献率达到87.5%，后者被称为全要素增长率。但如果外生的技术进步是经济增长的主要源泉，排斥从内部机制推动经济增长，一旦经济达到稳态以后，经济增长就陷入停滞状态。此后，经济学家探索将技术进步内生化，建立了不同的内生经济增长模型，内生经济增长理论的核心在于假定当资本存量增加时，其边际生产率不能减少为零。阿罗（1962）率先提出“干中学”模型，他认为很多经验来自长期的生产和投资活动，这些经验可以转化为技术进步，这个过程称为“干中学”。他指出知识必须通过不断的学习获得，技术进步来自知识的获取和经验的积累。他将知识水平看作一种生产要素，这个要素具有递增的生产能力。罗默（1986）将技术进步内生化，提出科学知识具有非竞争性和部分排他性，知识具有溢出效应，知识递增的边际生产率足够超过物质资本的边际递减率，因而无限增长的知识存量水平就有可能产生递增的边际生产率。卢卡斯（1988）借鉴舒尔茨的人力资本概念，建立了一个专业化人力资本积累的经济增长模型，提出人力资本的外部效应导致生产具有递增效应，使人力资本成为“增长的发动机”。以科斯、诺斯等为代表的新制度经济学家将制度、技术都看成社会经济系统的内生变量，认为技术进步是增长本身而非增长的原因，有效率的制度安排才是经济增长的终极原因。根据制度变迁和技术进步解释了经济长期增长

① 左大培等：《经济增长理论的模型的内生化历程》，中国经济出版社2007年版，第65页。

机制问题，这是对内生经济增长理论研究视野的新拓展。①

从参与经济体系运行的主体看，家庭部门和企业部门是经济活动的主体，经济学家对此没有异议。但是，对于政府部门在经济增长中的作用，不同学派的认识大相径庭。古典经济学和新古典经济学都认为在完全竞争的条件下经济可以自动达到均衡状态，强调需要市场机制这只“看不见的手”，不需要政府这只“看得见的手”，主张政府的作用仅在于私人所不能提供的服务，如国防、司法及必要的公共设施，一些极端保守主义学者如米塞斯、哈耶克等甚至主张实行纯粹的市场经济，鼓吹自由放任主义。大萧条之后，凯恩斯指出了古典经济学的缺陷，认为单纯依靠市场不能产生足够有效需求，政府应该制定宏观经济政策干预经济增长，减少经济波动。此后凯恩斯的政府干预主义成为主流的经济理论，政府规模在不断扩大，政府职能不断加强。20 世纪六七十年代资本主义经济出现“滞涨”以后，凯恩斯主义经济学“失灵”，理性预期学派、供给学派、货币学派、公共选择学派等新自由主义学派纷纷指责是政府干预经济造成的“滞涨”，极力提倡自由化、私有化、市场化和全球化，但是 2008 年国际金融危机宣告了新自由主义的失败，政府在经济增长中的作用不可或缺。Aarrow 和 Kurz（1970）构建了包含公共支出的经济增长模型，公共支出以资本存量的形式同时进入生产函数和效用函数；巴罗（Robert J. Barro）在 1990 年建立了包含政府生产性公共支出的内生经济增长模型，从理论上证明了政府活动对市场机制替代的必要性。②

从以上经济增长理论的简单回顾中可以看出，经济增长的核心要素从主要注重物质资本积累向关注人力资本投资转变，从强调自然禀赋硬约束向更加关注制度、创新、技术等软约束转变，从一味鼓吹市场机制向重视发挥政府作用的思想转变，经济增长理论在不断修正、创新中前行。收入分配格局的经济增长效应就是通过分配机制影响经济增长的核心要素投入从而影响经济增长本身的路径来实现。

---

① 马晓珺：《经济学研究主题与研究方法的演化》，《西北大学学报》（哲学社会科学版），2014 年第 7 期。

② 金戈：《长期经济增长中的公共支出研究》，上海人民出版社 2014 年版，第 18－19 页。

（二）收入分配格局对生产要素供求的影响

从总供给方面分析，总供给能力取决于生产函数的性质。西方增长理论的核心要素是劳动、资本、人力资本、技术进步等，收入分配格局通过影响经济增长的核心要素的变化，核心要素作用于生产函数最终影响经济增长的。

1. 收入分配格局对劳动供求的影响

从劳动供给方来看，劳动力的价格即工资是影响劳动者提供劳动强度、劳动时间的决定因素。如果劳动报酬占国民收入比重提高，就意味着劳动者收入增加，一方面增加劳动力的供给数量，进入经济体系中的劳动总量增加；另一方面增强了对劳动者的激励，劳动者的劳动意愿更强、更勤勉努力，管理方对劳动者的管理成本降低，这样就会提高劳动生产率；反之，实际工资降低，劳动者可能会更多选择闲暇，不愿意进入劳动力市场，或者是出工不出力，提高了监督成本，降低了劳动生产率。劳动者报酬增加与经济增长的关系并不是一直同方向变动的，在劳动报酬增加到一个临界点以前，两者是正相关的。劳动报酬比重一旦增加到临界点，一方面，劳动供给总量和劳动生产率都会下降；另一方面，资本收入大幅下降，不利于投资扩张，从而经济总量也会降低。收入分配格局对劳动生产率影响进而作用于经济增长机制可以用两个简单模型来表示。

首先，分析工资率与劳动供给、经济增长的关系。假设工资率用 w 表示，与工资率 w 对应的劳动供给量用 L 表示，劳动供给曲线用 WL 表示，实际产出用 Y 表示，实际产出仅与劳动供给量相关，经济潜在产出为 Y^*，P、D、S 分别为物价、总需求曲线和总供给曲线。假设初始时间经济的实际产出 Y_1 远低于潜在产出 Y^*，对应的工资率为 W_1 和劳动供给 L_1 处于较低水平，即经济体系中存在较大的产出缺口和劳动缺口，这时工资率增加到 W_2，劳动供给量随着增加到 L_2，对应实际产出提高到 Y_2。然而实际工资与劳动供给不是一直呈正相关关系的，西方经济学认为劳动和闲暇是可以替代的，工资上涨到一定以后再继续上涨，收入效应大于替代效应，劳动供给不增反降，劳动供给曲线呈现“向后弯曲”的形状。当工资率增加到 W^* 时，劳动供给量达到最大值 L_*，此时在增加工资率到

W_3，劳动供给反而会下降到 L_3，此时实际产出下降到 Y_4（见 3－8 左图）。因此工资率与劳动供给、实际产出呈现先正相关，到临界点后呈现负相关关系。其次，分析劳动报酬与劳动生产率、经济增长的关系，分析过程与前面相似（见 3－8 右图），用 E 表示劳动生产率，工资率增加与劳动生产率增加不是一直正相关，在临界点以前两者关系是正相关的，到了临界点以后，工资率上升，劳动生产率不再增加，原因是工资率上涨到一定程度，劳动者自身工作的潜力已发挥到极点，再增加工资只能提高需求总量、拉升物价，不能提高经济总量。综合工资率提高对经济增长的两种效应可知，工资率并不是越高越好，工资率要与劳动生产率同步提高，超过临界点以后经济会出现通货膨胀与经济停滞同时存在的现象。

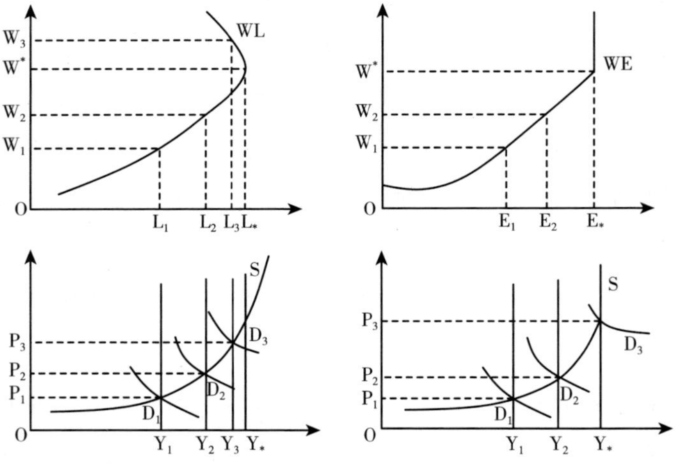

图 3－8　工资率与劳动供给、经济增长的关系

从劳动需求方来看，一方面企业对劳动的需求量决定于劳动的边际产品与实际工资的比较，在企业利润最大化的原则下，实际工资低于边际产品价值，企业就会增加劳动需求量，实际工资逐渐上涨，直到与边际产品相等，实现利润最大化；反之则反是。劳动报酬是企业的成本，劳动报酬增加相当于减少企业利润，劳动报酬增加到一个临界点时，企业对劳动的需求量就会减少。另一方面，劳动和资本之间的替代性也影响劳动的需求量。如果资本对劳动的替代程度越大，劳动的需求弹性就越大，工资上升导致企业使用资本替代劳动，减少对劳动需求量，如纺织、服装、汽车制造等行业大量用机器人代替工人。市场实际需求劳动量由劳动供给和劳动需求均衡时的实际工资水平决定。

总之，劳动收入比重影响劳动供给和劳动生产率，影响工资和利润的分配比例，进而影响经济系统中的物价、实际就业量和消费能力，最终对总产量产生影响。

2. 收入分配格局对资本供求的影响

资本的供给来自家庭或消费者，主要来自高收入家庭，他们的收入在满足消费以后尚有大量剩余，利用资本市场投资或通过银行体系储蓄形成资本供给。资本的价格是利率，利率变动决定资本供给量。如果资本收入所占国民收入的比重较高，资本市场利率较高，对于跨期选择的消费者来说，利率的替代效应越大，即牺牲当前消费的补偿越大，消费者越愿意减少当前的消费，而利率的收入效应就越小，即消费者就越有可能维持未来消费水平下增加现有消费的效应，替代效应大于收入效应，消费者会减少当前消费增加储蓄，资本供给增加。

资本的需求来自厂商，资本需求与市场利率呈反方向变动，即利率越高资本需求越少，反之则反是。厂商的投资需求取决于企业的预期收益与市场利率的比较。根据凯恩斯的理论，取决于资本的边际效率与市场利率的大小，如果前者大于后者，就增加投资，直到两者相等为止，反之则减少投资。企业的资本需求还与产品成本、投资风险等相关。关于投资需求理论，美国经济学家詹姆斯·托宾还提出了托宾“q”说，他把 q 定义为企业的市场价值和重置成本之比，即企业的股票市场价格/新建造企业的成本，如果 $q<1$ 说明企业的市场价值小于新建造成本，此时购买旧的企业比较合算，于是就不会新增加投资；反之，$q>1$ 则说明新建企业比购买旧企业便宜，这时就会增加投资。[①]

总之，资本收入占国民收入的比重与市场利率呈正相关关系，比重越大利率越高，企业投资成本越大，不利于增加投资，从而制约了经济增长。要素收入分配格局通过劳动供给和资本供给影响经济增长的路径见图 3－9。

① 高鸿业：《西方经济学》第二版，中国人民大学出版社 2000 年版，第 533－534 页。

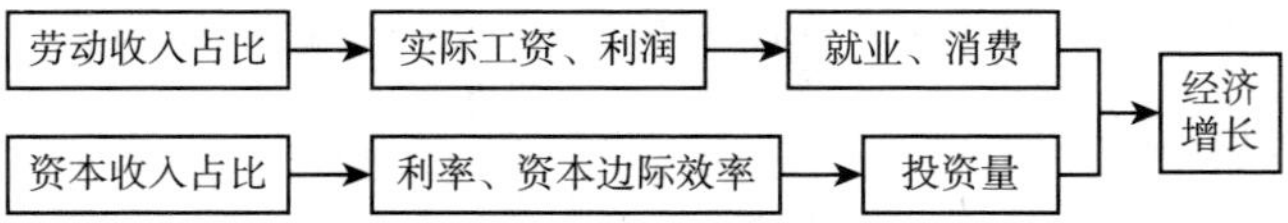

图 3-9 要素收入格局通过要素供给途径影响经济增长

3. 收入分配格局对人力资本的影响

内生经济增长理论的核心是将人力资本纳入增长模型，人力资本不同于物质资本，它不存在边际收益递减效应，人力资本差异是各国经济增长非收敛的重要因素，人力资本存量较高的国家劳动生产率也较高。人力资本理论的构建者、著名经济学家西奥多·舒尔茨认为人的因素在影响经济发展的所有因素中是非常重要的。经济增长主要取决于劳动者素质的提高，而不是无限的实物资本投入和自然资源禀赋。人力资本是蕴含在劳动者身上的一种资本形式，是人们通过长期体力和智力投资逐渐形成的。它表现为劳动者的数量和质量，不同于实物资本，它是工人的知识水平、技术水平、工作能力和健康状况各方面的总和。人力资本的形成必须经过长期的物质和智力等方面的投入，包括学校教育投资、职业培训投资、劳动力流动投资、卫生保健投资和“干中学”投资等，需要家庭有长远的眼光和较高的财富积累。收入分配格局与人力资本投资密切相关，如果劳动收入占比很低而资本收入占比很高，由于多数家庭的收入以劳动收入为主、资本收入为辅，说明多数家庭的收入水平很低，整体收入差距较大。Galor 和 Ziera（1993）认为收入较为均等的国家，个人进行人力资本投资的能力较强。① 收入差距较大的国家中低收入者比例也较大，在资本市场不完善的情况下，他们无法凭借自身经济能力进行有效的人力资本投资，该国的人力资本存量总额较低，很难达到经济发展要求的最优人力资本存量，经济发展的潜在能力低于人力资本存量较高的国家。Benabou（1996）研究发现人力资本具有代际传递特征，简单地说，就是富人的家庭子女的人力资本高于穷人家庭子女的人力资本。原因是富人有能力给子女更好的教育资源，而穷人子女获得优质教育资源的概率很低，因此，在未来的职场竞争中，穷人的子女将处于不利地位，导致他们难以获得更好

---

① Galor O., Zeira J. Income distribution and macroeconomics, The Review of Economic Studies, 1993, 60 (1): 35 -52。

的发展机会和上升通道，进一步拉大阶层间的贫富差距。人力资本不同还会影响到产业结构，人力资本存量低的国家由于缺少高素质的劳动力，往往发展劳动密集型产业和低附加值的产业；而人力资本存量高的国家有能力发展高端制造业以及高端服务业，如汽车制造、信息技术、人工智能、生物医药、新能源、金融、咨询、创意设计等（见图 3－10）。

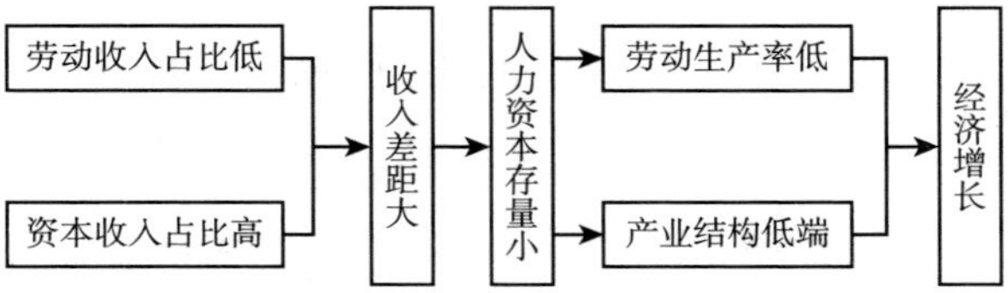

图 3－10　要素分配格局通过人力资本途径影响经济增长

4. 收入分配格局对技术进步的影响

前面已经论述过技术进步对收入分配格局的影响，如同作用力和反作用力同时存在一样，收入分配格局反过来对技术进步也有显著作用。卡莱茨基（1971）在资本家边际消费倾向不变、工人没有储蓄的前提下，他认为企业的利润来自投资的产能利用率，产能利用率越高企业利润越大，而工资偏向型的收入分配政策有利于提高工人阶级消费能力，从而能够提高产能利用率，进而促进企业投资并激发技术创新。Bhaduri 和 Marglin（1990）建立了开放条件下的后卡莱茨基模型，分析了不同需求类型下国民收入分配对技术进步的影响，他们认为国内需求可以分为工资主导型和利润主导型，国民收入分配在工资主导型国家中可以促进技术进步，而利润主导型国家则阻碍技术进步。[①] 而赵锦春、谢建国（2014）利用 OECD 国家的相关数据进行了实证分析，结果表明国民收入分配对技术进步产生重要影响，工资主导型国家工资率的上升会促进技术进步，而利润主导型的国家工资率上升对技术进步的影响不能确定。[②]

收入分配格局对技术进步的影响需要进一步分析。一个国家在某一时期内劳

① Bhaduri A，Marglin S. Unemployment and the real wage：the economic basis for contesting political ideologies. Cambridge Journal of Economics，1990，14－(4)，375－393.

② 赵锦春、谢建国：《有效需求体制、功性收入分配与技术进步能》，《财经研究》，2014 年 4 月。

动收入和资本收入占国民收入的比重是此消彼长的。假设劳动收入比重是降低的而资本收入比重是增加的，劳动收入比重降低意味着劳动者的消费能力下降，因而消费品市场的需求规模被限制在狭小的范围内。曼德尔（1993）概括了大规模投资于技术创新所需要的两个条件：一是利润率水平提高，二是市场的重大扩张。[①] 如果技术创新不能有足够的回报，创新的动力就会消失。劳动收入比重下降造成了市场规模萎缩，市场规模如果无法支撑现有技术提供的产能要求，技术进步将会停滞。与此相反，资本收入占比的增加是有利于技术进步的，因为技术投资需要最低的投资门槛，而且技术创新的风险很大，如果利润收入越高，资本积累就越多，从而投资门槛不会成为技术创新的约束条件。由于劳动收入占比下降和资本收入占比上升是一个硬币的两面，因此最终是促进还是阻碍技术进步还要看两者力量的对比。当然由于影响技术创新的因素是复杂的，收入分配格局对技术进步的影响不会是线性的，很可能呈现比较复杂的关系（见图 3 - 11）。

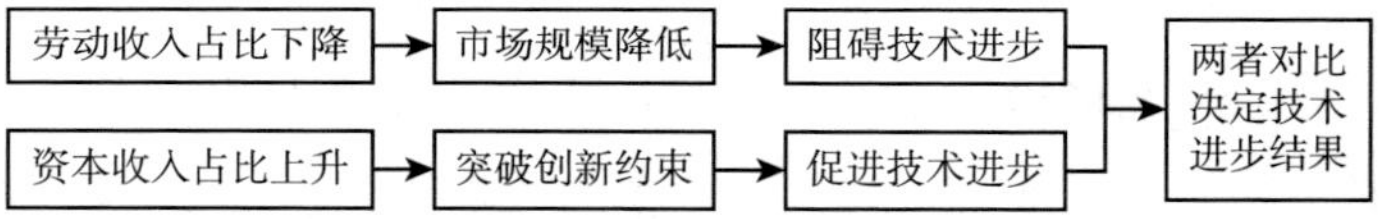

图 3 - 11　要素分配格局对技术进步的影响

（三）收入分配格局对需求的影响

1. 收入分配格局对总需求的影响

根据支付法国民收入是一定时期内消费、投资、政府购买以及净出口等方面支出的总和，即 $Y = C + I + G + NX$。收入分配格局对消费、投资、进出口都有重要影响，进而对经济增长产生影响。经典的卡莱茨基模型认为劳动收入份额的上升有利于提高消费量，但是根据李嘉图的理论劳动份额的上升对投资有负面影响，因而工资上涨对消费的积极效应和对投资的负面效应哪个更大，不同的经济体表现结果可能不同。关于收入分配格局对总需求的影响机制，Stockhammer 和 Ederer（2008）构建了一个宏观经济模型，分析劳动收入份额的变动对总需求的

① 曼德尔：《资本主义发展的长波：一个马克思主义的解释》，商务印书馆 1993 年版，第 74 - 75 页。

作用机制。[1] 根据他们的模型假设，总需求、消费、投资和净出口都是真实变量。一般来说，国民收入分配对消费、投资和净出口都有重要影响。具体的模型如下：

$$Y = C(Y, \Omega) + I(Y, \Omega, z_I) + NX(Y, P, z_{NX}) + G(Y, z_G)\text{，且 } P = f(\Omega, z_P) \tag{3-42}$$

其中，Y、C、I、G、NX 分别表示总需求、消费需求、投资需求、政府支出和净出口，Ω 和 Z 为劳动收入份额和控制变量。

下面分析各部分需求对劳动收入份额变动的反应。第一，根据卡莱茨基的假设，资本收入的边际储蓄倾向高于劳动收入，而劳动收入的消费倾向高于资本收入的消费倾向，劳动收入份额 Ω 的上升有助于增加消费需求。第二，投资 I 决定于投资利润率和真实利率，劳动收入份额上升提高了工资水平，增加了投资成本，降低了企业留存收益，因而对于投资需求是不利的。第三，进出口 NX 是出口和进口相抵后的净外部需求，它受到国内价格的影响，而国内价格受到劳动成本和进口价格的影响。随着劳动报酬的提高，国内出口产品的价格也会提高，因而会降低出口额，从而降低净出口。由于该模型关注于私人部门，因而对政府部门支出对劳动收入的变化影响不加考虑。由于劳动收入份额上升对消费、投资和净出口的影响不是同向的，因而，最后对总需求的效应不能确定，是一个经验问题。Stockhammer（2009）在另一篇论文中指出资本收入份额变动对总需求的影响，结论是资本收入份额上升对消费起阻碍作用，对投资和净出口起促进作用。[2]

进一步研究，将式（3－42）对劳动收入份额 Ω 进行全微分，整理得到：

$$\frac{dY}{d\Omega} = \frac{h_2}{1 - h_1} \tag{3-43}$$

其中，$h_1 = \left(\frac{\partial C}{\partial Y} + \frac{\partial I}{\partial Y} + \frac{\partial NX}{\partial Y} + \frac{\partial G}{\partial Y}\right)$，$h_2 = \left(\frac{\partial C}{\partial \Omega} + \frac{\partial I}{\partial \Omega} + \frac{\partial NX}{\partial \Omega}\right)$。

式（3－43）中，$\frac{1}{1 - h_1}$ 是个标准乘数，并且恒为正。h_2 是各种需求对劳动

---

① Stockhammer. Engelbert and Ederer. Stefan: Demand effects of the falling wage share in Austria. Empirica, 2008, 35 (5): 481－502.

② E Stockhammer. Functional income distribution and aggregate demand in the Euro area. Social Science Electronic Publishing, 2009, 33 (1): 139－159。

收入份额的偏导数。如果式（3－43）表示收入水平一定时分配格局的变化对总需求影响的系数，当$\frac{dY}{d\Omega}>0$，表示该需求体系是工资导向型，即劳动收入份额的上升可以提高总需求，当$\frac{dY}{d\Omega}<0$，表示该需求体系是利润导向型，表示资本收入增加会提高总需求。

2. 收入分配格局对需求组成部分的影响

由于劳动收入份额与资本收入份额对消费、投资的效应是相反的，两者的相互作用决定总需求的两个主要部分到底是增加的还是减小的。下面利用 Bowles 和 Boyer（1995）提出的单方程估计法，分别求出劳动收入、资本收入变化对消费、投资需求的效应，最后得出分配格局对两种需求的净效用。

首先，分析收入分配格局的消费需求效应。假设消费函数定义为：

$$C=f\left(W,\ \prod\right) \tag{3-44}$$

其中，W 为劳动收入，$\prod$ 为利润收入，即资本收入，假设收入 Y 不变，由于劳动收入对消费有正向作用、资本收入份额对消费有负向作用，因而对式（3－44）进行全微分处理可得到：

$$dC=\left(\frac{\partial C}{\partial W}-\frac{\partial C}{\partial \prod}\right)\times dW \tag{3-45}$$

$$令,\begin{cases} e_1=\dfrac{\partial C/C}{\partial W/W} \\ e_2=\dfrac{\partial C/C}{\partial \prod/\prod} \end{cases} \tag{3-46}$$

e_1、e_2分别代表消费的工资收入弹性和资本收入弹性。结合 e_1、e_2，令 $h_2=\left(\frac{\partial C}{\partial \Omega}+\frac{\partial I}{\partial \Omega}+\frac{\partial NX}{\partial \Omega}\right)$中的$\frac{\partial NX}{\partial \Omega}=0$，可得到：

$$\frac{\partial(C/Y)}{\partial \Omega}=e_1\cdot\frac{C}{W}-e_2\cdot\frac{C}{\prod} \tag{3-47}$$

由式（3－47）可以得到劳动收入份额变化对消费 C 的影响。

其次，分析收入分配格局的投资效应。假设投资函数如下：

$$I = f\left(W, \prod\right) \tag{3-48}$$

控制收入 Y 不变，对式（3－48）进行微分处理得到以下结果：

$$\frac{\partial(I/Y)}{\partial\Omega} = -\frac{\partial C}{\partial\prod} \tag{3-49}$$

令 $e_3 = \frac{\partial I/I}{\partial\prod/\prod}$，用 e_3 表示投资的资本收入弹性，将 e_3 代入式（3－49），得到：

$$\frac{\partial(I/Y)}{\partial\Omega} = -e_3 \cdot \frac{I}{\prod} \tag{3-50}$$

由此可以得到劳动报酬变化对投资需求的影响。

（四）收入分配格局对经济结构的影响

经济增长不仅是总量的增加过程，更重要的是经济结构不断优化和升级的过程。没有结构的优化升级，经济增长质量和效率提升很难有可持续性。随着收入分配格局的变动，消费结构、投资结构、产业结构等重要的经济结构将随之发生变化，合理的分配格局有助于形成良好的经济结构，反之，失衡的分配格局将导致畸形的经济结构。

1. 收入分配格局对消费结构的影响

国民收入在家庭和企业之间的分配比例影响该国的消费结构。凯恩斯的消费理论认为消费随着收入的增加而增加，但是没有收入增加的幅度大，该定理只关注收入总量与消费总量的变动关系，没有指出收入分配与消费结构的关系；而经济学家恩格尔的研究恰好弥补了这一不足，恩格尔定理指出，在一个家庭或国家中，食品的消费支出占收入的比重随着收入的增加而减少。恩格尔定理指出了收入分配结构对消费结构的影响，收入水平的增长对消费总量、消费结构会产生重要影响。不同商品的恩格尔曲线形状不同，生活必需品随着家庭收入增加而增加，但是没有收入增加速度快，因而该类型产品的恩格尔曲线切线斜率为正且递减；而高档消费品或奢侈品的消费支出速度要高于家庭收入的增加速度，高档商品的恩格尔曲线切线斜率为正且是递增的；第三类是低档商品，随着收入的增加对该种商品的需求是递减的，故低档商品的恩格尔曲线的形状是向下弯曲的。如图 3－12 所示，高档商品、生活必需品、低档商品的恩格尔曲线分别为 a、b、c。

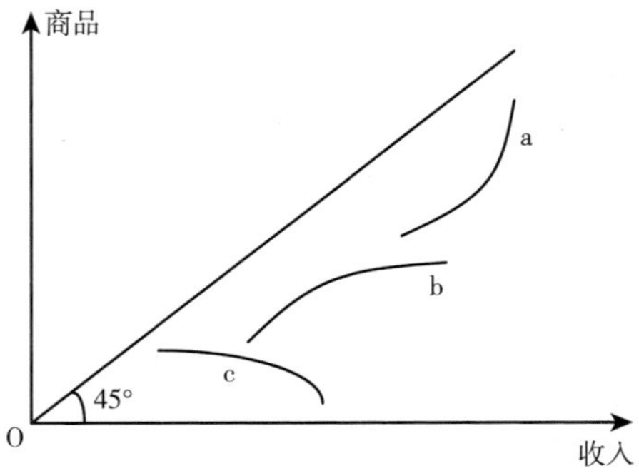

图 3－12　收入变化对消费结构的影响

如果一个国家家庭收入比重较低，表明该国居民平均收入水平较低，因而主要消费支出为食品、服装等生活必需品，用于高档商品的消费比重很低，与此需求结构对应的产业结构就处于中低端，高档商品由于市场需求量很小，国内厂商难以获得足够的利润支撑高档商品的设计、研发和生产，因而这些少量高档商品只有通过进口来满足需求。反之，如果家庭收入占国民收入比重较高，意味着有相当数量的家庭具备消费高档商品的能力，相应地就会较少对生活必需品和低档商品的需求，这样低端商品、生活必需品和高档商品都有相当规模的市场需求，该国的产业结构就比较合理，并且随着人们收入的增加，以前的高档商品在当前表现为普通商品，人们会追求更加高档的商品，这样刺激产业结构不断优化升级。

2. 收入分配格局对投资结构的影响

从国民收入分配来看，国民收入表现为家庭、企业和政府之间的分配比重，三者的收入比重此消彼长，影响投资、消费、储蓄等重要的经济行为。在收入分配格局正常情况下，市场经济的储蓄和消费主体是家庭，企业是投资主体，政府提供公共产品，三个经济主体的功能互为补充、互为供求、协同推动经济增长。如果三者的比重出现长期失衡现象，如家庭收入格局长期偏低而政府和企业收入偏高，就会出现“政府消费代替家庭消费”“政府投资代替企业投资”的越俎代庖行为；在其他条件不变当前情况下，居民收入偏低导致消费需求不足，引发企业产品积压、通货紧缩、就业率下降等经济问题，为稳定经济形势提升国内需求，政府会实施宽松的货币财政政策，甚至直接通过扩大政府消费和政府投资等行为，代替私人消费和企业投资，但是政府的投资一般偏向于基础设施和固定资产投资，很难产生基于市场机制的私人产业投资效应，只会拉动与之相关的第二产业部门增长，虽然短时期也会拉动经济增长，但是不利于经济结构的优化和投资效率的提高。

劳动收入和资本收入比重同样对投资结构产生影响。一般地，劳动收入的消费倾向较高而资本收入的储蓄倾向较高，资本储蓄为投资提供了经济基础。如果收入分配偏向于资本，资本本性是通过承担一定的投资风险追逐高额利润的，因而高比重的资本收入必然会找出投资出口释放投资冲动，一方面投资实体经济，在劳动收入较低的情况下，实体经济的扩张很可能导致产能过剩，国内市场无法消除的产能只能通过出口转移到国外，增加对国际市场的依赖；另一方面投资于虚拟经济，如投资资本市场、金融衍生品市场、房地产市场等，使资本市场和房地产市场价格短期内暴涨，造成巨大的经济泡沫，加大了发生金融风险和经济危机的概率。总之，过剩的资本就像一只脱缰的野马，会冲向一切可能获得高额回报的市场，对经济稳定造成巨大冲击，是经济潜在风险的重要源头。

3. 收入分配格局对产业结构的影响

家庭收入和企业收入格局应该保持合理的比例，使需求和供给能够保持总量上平衡、结构上匹配。合理的分配结构和消费结构有助于形成合理的产业结构。劳动收入和家庭收入保持适当的增长有助于产业结构升级，使产业顺利实现从低级产业到高级产业转换，新兴产业也会不被创造出来。现代社会的主导产业从第一产业转向第二产业再转向第三产业是经济发展的规律，有些国家三次产业转换的比较顺利，而另一些国家却问题重重。影响三次产业转换的因素很多，收入分配情况就是很重要的因素。美国、日本、欧洲等发达国家在发展过程中一度比较重视提高居民收入，形成了比较合理的产业结构，实现了产业的高端化；而巴西、阿根廷、墨西哥等进入中等收入国家以后，由于收入差距扩大，造成内需增长乏力，经济结构、产业结构升级停滞，没有跨过中等收入“陷阱”。

收入分配对产业结构的变动具有很强的影响，首先，收入分配会通过影响消费来作用于产业结构，收入分配通过影响消费品种和消费水平，引发产品结构和产业结构相应调整，人们对消费品种类和产品质量的消费支出变化，会引起相应产业的收缩和扩张，直接决定着产业的种类、规模及其变化，影响着产业结构的状况及其变动。随着人们收入水平的提高，温饱问题解决以后，对农产品需求的将减少，而增加对工业用品特别是耐用品的消费，引发产业结构从第一产业向第二产业转换。收入持续提高，人们会增加对享受型产品和服务的需求，第三产业就会顺势发展起来，它占 GDP 的比重逐渐会超过第二产业。如果劳动收入与家庭收入能随经济发展同步提高，社会将形成橄榄型收入分配结构，收入差距较小，产业结构升级就比较顺利，收入分配过度向资本或企业倾斜，这样尽管有利于企业扩大投资规模和研发新产品，但是由于大多数家庭收入较低，他们的消费必然是生活必需品，没有能力消费新产品，导致产品的供需结构性失衡，长远看不利于产业升级。其次，收入分配通过要素供给影响产业结构。[①] 收入分配在行业、部门的差距决定着劳动、资本等要素供给的流向。一般来说，先进产业的利润率高，要素投入的边际报酬相应较高，而落后产业的要素的比较报酬较低，这样引起要素从低端产业流向高端产业，高端产业的产量持续提高，直到报酬率降低到社会平均水平。当然，如果收入分配格局失衡，产业发展就会畸形发展，如当前我国的资本收入比重很高，它们流向收益很高的房地产和金融领域，导致我国产业发展的“脱实向虚”问题严重，房地产行业一枝独秀制约了实体经济发展，占用了大量的资源，不利于其他产业特别是高新技术产业的发展。

① 殷凤、陈宪：《中国收入分配差距与产业结构转型》，《上海大学学报》，2013 年第 7 期。

第四章

我国国民收入分配格局的演变与测算

中华人民共和国成立至今70年的历史可以分为两个大的阶段，第一阶段是中华人民共和国成立至1978年的计划经济时期，第二阶段是1978年改革开放至今的市场经济时期。由于发展阶段、经济体制、国内外形势等诸多方面在这两个阶段的表现根本性不同，我国实施不同的经济发展政策和收入分配政策，因而这两个阶段的国民收入分配格局有显著性区别。本章使用不同的方法测算我国要素收入分配格局和主体收入分配格局，以历史发展视角呈现不同阶段收入分配格局的主要特征和形成原因，从总体上把握我国收入分配格局的演化过程，为第五章实证分析我国收入分配格局变化的经济效应奠定基础。

第一节 我国国民收入分配制度的演变

中华人民共和国成立以后，我国的经济体制经历了从传统计划经济体制到“双轨制”再到社会主义市场经济体制转变，与之相应的收入分配制度从平均主义分配体制到按劳分配为主体多种分配方式共存的分配体制转变；分配理念也发生了巨大变化，从绝对“平均主义”到“效率优先”再到“效率优先、兼顾公平”的转变，然而收入差距不断扩大造成巨大的负面影响，党和国家及时调整了收入分配制度，分配理念转变为“更加注重社会公平”的共享发展理念，让改革发展成果更多更公平惠及全体人民，朝着实现全体人民共同富裕不断迈进。[①]

一、计划经济体制下的收入分配制度演变

中华人民共和国成立后走上了社会主义道路。1949～1952年，没收官僚资本、壮大国营经济，进行土地改革、消灭了封建土地私有制，发展农民个体所有制，实行多种所有制并存的经济体制，实行了“公私兼顾、劳资两得”“低工资、高就业”和“劳动致富”的收入分配政策。1953～1956年实施“过渡时期总路线”，我国经济过渡到高度集中的计划经济和单一的公有制经济。城市经济建立了以国营经济、集体经济为主的全民所有制，城镇居民实行按劳分配的分配制度；农村经济经过合作化和人民公社运动以后，形成了“三级所有、队为基础”的集体所有制，农民实行按劳分配兼顾平等的分配体制。[②]

1. 城镇居民的分配制度

中华人民共和国成立初期，为了保持社会稳定，对于国民党时期的官吏、职员、企业员工采取“包下来”政策，实行“三个人的饭五个人吃”的办法，对于大中专院校和转业军人实行统一分配政策。1957年国务院政策规定国家机关和企事业单位的编余人员，应该想法在机关、企事业单位内部调剂或组织学习，不得任意辞退，城市职工统一分配，“端铁饭碗”的就业制度确立下来。

1956年，国家对企业、事业和国家机关的工资实行统一改革，取消此前实行的“工分制”和物价补贴，全部采用货币计量的工资制；按照技术、职责、行业和地区四个基本要素建立按劳分配制度，工资分配形式转变为单一工资制，实行全国统一的工资制度。改革后的工资制度和薪资水平由国家统一制定，同行业工资水平全国基本一致，不同行业、不同岗位和不同地区的工资略有不同，表现出高度平均主义的特征。国家机关和事业单位工作人员实行职务等级工作制，机关工作人员工资分三十个工资等级；企业工人实行八级工资制，推广和改进了

① 习近平：《决胜全面建成小康社会　夺取新时代中国特色社会主义伟大胜利》，人民出版社2017年版，第36页。

② 武力、温锐：《新中国收入分配制度的演变及绩效分析》，《当代中国史研究》，2006年第4期。

计件工资制，改进了奖金和津贴制度。[1] 除了工资以外，城镇居民还有隐形的福利待遇，如国家提供住房、享受公费医疗等福利。

2. 农村居民的分配制度

在改革开放以前的29年里，农村居民的分配制度改革发生了四次剧烈的变动。第一次是中华人民共和国成立初期通过土地改革农民拥有自己的土地，改善了生产和生活条件，减少了收入差距；第二次是1953～1956年的农业社会主义改造运动，农业由农民个体家庭经营转变为生产资料集体所有、集体生产经营、按劳分配的农业高级社；第三次是人民公社运动，1958～1960年由农业高级社转向“一大二公”的人民公社，人民公社不仅实现全部生产资料公有制，部分消费资料也实现公有制，办起了集体食堂、托儿所等，实现了低水平的按需分配；第四次是1961年开始的人民公社调整，“一大二公”的人民公社调整为“三级所有、队为基础”的经营体制，取消了集体食堂，恢复了农民自留地和家庭副业。此后直到改革开放以前这种“政社合一”、集体生产经营、按劳分配的人民公社体制基本稳定。人民公社制度、城乡户籍制度、统收统购制度等结合在一起把农民紧紧地束缚在农村。农村分配制度虽然也与城镇分配制度一样保持单一、固定、低水平的平均主义特点，但是农民没有工资收入，只在生产队劳动拿工分，收入比城镇居民还要平均，并且国家不给农民提供生活补贴、社会福利保障，农民的生活水平和收入水平长期维持在很低的水平。国家通过工农产品价格的“剪刀差”将大量资源输送到城市，农民为国家发展做出了巨大牺牲。

二、改革开放以来的收入分配制度演变

1. 改革开放初期至20世纪90年代中期：按劳分配为主体其他分配方式为补充的分配制度

1978年改革开放实际上是从改革收入分配制度、调整利益关系开始的。党中央深刻认识到计划经济下分配上实行高度平均主义的危害，认为改革首先要打

① 李唯一：《中国工资制度》，中国劳动出版社1991年版，第33－37页。

破收入分配上的“大锅饭”。邓小平在1978年中央工作会议闭幕会上的讲话中指出：“不讲多劳多得，不重视物质利益，对少数先进分子可以，对广大群众不行，一段时间可以，长期不行……，如果只讲牺牲精神，不讲物质利益，那就是唯心论”，在经济政策上“要允许一部分地区、一部分企业、一部分工人农民，由于辛勤努力成绩大而收入先多起来，生活先好起来。”[①] 党的十一届三中全会要求各级经济组织必须认真执行按劳分配的社会主义原则，按照劳动的数量和质量计算报酬，克服平均主义。这些表明党中央深刻反思了平均主义的分配制度，科学地认识了按劳分配原则，认为按劳分配不是平均分配，按劳分配恰恰是承认一定程度的收入差距的。

收入分配改革是从农村开始突破的。农村实行家庭联产承包责任制为基础的统分结合的双重经营体制，取消收入工分制，彻底打破平均主义，农民种地收入“交够国家的，留足集体的，剩下都是自己的”，这样大大挖掘了农业的生产潜力，提高了农民耕种积极性，农民收入水平快速提高，国家粮食产量连创新高。1978～1984年，农业总增长率和年均增长率分别为42.23%、6.05%，是中华人民共和国成立以来农业增长最快的时期。同期农民人均收入年均增长率高达16%，高于GDP增长率6.4个百分点，城乡收入差距迅速缩小，城乡人均收入之比从1978年的2.58下降到1985年的1.86。[②] 20世纪80年代中期以后由于农产品价格持续下降，乡镇企业效益降低，各种名目的税费负担加重，物价持续上升，农民收入增速大幅下降，1994年城乡人均收入之比增加到2.86，超过了1978年的差距。

1984年，我国经济体制改革重心由农村转移到了城市，城市经济体制改革的中心环节是增强企业活力。十二届三中全会指出企业活力的源泉在于脑力劳动和体力劳动者的积极性、智慧和创造力，人人的工作成果同他的社会荣誉和物质利益紧密相连。为此，企业建立了以承包制为主的多种形式的经济责任制，认真贯彻按劳分配原则，企业职工奖金由企业根据经营情况自行决定；国家机关和事

① 《十一届三中全会以来党和国家重要文献选编》，中央党校出版社2015年版，第4－8页。

② 武力、温锐：《新中国收入分配制度的演变及绩效分析》，《当代中国史研究》，2006年第4期。

业单位工资改革的原则是责任与收入相匹配。[①] 20世纪80年代中期以来，乡镇企业、民营企业和外资企业蓬勃发展，这些企业采用承包、租赁等多种经营方式，经营收益按照按资产和劳动力价值等多种形式分配。

在分配理论方面，1987年召开的党的十三大会议指出，分配方式上“我们的原则是以按劳分配为主体，其他分配方式为补充，……，合理拉开收入差距，又要防止贫富悬殊，坚持共同富裕的方向，在促进效率提高的前提下体现社会公平。”[②] 我国收入分配初步形成了按劳分配为主、多种方式共存的制度，除了劳动收入以外，经营收入、股票分红等资本收入都得到允许。1993年11月党的十四届三中决定建立社会主义市场经济体制，收入分配原则进一步表述为“坚持按劳分配、多种方式并存的制度，体现效率优先、兼顾公平的原则。”[③] 这次收入分配制度改革实际上是国家、企业和个人利益关系的调整过程，改变过去生产剩余多数由国家所得的不合理格局，降低国家所得、提高企业和个人所得，让企业和个人更多地分享生产剩余，激励微观主体增加投入，提高生产效率。这个时期，国家收入下降明显，企业收入和个人收入比重有较大提高。

2. 20世纪90年代中期到2005年左右：按劳分配为主体、多种分配方式并存的分配制度，确立生产要素按贡献参与分配的原则

20世纪90年代中期以前国家的分配政策是按劳分配为主，强调每个劳动者个人向社会提供的劳动量是收入分配的唯一依据和尺度。随着市场经济体制建立，理论界和实际工作部门对收入分配制度进一步探索，开始出现了不同的认识，认为市场经济体制除了按劳分配以外，还应该提倡按生产要素贡献参与分配。这些认识影响并改变了党的分配政策和分配理念，1997年党的十五大提出了“把按劳分配与按生产要素分配结合起来……，允许和鼓励资本、技术等生产要素参与收益分配”；2002年党的十六大指出要进一步改革收入分配制度，调整国家、企业和个人的分配关系，“确立劳动、资本、技术和管理等生产要素参与分配的原则”，并强调初次分配注重效率、再分配注重公平方针。按照生产要素

① 《十一届三中全会以来党和国家重要文献选编》，中央党校出版社2015年版，第137－145页。
② 《十一届三中全会以来党和国家重要文献选编》，中央党校出版社2015年版，第165页。
③ 《十一届三中全会以来党和国家重要文献选编》，中央党校出版社2015年版，第226页。

分配原则是我国收入分配制度重大突破，改变了社会主义国家只能实行按劳分配的固有认识。

这个阶段我国经济形势发生了巨大变化，一是商品生产从卖方市场向买方市场的转变，经济增长开始由过去的供给约束型向需求约束型转变；二是人们基本温饱问题已经解决，收入差距开始拉大。20 世纪 90 年代中后期，国家对规模庞大、运行效率低下的国有企业进行改革，改革的目的是建立现代企业制度，提高国有企业的效率，改革造成了城镇失业人口大量增加。同时，国家不再承担个人的养老、住房、教育、医疗等福利保障，这些支出开始由个人来承担，城市居民消费能力下降。由于经济处于转轨期，一些人利用“双轨制”的制度漏洞获得大量隐形收入和非法收入而爆发起来；按要素分配参与分配的范围和程度不断提高，物质资本、人力资本、管理、技术等因素在分配中的作用凸显，国有企业由国家制定和管理的工资性标准被打破，垄断行业的工资与普通国有企事业单位的工资越拉越大；与 80 年代相比，90 年中期以后农村剩余人口和资金大量流向城市，过去以农副产品为主“剪刀差”流动转变为以人力、土地、资本为主的资源流动，农村资源进一步流向城市。农民与市民“同工不同酬”问题严重，农民工在劳动力市场上的弱势地位导致工资长期处于较低水平，城乡收入差距急剧增大，到 2005 年城乡人均收入之比上升到 3.22。

3. 党的十七大以来的分配制度：坚持按劳分配原则，完善按要素分配的体制机制，形成合理有序的分配格局

随着市场化分配方式的程度加深，收入分配差距更加明显、收入分配格局失衡愈加突出。城乡之间、区域之间、行业之间收入差距达到了前所未有的程度，收入差距在全球范围处于前列，这引起了理论界的高度关注，普遍认为应该把公平分配问题提上议事日程，这对国家的分配政策产生重要影响，党中央的收入分配理念开始发生重大转变。党的十七大之前一直强调分配效率，发挥分配在生产经营中的激励作用，对收入公平的重视不够。从党的十七大开始，我国收入分配制度开始更加重视社会公平问题，提出初次分配和再分配都要处理好效率和公平的关系，再分配更加注重公平。针对居民收入增长缓慢的问题，党的十七大报告提出要逐步提高居民收入在国民收入分配中的比重，提高

劳动报酬在初次分配中的比重。[①] 党的十八大进一步提出居民收入增加的“两个同步、两个提高”，即“居民收入增长和经济发展同步、劳动报酬增长和劳动生产率提高同步，提高居民收入在国民收入分配中的比重，提高劳动报酬在初次分配中的比重。”[②] 党的十九大报告表达了同样的思想：在经济增长的同时实现居民收入同步增长、在劳动生产率提高的同时实现劳动报酬同步提高。党的十七大以来，国家更加重视提高农民收入，2006 年以后国家免征延续千年的农业税，加大了支农惠农力度，健全土地流转制度，多渠道解决农民进城就业问题，建立了农民社会保障制度，完善城乡一体化的体制机制，经过 10 多年的收入分配制度调整，城乡居民收入差距扩大的势头得到遏制并开始逐渐下降，2016 年城乡人均收入之比下降到 2.72。

针对收入分配领域存在的种种不合理甚至不合法现象，十八届三中全会提出要形成合理有效的收入分配格局，保护合法收入、调节过高收入、取缔非法收入，扩大中等收入者比重，逐渐形成橄榄型的分配格局；同时强调政府在调整收入分配格局中的重要作用，指出政府要完善以税收、社会保障、转移支付为主要手段的再分配调节机制，加大税收调节力度。在收入分配问题上，党的十九大进一步提出要构建和谐劳动关系，政府要履行好再分配的调节职能，加快推进基本公共服务均等化，缩小收入分配差距。应该说收入理念的转变和收入分配政策的调整朝着向更加公平、更加合理的方向不断迈进，为构建和谐社会、实行科学发展奠定了重要的基础。

第二节

国民收入分配格局的测算方法

本书主要关注国民收入分配格局，包括要素收入分配格局即劳动收入与资本收入格局，以及主体分配格局，即家庭、企业和政府三者的收入格局。本书要测算收入分配格局的时间序列为 1952～1978 年、1978～2016 年两个历史时期数据，

① 《十一届三中全会以来党和国家重要文献选编》，中央党校出版社 2015 年版，第 460 页。

② 《十一届三中全会以来党和国家重要文献选编》，中央党校出版社 2015 年版，第 590 页。

对应改革开放以前和改革开放以后两个历史时期，研究这两个时期收入分配格局的变化趋势和特征，勾画出我国国民收入分配格局的历史变化过程。

一、国民收入分配的统计处理

劳动收入是劳动者提供劳动力的报酬，资本收入是资本所有者提供资本的报酬。劳动收入和资本收入从概念上看似容易区分，但在统计上要区分它们却不是那么清晰。按照联合国国民账户系统（SNA），生产过程中形成的增加值包括雇员报酬、生产税净额、营业盈余和混合收入；营业盈余包含企业固定资产消费，使用资金、土地等所支付的利息、租金和其他财产性收入，混合收入相当于自雇佣者的自营收入。因此，理论上劳动收入相当于雇员报酬和自营收入中的劳动所得之和，资本收入等于营业盈余和混合收入中的资本所得之和。Gomme 和 Rupert（2004）将增加值划分为四类：一是劳动者收入，包括工资、奖金和福利等收入；二是资本的收入，包括公司利润、租金收入、利息收入和折旧；三是政府收入，即生产税净额；四是个体经济收入。这里涉及两个难题：一是如何处理个体经济收入，它既包括劳动收入又包括资本收入，很难将它们截然区分；二是如何处理政府收入，政府收入包括工资、薪金和固定资产消费，几乎没有资本收入，如果将它列入劳动收入，则可能会高估劳动收入份额。

不仅宏观层面劳动收入和资本收入难以区分，甚至微观的企业部门中两种界限也是不明确的。Krueger（1999）认为现代企业的职业经理人，不仅工资收入丰厚，而且很多享受企业的股权激励，因此高级职业经理人的收入是劳动收入还是资本收入也存在争议；同时他还认为劳动者报酬中很大一部分是人力资本收入，这种收入是资本收入还是劳动收入同样存在争议。对于自雇佣劳动者，包括农民、个体经营者、私营企业主等，他们拥有一定数量的资本，因此其收入中同时包含劳动收入和资本收入，在统计实践中很难对他们的收入严格区分为劳动收入和资本收入，当劳动力市场从自雇佣劳动者为主转变到被他人雇佣时，即使他们的实际收入没变，但收入性质发生了变化。有研究表明，当农业部门的劳动力转移到非农业部门时，自雇佣劳动者在劳动力市场的比重减少，劳动收入份额随着增加（Johnson，1954；Phillips，1960；Grant，1963）。

按收入法的国民收入统计中，国民经济的增加值划分为劳动者报酬、生产税净额、固定资产折旧和营业盈余四类，不单独列出自营收入。劳动收入大致相当于劳动者报酬，政府收入是生产税净额，资本收入是固定资产折旧和营业盈余，这样可以明确劳动收入、政府收入和资本收入内涵。但政府收入既不是劳动收入也不是资本收入，如何处理政府收入对于劳动收入和资本收入比重影响较大。另外，对于个体从业者的收入，国家统计局在2004年前后的处理并不一致，2004年以前，根据《中国国民经济核算体系2002》中规定“个体劳动者通过生产经营获得的纯收入，全部视为劳动者报酬”，但是根据此后国家统计局《中国经济普查统计年度国内生产总值核算方法》中规定“对于个体经济来说，业主的劳动报酬和经营利润不宜区分，这两部分视为营业利润，”[①] 所以统计核算中个体经济收入在2004年以前被视为劳动收入，而此后被视为资本收入，这样的核算变化对劳资收入份额计算产生一定的影响。

家庭收入、政府收入和企业收入是经济主体收入的三种类型，家庭收入主要包括工资收入，但是现代家庭还有一些投资（财产）收入，这部分收入是资本收入，还有政府的转移支付收入；个体经济从业人员收入是经营性收入，因此不同家庭的收入成分也不尽相同。按照收入来源不同，家庭收入包括工资收入、财产收入、转移收入和经营收入四种，对特定的家庭，它的收入包括其中的部分或全部收入。政府收入主要是税收，也有部分财产性收入。企业收入包括营业利润、利息、红利、固定资产折旧等收入。在理论研究中，对这三类收入计算的争论不大。

二、国民收入分配份额的度量方法

（一）劳动收入和资本收入的度量

为了解决劳动收入与资本收入的度量问题，学者们提出了多种解决办法。

① 钱震杰：《中国国民收入的要素分配份额研究》，中国金融出版社2011年版，第65页。

首先，处理生产税净额，将生产税净额看作劳资之间的“楔子”，即，生产税净额既不是劳动收入又不是资本收入。很多学者（如 Gomme and Rupert，2004；罗长远、张军，2009；周明海等，2010）认为生产税净额是中性的，在计算劳动收入占比时应当扣除。具体的计算思路如下：设 Y_L是劳动收入，Y_K是资本收入，Y_T是生产税净额，Y 是总收入，那么劳动收入和资本收入占比分别为：$\alpha_L = \frac{Y_L}{Y - Y_T}$和 $\alpha_K = \frac{Y_K}{Y - Y_T}$。但是也有部分研究者（如白重恩、钱震杰，2010；吕冰洋、郭庆旺 2012）认为税收对要素收入分配的影响不是中性的，有必要区分税前和税后的要素收入。钱震杰（2011）在计算资本收入占比时将生产税净额看成资本收入，因而，含税的资本收入占比定义为：$ktsh = \frac{GDP - 劳动者报酬}{GDP} = \frac{折旧 + 营业盈余 + 生产税金额}{GDP}$，不含税的资本收入份额为表达式为：$ksh = \frac{GDP - 生产税净额 - 劳动者报酬}{GDP - 生产税净额} = \frac{折旧 + 营业盈余}{GDP - 生产税净额}$。白重恩、钱震杰（2010）分析表明税负水平对劳动收入份额的影响显著为负，按要素成本法，税率上升 1 个百分点，劳动收入份额就降低约 0.8%。吕冰洋、郭庆旺（2012）的分析认为 1994 年分税制影响了要素收入份额，对劳动收入份额的影响在 0 ~ 5% 左右，对资本收入份额的影响在 2% ~ 14%。

其次，对个体经济收入的处理。第一种方法是经验法，这种方法来自发达国家，如美国的劳动收入比重一直稳定在 65% ~ 70%，因而将个体经济的收入中 2/3 划归劳动收入，其余 1/3 为资本收入。这种方法优点是方便易行，但是没有充分考虑个体经济劳动与资本收入比重在不同时间、不同地区是不同的，因而准确性相对较低。第二种方法是假设个体经济与其他经济具有相同的劳动收入占比，因而只要弄清其他经济中明确为劳动收入 Y_{UL}和资本收入 Y_{UK}的数值，整体经济的劳动收入比重表达式为：$\alpha_L = \frac{Y_{UL}}{Y_{UL} + Y_{UK}}$，但是这种方法隐含假设各经济部门具有同质性，但是事实各部门的规模和结构不尽相同，劳资收入比重也不相同。另外，个体经济一般集中在劳动密集型行业中，使用这种方法计算劳动收入比重有可能被低估。第三种方法比较简单，由于个体经济通常是劳动密集型的行业，因而可以将个体经济的收入 Y_A 与明确为劳动收入的加总起来作为总劳动收入，于是劳动收入比重计算公式为：$\partial_L = \frac{Y_{UL} + Y_A}{Y - Y_T}$，由于个体收入也有资本收入，因而这种算法可能高估劳动收入比重。

国内学者对个体经济收入研究代表性的有白重恩、钱震杰（2009）和周明海（2011）等。由于国家统计局对个体从业者的收入在 2004 年前后的处理并不一致，2004 年之前将其视为劳动收入，之后视为资本收入，统计口径变化的结果使 2004 年的劳动收入份额显著低于 2003 年，高估劳动收入份额的下降幅度。为了前后有统一的口径作比较，白重恩、钱震杰（2009）[①] 做了以下调整，根据《中国经济年鉴》（国家统计局，2006）公布的 2004 年分行业的从业人员、雇员报酬、固定资产原价、营业收入和营业支出数据，用固定资产原价乘以 0.05 得到固定资产折旧，然后用营业收入减去营业支出和固定资产折旧，得到 2004 年个体经济的营业盈余，加到 2004 年的劳动报酬上，就可以计算出包含个体经济收入的全国劳动报酬，根据此方法计算，发现全国劳动收入份额因统计方法改变降低了 6.3 个百分点。但是这种做法也存在缺点，我国对于在非经济普查年份的统计年鉴中，只给出总体营业盈余，并没有单独列出个体经济的营业盈余，因而难以计算出这些年份的劳动收入份额。

周明海（2011）[②] 根据个体经济就业数据并用两种方法对此进行调整：第一，采用 Gollin（2002）和 Ruiz（2005）的方法，利用就业数据处理劳动者报酬中属于个体收入的部分。假设个体经济从业人员与其他从业人员的劳动者报酬相同，将明确归属劳动者收入除以非个体经济就业数量得到平均劳动者报酬，将平均劳动者报酬乘以总劳动就业人员数量，得到了包括个人就业人员在内的所有就业者的劳动收入报酬。令个体就业人数为 L_A，总就业人数为 L，于是修正后的劳动收入比重测算公式为：$\alpha_L = \frac{Y_{UL} \times \frac{L}{(L - L_A)}}{Y - Y_T}$。第二，利用 Bernanke 和 Gurkaynak

① 白重恩、钱震杰：《国民收入的要素分配：统计数据背后的故事》，《经济研究》，2009 年第 3 期。

② 周明海：《中国劳动收入份额变动的测度与机理分析》[D]，浙江大学博士论文，2011，第 46－47 页。

（2001）的方法，假设所有经济体的单位资本收入都相同，用全部营业盈余除以全体就业人数得到人均营业盈余，用人均营业盈余乘以个体经济就业人数，就得到个体经济盈余数量，将明确归属于劳动者收入与个体经济盈余相加，就得到包括个体经济就业人数在内的全体就业人数劳动者报酬。设总营业盈余为 Y_O，个体经济就业人数为 L_A 总就业人数为 L，修正后的就业人数为：$\alpha_L = \frac{Y_{UL} + Y_O \times L_A / L}{Y - Y_T}$。据周明海的测算，相比于调整前，这两种方法分别使调整后的劳动收入份额提高 6 ~7 个百分点和 4 ~5 个百分点。

（二）家庭、政府和企业收入的度量

按照国民收入分配流程，收入分配分为初次分配和再次分配两个过程，因而家庭、政府和企业三者收入也分为初次分配收入和再次分配收入两类。国民收入初次分配是对生产成果即增加值分配开始的，政府部门收入是企业以利润和税金的形式上交形成的国家纯收入，即间接税净额；住户（家庭）部门收入是劳动报酬和财产性收入；企业部门收入则是固定资产折旧和企业盈余中扣除上缴利润和税金剩余的部分。各部门收入再加上各自的财产性收入，如利息、红利、地租等后，就形成了政府、住户和企业的初次分配格局。在我国国民经济核算中的资金流量表（实物交易）中，各部门初次分配的测算公式为①：

政府部门初次分配收入 = 政府部门增加值 − 政府部门劳动者报酬 + 政府财政性净收入

住户部门初次分配收入 = 劳动者报酬 + 住户部门增加值 − 住户部门报酬支付 − 住户部门生产税净额 + 居民财产性净收入

企业部门初次分配收入 = 企业部门增加值 − 企业部门劳动者报酬支付 − 企业部门生产税净额 + 企业部门财产性净收入

国民收入再分配格局是在初次分配的基础上，各收入主体之间通过各种渠道

① 国家发改委社会发展研究所课题组：《我国国民收入分配格局的研究》，《经济研究参考》，2012 年第 21 期。

（如税收、转移支付、社会福利等），实现现金或实物转移的一种收入再次调整的过程，也是政府对要素收入进行再次调节的过程。各部门通过多种形式、多个环节从其他部门那里获得转移性收入，同时也要将初次分配的部分收入转移出去，包括所得税、社会保险、社会福利等，两者相抵获得转移性净收入，因而各部门的初次分配收入加上转移性净收入就形成了国民收入的再分配格局，就是各部门的可支配收入比例和结构关系。故各部门再分配的测算公式为：

政府部门可支配收入 = 政府部门初次分配收入 + 政府部门转移支付净收入

住户部门可支配收入 = 住户部门初次分配收入 + 住户部门转移支付净收入

企业部门可支配收入 = 企业部门初次分配收入 + 企业部门转移支付净收入

（三）基础数据来源

钱震杰（2011）总结了我国国民经济核算体系中可以计算要素收入的三个渠道：一是投入产出的使用表，这张表国家统计局仅在逢二、逢七年份编制。二是各省区市国内生产总值收入法数据，《中国统计年鉴》从 1995 年开始提供全国各省区市的按收入法计算的地区生产总值，该值由劳动者报酬、生产税净额、固定资产折旧和营业盈余四个部分组成。此外，可用的资料还有 Hsueh 和 Li（1999）、《中国国内生产总值核算历史资料：1996 ~ 2002 年》《中国国内生产总值核算历史资料：1952 ~ 2004 年》三个数据来源，分别提供 1978 ~ 1995 年、1995 ~ 2002 年、1993 ~ 2004 年这三个时期各省区市收入法的地区生产总值数据；2006 ~ 2017 年《中国统计年鉴》可以查到 2005 ~ 2016 年支出法的地区生产总值数据，因此 1978 ~ 2016 年各省区市的支出法生产总值数据都可以获得。三是国家统计局提供的资金流量表的实物交易部分，该表由非金融企业部门、金融企业部门、政府部门和住户部门四个主体构成，它们创造的增加值，通过不同部门的劳动者报酬、生产税净额、财产收入收支转移以后得到本部门的初次分配总收入，再通过经常性转移以后得到本部门的可支配总收入。目前《中国统计年鉴》已经提供 1992 ~ 2014 年的资金流量表。

本书分析收入分配格局分两个时间跨度：一是 1952 ~ 1978 年改革开放以前的 27 年；二是 1978 年改革开放至 2016 年的 39 年。改革开放以前的数据主要来自《中国国内生产总值核算历史资料：1952～2004年》，1982年、1983年《中国统计年鉴》《新中国60年统计资料汇编》等。改革开放以后的数据主要来自《中国国内生产总值核算历史资料：1952～2004年》《中国经济普查年鉴》以及历年的《中国统计年鉴》等。

第三节 计划经济体制下国民收入分配格局

一、国民收入分配格局测算

中华人民共和国统计数据一般从1952年开始。1952年中共中央提出过渡时期总路线，通过“一化三改造”，1956年实现了从新民主主义到社会主义的伟大变革，中华人民共和国建立了社会主义制度。本书把1952～1978年定义为计划经济体制时期，从所有制上看，该时期的总体特点是国家实行公有制，包括国营经济和集体经济，还有极少量的个体私营经济；从经济运行机制看，国家对经济运行进行强有力的控制，市场在经济运行中作用微乎其微，各个环节如原料采购、生产经营、销售等都由国家职能部门计划调控，企业经营没有自主权；农村走合作化道路，采用集体所有制形式，农民除了少量的自留地以外都在集体经济劳动；从分配制度上实行典型的计划和行政管理的按劳分配体制，国家机关和事业单位的工资水平都是由国家制定标准，企业部门收入同机关事业党委一样没有自主决定权，城镇企事业单位除了工资收入外还有政府补贴收入；农村基层组织劳动采用工分制，具有较城镇更高度的平均分配色彩，但是他们几乎没有政府提供的福利。

（一）劳动收入与资本收入份额的测算方法

计划经济时期经济体制和收入分配制度与改革开放以后差别巨大，也与国际上主要经济体的收入分配特征不同，因而不能简单套用国外主流学术界计算收入分配格局的方法计算我国改革开放以前的收入分配状况，也不能用近年来我国学者测算劳动收入和资本收入方法去计算，必须另辟蹊径来研究这个时期的分配状况，这是其一；其二，从现有的统计资料来看，改革开放以前的统计资料与现在的统计数据无论在科目设置还是在计算口径上都有很大区别，因此造成测算两个时期收入分配格局的方法不容易统一起来；其三，正是由于改革开放以前计划经济体制与现在市场经济体制有天壤之别，故现在我们研究改革开放以前的收入分配格局与现在的收入分配格局作比较，能够反映出体制变革对收入分配的巨大影响。因此，测算出该时期的要素分配格局总体走势和主体分配格局走势，从中分析变化的特征、变化的原因以及造成的经济影响是有意义的工作。

事实上，对于该时期中国要素收入的研究比较少，主要因为相关统计数据的缺失。韩雷（2012）尝试利用支出法倒推出1952~1978年的劳动要素收入，该文推导的劳动收入核算公式为：$L = l + M_1 = C + I_2 + S_2 + S_1 - k - M_k - (g - t)$①，其中L表示劳动收入，它等于居民收入l与混合收入中的劳动收入M_l之和；C为居民消费；I_2固定资产形成总额，该文用农民的住宅投资支出表示；S_1为净储蓄，用城乡储蓄存款余额表示；S_2为存货增加，假设此项为零；k为财产收入，假设此项为零；M_k为混合收入中的资本收入，由相关数据推算得出；t为政府税收；g是抚恤和社会福利支出。鉴于不少指标数据在统计资料中没有提供，作者作了相关处理，最终可以得出L的历年数值，然后除以对应年份的GDP，得出各年的劳动收入份额；用历年的政府税收除以GDP得出政府收入份额；1减去劳动收入份额和政府收入份额得到资本收入份额。该文对改革开放前要素收入份额做了有益的探索，但是也存在一些问题，如该文把要素收入分为劳动、资本和政府三类收入，这种分法不符合一般学者把要素收入分为劳动和资本两类的一贯分法。

关于劳动收入数据，第一，由于现有的改革开放以前的统计资料没有提供收入法的国民生产总值数据，无法获得劳动者报酬数据；第二，鉴于改革开放以前

① 韩雷：《中国劳动收入占比变化的制度解释：1952~2009年》[D]，湘潭大学博士论文，2012年，第23-27页。

的居民收入几乎没有资本收入，如果能计算出历年的居民总收入，可以将其近似看成劳动收入。但是，城镇居民人均可支配收入和农村居民人均纯收入等数据也只有1957年、1964年、1965年、1977年、1978年等几个年份的数据，因而无法推算出各年度全国居民总收入。为了避免数据缺失给研究带来的不便，本书的思路是用可得的连续性指标数据代替劳动收入数据。本书认为改革开放以前我国居民的劳动者报酬可以使用居民消费支出代替，原因分析如下：首先，改革开放以前居民收入可以近似看作劳动收入：第一，城镇居民的工资由国家规定，国家把工资控制在很低水平以积累工业化的资金，城镇居民收入只能维持在较低工资水平，企业利润部分主要用于积累，居民收入中资本收入比重很低；第二，农民居民收入来自工分制，性质为劳动报酬，同样农民收入中的资本收入也很低；第三，该时期我国居民储蓄规模很小，加上我国实行计划经济和公有制经济，没有市场化的投资渠道，利息收入总量很小。其次，居民收入几乎都用来消费，例如，1957年农民人均纯收入为73元，消费支出为70.9元，收入的97.1%用于消费；1965年农民人均纯收入为107.2元，消费支出为95.1元，收入的88.9%由于消费；1978年城镇居民可支配收入为343.4元，消费为311.2元，收入的90.6%用于消费，因此可以比较有把握说改革开放以前全国居民总体平均消费倾向应该高于90%。考虑到居民收入中有少量的资本收入（如个体经营收入、利息收入等），因而居民收入中扣除资本收入以后的劳动收入与消费支出数额更为接近，因而消费支出相当于居民收入，也约等于劳动收入。但是，毕竟居民还是有一些资本收入的，因此这种估算方法可能会低估劳动收入比重，但不会产生太大影响。

综上所述，本书将居民消费代替劳动收入（按照这种方法估计的劳动收入与韩雷（2012）估计的劳动收入数值上非常接近，具体见表4-1），按照通常的做法不含税的劳动收入份额测算公式为：劳动收入份额 $=\frac{\text{劳动收入}}{\text{GDP}-\text{税收}}$，资本收入份额等于1减去劳动收入份额。1982年《中国统计年鉴》中有1952~1978年历年的GDP、税收、居民消费数据，代入公式求得劳动收入和资本收入份额，具体见表4-1。

表 4-1　　1952~1978 年劳动收入份额与资本收入份额测算

年份	GDP（亿元）	税收（亿元）	劳动收入（亿元，本书的测算）	劳动收入（亿元，韩雷的测算①）	劳动收入份额（%）	资本收入份额（%）
1952	679.0	97.69	453	461.19	77.93	22.07
1953	824.2	119.67	529.2	536.35	75.12	24.88
1954	859.4	132.18	550	554.68	75.63	24.37
1955	910.8	127.45	602.6	608.94	76.93	23.07
1956	1029.0	140.88	646.8	654.84	72.83	27.17
1957	1069.3	154.89	686.6	696.58	75.09	24.91
1958	1308.2	187.36	724	746.99	64.59	35.41
1959	1440.4	204.71	691.2	705.09	55.94	44.06
1960	1457.5	203.65	741.7	736.71	59.16	40.84
1961	1220.9	158.76	816.7	801.11	76.89	23.11
1962	1151.2	162.07	838.7	822.01	84.79	15.21
1963	1236.4	164.31	844.2	844.55	78.75	21.25
1964	1455.5	182.00	889.6	888.5	69.85	30.15
1965	1717.2	204.30	951.5	956.46	62.89	37.11
1966	1873.1	221.96	1021.1	1024.11	61.84	38.16
1967	1780.3	196.63	1081.5	1080.11	68.29	31.71
1968	1730.2	191.56	1076.6	1080.53	69.97	30.03
1969	1945.8	235.44	1127.7	1123.8	65.93	34.07
1970	2261.3	281.20	1206.8	1209.1	60.95	39.05
1971	2435.3	312.56	1262	1279.43	59.45	40.55
1972	2530.2	317.02	1334.2	1354.01	60.28	39.72
1973	2733.4	348.95	1432.5	1451.71	60.08	39.92
1974	2803.7	360.40	1467	1486.26	60.04	39.96
1975	3013.1	402.77	1528.5	1541.74	58.56	41.44
1976	2961.5	407.96	1588.5	1621.42	62.21	37.79
1977	3221.1	468.27	1647.8	1697.77	59.86	40.14
1978	3645.2	519.28	1759.1	1793.54	56.27	43.73

资料来源：①韩雷：《中国劳动收入占比变化的制度解释：1952~2009 年》[D]，湘潭大学，2012 年，第 28 页。

（二）主体收入份额的测算方法

对于改革开放以前的三大经济主体收入，本书只测算经过初次分配与再分配以后的可支配收入。家庭部门可支配收入仍然使用居民消费支出替代。政府可支配收入包括税收和企业上缴利润收入，但不包括债务收入和其他收入，1983 年《中国统计年鉴》列出来 1952 ~ 1978 年的财政收入以及按项目分类的财政收入，用财政收入减去债务收入和其他收入就得到了政府可支配收入。用国民生产总值减去家庭支配收入和政府可支配收入，就得到了企业可支配收入，进而可求出三者在总收入中的比重。

二、要素收入分配格局特征

根据表 4 – 1 和图 4 – 1 的要素分配数据和趋势来看，改革开放以前的要素分配格局呈现以下特点：第一，从整体上看，劳动收入比重在逐渐下降趋势，由 1952 年的 77.93% 下降到 1978 年的 56.27%，下降比例超过 20 个百分点，而资本收入比重走势与劳动收入相反，逐渐上升趋势，上升比例超过 20 个百分点；历年的劳动收入比重都大于资本收入比重。本书认为这与改革开放以前我国的收入分配制度产业结构、收入结构和就业结构有密切关系。改革开放以前我国收入分配制度是单一的按劳分配制度，城镇实行工资制、农村实行工分制，由于在当时理论认识上的局限性，我们不承认按生产要素分配，因而资本、技术、管理等要素收入不体现在工资收入中；这个时期第二产业比重平均仅为 36%，第一产业和第三产业之和平均为 64%，第一产业和第三产业几乎都是劳动密集型产业，固定资本投入总量很小；该时期我国城镇化水平很低，劳动就业人员集中在农村，农村就业人员在总就业量比重平均高达 81.7%，农村就业人员主要从事农业生产，他们的收入性质几乎都是劳动收入。随着我国工业化进程推进，第二产业所占比重不断增加，从 1952 年的 20.9% 上升到 1978 年的 47.9%，同时城镇就业人口比重也在缓慢增加，从 11.9% 上升到 23.7%，因此资本收入比重是在不断提高的。

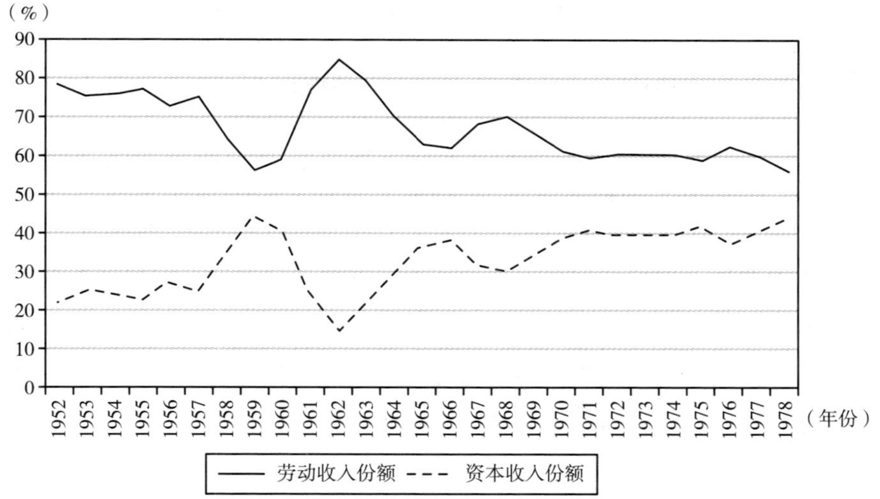

图 4-1　1952~1978 年劳动收入份额与资本收入份额趋势

第二，1957~1966 年劳动收入与资本收入表现出剧烈的波动，中断了 1957 年以前的平缓下降的势头，劳动收入比重最低值出现在 1959 年，仅为 55.94%，而最高值为 1962 年，高达 84.79%。1953~1956 年在过渡时期总路线的指导下，我国经济发展保持了平稳较快速度，经济总量不断增加，经济发展形势比较乐观；我国第一个五年计划也在 1957 年顺利完成，基础建设取得很大成就，社会主义工业基础初步建立，人民生活水平改善明显。① 然而 1957 年开始我国经济建设遭遇了曲折，国民经济发展受到了挫折，这归咎于 1958 年开始的“大跃进”和人民公社运动。由于对经济形势的盲目乐观，党的经济发展指导路线出现失误，改变了“一五”计划以来的平稳发展局面，提出要“大干快上”“多快好省”地建设社会主义，导致资源的极大错配和严重浪费，农村劳动力急剧减少，农业生产受到很大影响；资源集中在钢铁等少数重工业领域，基础建设规模扩大，职工人数增加过多；工业和交通运输业出现了严重的不平衡，工业内部“以钢为纲”结构严重失衡。尽管党和政府采取了一定的调整政策，但是 1959 年“庐山会议”以后新一轮的“大跃进”开始了。1958~1961 年积累和消费严重失

① 上海财大课题组：《中国经济发展史 1949~2005 年》，上海财经大学出版社 2007 年版，第 35-38 页。

衡，平均积累率比“一五”期间高 15%。[①] 生产关系与生产力的矛盾最终导致国家经济严重困难，1961～1963 年连续三年经济总量大幅下降，生产关系的巨大变化也反映在收入分配上，表现为该时期分配格局的巨大波动。

第三，改革开放以前劳动收入平均值与资本收入比重平均值之比为 67∶33，劳动收入比重比改革开放以后要高，而资本收入比重则要低很多。本书认为这是两种不同经济制度、经济机制和分配制度的综合作用造成的，改革开放以后我国实行公有制为主体、其他所有制共同发展的经济制度，市场化机制在资源配置中起主导作用，分配制度也由单一的按劳分配向按劳分配为主体多种分配形式共存转变，导致了改革开放以后不断攀高的资本收入。

三、主体收入分配格局特征

根据表 4－2 和图 4－2 的数据和图形所示，主体收入分配格局呈现以下特征：第一，从总体上看，家庭收入比重在不断下降，从 1952 年的 66.72% 下降到 1978 年的 48.26%；政府收入与企业收入稳重攀升，分别从 22.82%、10.47% 升高到 30.42% 和 21.32%。按照比重从大到小排名分别为家庭收入、政府收入和企业收入，该时期三者的收入占比平均值之比为 58∶28∶14。这个时期的分配关系是典型的收入向政府和企业倾向的分配格局，这种分配格局反映了改革开放之前我国的发展战略取向。中华人民共和国成立以后，国民党政府留给我们的是一个千疮百孔的烂摊子，我国面临十分落后的生产力和庞大的剩余人口，如何使中华人民共和国尽快强大起来，只有走工业化道路，建立完整的工业体系才能使我国生产摆脱处处依赖别国的不利局面，才能建立起社会主义的雄厚经济基础。当时我国处在内部没有资本积累、外部没有资金援助的困境，要发展工业特别是重化工业，必须依靠本国自力更生自我积累。为积累工业化发展的巨额资金，经济上实行计划经济体制，生产、分配、交换、消费等环节都由政府控制，企业和个人没有经营和分配自主权，收入上由国家统一分配，实行低工资、低消费、高储

① 上海财大课题组：《中国经济发展史 1949～2005 年》，上海财经大学出版社 2007 年版，第 43－53 页。

蓄的政策，政府依靠强有力的行政体制，从农村通过工农业产品价格“剪刀差”向工业转移大量资金，从城镇通过低工资政策获得大量生产剩余。因此，在国民收入格局上就表现为居民收入水平很低，收入比重不断减少；政府集中大量资源，通过计划分配到国民经济的各个领域，政府收入比重很高；而企业的基础建设资金、技术改造等资金由政府提供，企业收入要上缴利税收，还要承担的职工福利开支，因此企业的可支配收入比重通常比较低。第二，家庭收入比重和企业收入比重在 1957 年和 1966 年起伏幅度很大，政府收入比重维持在较高水平，原因与该时期要素收入比重波动很大相似，主要是我国在这十年间盲目地推行城市工业的“大跃进”和农村人民公社运动，违背经济发展规律，造成经济增长剧烈震动有关，特别是 1961 ~ 1963 年经济总量大幅下降。在“调整、巩固、充实、提高”八字方针指导下，经济建设开始大规模的调整整顿，压缩了大量的基础建设，关闭了大量的工业企业，全国工业企业总数从 1959 年的 31.84 万家降低到 1963 年 17.02 万家，工业总产值由 1483 亿元下滑到 833 亿元，使这三年企业收入大幅下降，企业收入比重不到 5%。

表 4-2　1952 ~ 1978 年家庭收入、政府收入和企业收入份额测算

年份	GDP（亿元）	家庭可支配收入（亿元）	政府可支配收入（亿元）	企业可支配收入（亿元）	家庭收入比重（%）	政府收入比重（%）	企业收入比重（%）
1952	679.00	453.00	154.94	71.06	66.72	22.82	10.47
1953	824.19	529.20	196.34	98.65	64.21	23.82	11.97
1954	859.38	550.00	231.77	77.61	64.00	26.97	9.03
1955	910.78	602.60	239.37	68.81	66.16	26.28	7.56
1956	1028.98	646.80	275.09	107.09	62.86	26.73	10.41
1957	1069.29	686.60	299.10	83.59	64.21	27.97	7.82
1958	1308.21	724.00	376.52	207.69	55.34	28.78	15.88
1959	1440.36	691.20	484.12	265.04	47.99	33.61	18.40
1960	1457.47	741.70	569.69	146.08	50.89	39.09	10.02
1961	1220.94	816.70	350.46	53.78	66.89	28.70	4.40
1962	1151.24	838.70	308.35	4.19	72.85	26.78	0.36
1963	1236.37	844.20	337.15	55.02	68.28	27.27	4.45

续表

年份	GDP（亿元）	家庭可支配收入（亿元）	政府可支配收入（亿元）	企业可支配收入（亿元）	家庭收入比重（%）	政府收入比重（%）	企业收入比重（%）
1964	1455.54	889.60	395.14	170.80	61.12	27.15	11.73
1965	1717.20	951.50	468.62	297.08	55.41	27.29	17.30
1966	1873.08	1021.10	555.31	296.67	54.51	29.65	15.84
1967	1780.28	1081.50	415.06	283.72	60.75	23.31	15.94
1968	1730.16	1076.60	358.25	295.31	62.23	20.71	17.07
1969	1945.78	1127.70	522.16	295.92	57.96	26.84	15.21
1970	2261.32	1206.80	660.20	394.32	53.37	29.20	17.44
1971	2435.26	1262.00	741.03	432.23	51.82	30.43	17.75
1972	2530.22	1334.20	763.06	432.96	52.73	30.16	17.11
1973	2733.35	1432.50	806.87	493.98	52.41	29.52	18.07
1974	2803.74	1467.00	768.14	568.60	52.32	27.40	20.28
1975	3013.11	1528.50	803.41	681.20	50.73	26.66	22.61
1976	2961.47	1588.50	746.28	626.69	53.64	25.20	21.16
1977	3221.05	1647.80	871.26	701.99	51.16	27.05	21.79
1978	3645.22	1759.10	1108.96	777.16	48.26	30.42	21.32

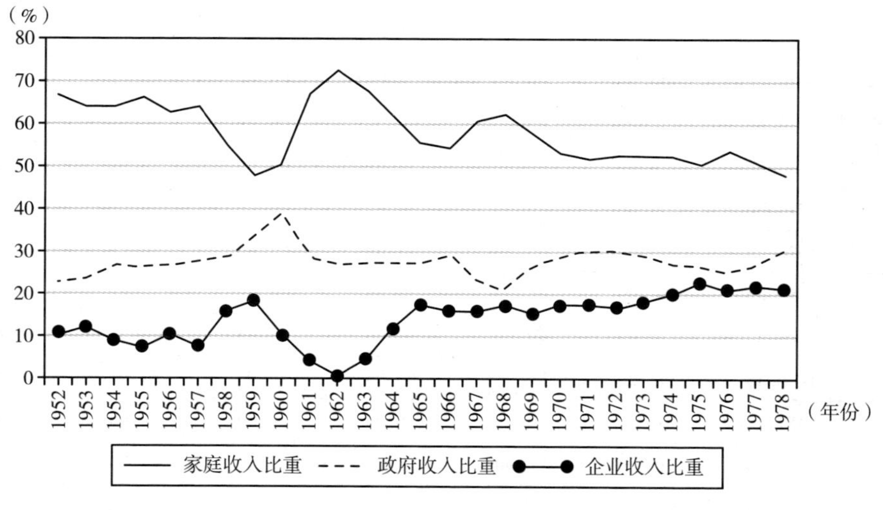

图 4－2　1952～1978 年家庭收入、政府收入和企业收入份额趋势

四、计划体制下收入分配格局的经济效应

1952～1978年，我国实行高度集中的计划经济体制，政府在资源配置中处于决定支配地位，企业和居民没有投资决策权、经营管理权和剩余收益权。党和政府的主要任务是加快工业化进程，希望在最短时间内赶超发达国家，使我国尽快成为社会主义现代化强国。为此，需要有一整套宏观制度设计，包括行政配置资源制度、按劳分配制度、统销统购制度、城乡户籍管理制度、城乡二元制度等，这套制度的最大作用是以行政力量把生产剩余集中在政府手中，满足工业化需要的资本积累。配合工业化积累所实施传统的按劳分配制度是按照集中计划体制所设置的，服从于加速工业化赶超战略需要。这种传统的收入分配体制形成的收入分配格局具有一些独特的功能，对我国建立比较独立和全面系统的国民经济体系作出了贡献。[①]第一，它具有高度集中剩余的功能，为我国工业化提供所需的资本积累。以政府管理为主的单一的按劳分配制度，把家庭的可支配收入限定在基本的消费边界以内，国家几乎将所有生产剩余集中起来，从而可以按照国家发展战略投入增量的收入。由于家庭收入只能维持基本的消费开支，民间储蓄的数量始终很低，国家可以直接控制储蓄率和投资率，从而可以决定国民经济的投资结构和投资总量，使国家可以迅速聚集起工业化所需要的资金，发挥了集中财力办大事的优势，加速了工业化进程。第二，具有结构偏差拉动功能，使中国建立起超前的工业体系。在市场经济体制下收入分配主体由家庭、企业和政府三方，但是在计划经济体制下，企业没有自主权，收入分配主体只有家庭和政府两方，由于家庭收入限定在只能满足基本生活支出的水平上，其消费需求不会冲击国家计划发展的产业，对国民经济的影响也在较小范围内，而国家通过对分配和再分配的干预，利用政府定价作用把各种生产剩余纳入以重化工业和军事化工业为主的工业化进程中来，使中国在人均GDP在100美元时建立起与其他国家1000美元时相近的制造业占工业的比重，在很大程度上归功于这种分配机制的

① 张道根：《中国收入分配制度变迁》，江苏人民出版社1999年版，第68－71页。

偏差拉动功能。

尽管传统的分配体制为我国工业化进程做出了很大贡献，但是随着经济的发展，也暴露出一些严重的弊端，越来越阻碍我国经济的可持续健康发展。第一，这种高度平均的分配制度不能起到按劳分配的激励作用。按照马克思等经典作家的设想，按劳分配并不是平均分配，而是按照提供劳动的数量和质量获取相应报酬，制度本身具有产生收入差距从而具有多劳多得的激励机制，但我国实行的按劳分配制度实际上是高度的平均分配，逐渐形成了“干好干坏一个样”“出工不出力”等现象，实际上是一种负激励作用，无法调动起人们的生产、工作积极性和创造性，经济发展缺少内生动力。第二，把居民收入限制在低水平状态下，使收入的消费功能完全隔离在工业化过程之外，必然导致我国经济增长只能依靠重工业的自我循环来支撑和拉动。[①] 居民低水平的消费无法对产业结构的优化和升级起到促进作用，导致改革开放以前我国的产业结构严重扭曲，轻重工业之间、三次产业之间比重严重失衡，居民基本生活水平长期得不到提高。第三，政府在分配中起主导作用，进而支配了资源配置，企业成为政府的附属物，企业管理人员对投资效率和企业盈亏毫不关心，他们关心的是完成政府指令计划，企业所需资金全部由政府财政无偿调拨，因而企业没有压力和动力提高劳动生产率和产品质量。第四，由于需要强制资本积累，防止高工资和高福利开支，政府通过城乡分割户籍制度、就业制度将农村和城镇阻隔起来，使我国从成立开始就走上了农村和城市各自封闭循环的二元经济发展道路，农村大量的剩余劳动力无法实现就业，造成了劳动力的极大浪费和农业边际生产率下降，农民无法吸收城镇工业化产品，城镇工业在城镇内部封闭运行。城乡分割的二元制度严重地制约了我国的均衡发展。第五，这种分配体制从源头上不鼓励人们对人力资本的投资，由于实现平均分配，每个人的劳动技能、知识水平、能力大小对其收入没有影响，因而人们没有动力也没有意识进行教育投资。另外，由于国家的教育、医疗等供给水平不是个人能够控制的，有钱可能也无法接受更好的教育和医疗服务。最后，较低的收入甚至无法满足日常生活需要，多数人没有能力进行人力资本投资。改革

① 石良平等：《中国国民收入的分配格局》，上海人民出版社 1993 年版，第 101 页。

开放以前我国能够接受高等教育的人凤毛麟角，1952～1978年我国普通高校毕业人数最多年份为20.4万人；1978年各级学校在校学生占全国人数的比重仅为22.28%，大量的文盲半文盲只能从事简单操作劳动，无法满足实现“四个现代化”的人才需要，农村20世纪70年代以前出生的人多数没有接受中学教育，这对我国经济增长影响是长远的。

第四节

市场经济体制下国民收入分配格局

改革开放政策实现了我国经济体制的历史性变革，开启了从计划经济体制向市场经济体制的转变，从有计划的商品经济到市场经济的初步建立，从市场在资源配置中起基础性作用到起决定性作用，市场机制运行从无到有、由浅入深，彻底改变了计划体制下通过指令性命令配置资源的经济体制。经济体制翻天覆地的变化必然引起收入分配制度的深刻变革，新时期的国民收入分配格局与计划体制下的格局发生了显著性变化。改革开放以后国家统计资料口径与改革开放以前不同，因此收入分配格局计算方法与改革开放以前也不同。根据资料的可获得性，本书使用两种方法计算劳动收入与资本收入比重：第一种方法是根据省际GDP收入法测算出1978～2016年的收入分配格局；第二种方法是依据资金流量表（实物交易）数据计算出1992～2015年的收入分配格局。

一、要素收入分配格局的测算及特征

（一）按照省际GDP收入法测算要素收入份额

国家统计局提供了按照收入法计算的所有省区市地区生产总值，并且数据分为劳动者报酬、生产税净额、固定资产折旧和营业盈余四项，其中劳动者报酬劳动收入，固定资本折旧和营业盈余是资本收入，生产税净额既不是劳动收入又不是资本收入，它是劳动和资本之间的“楔子”。《中国国内生产总值核算历史资料》（1952～1995年，1996～2002年，1952～2004年）提供了1978～2003年的

省级数据，2004～2017 年《中国统计年鉴》给出了除了 2008 年和 2013 年以外的省级数据，2008 年和 2013 年数据国家统计局没有提供，为了统计的连续性，我们用 2007 年和 2009 年两年数据的平均值当作 2008 年的数值，同样，用 2012 年和 2014 年数据的平均值作为 2013 年的数据，所有省级数据加总可以获得全国数据（见表 4－3），这样可以根据公式 $\alpha_L = \frac{劳动者报酬}{国内生产总值 - 生产税净额}$ 计算出为调整前的劳动收入比重。但这里需要解决的是个体经济收入归属问题，个体经济收入总体上属于营业盈余，本书前面的分析已经提及，国家统计局 2004 年以前把个体经济收入统计为劳动收入，2004 年以后统计为资本收入，因此为了前后比较的一致性，需要把个体经济的收入统计口径进行调整。本书调整的方法采用周明海（2011）年使用的两种方法：第一种调整方法公式劳动收入比重为 $\alpha_L = \frac{Y_{UL} \times \frac{L}{(L - L_A)}}{Y - Y_T}$，第二种调整方法劳动比重为 $\alpha_L = \frac{Y_{UL} + Y_O \times L_A / L}{Y - Y_T}$（详细过程请看本书前面的分析）。本书只计算扣除生产税净额意外的劳动收入与资本收入比重，由于资本收入比重是 1 减去劳动收入比重，只要劳动收入比重确定了，资本收入比重也就明确了，因此本书只给出 1978～2016 年劳动收入比重 α_L，具体数据见表 4－4。

表 4－3　　省际收入法计算的全国数据　　单位：亿元

年份	国内生产总值	劳动者报酬	生产税净额	固定资产折旧	营业盈余
1978	3446.76	1714.82	440.93	334.19	952.06
1979	3926.36	2022.06	479.03	377.25	1042.91
1980	4382.06	2244.05	530.09	428.68	1168.52
1981	4771.93	2520.61	567.05	475.45	1199.44
1982	5305.37	2848.61	615.53	530.99	1297.08
1983	5944.71	3195.48	687.80	602.25	1453.59
1984	7090.84	3813.75	835.69	709.30	1743.50
1985	8577.37	4537.50	1032.07	853.21	2163.66
1986	9660.45	5076.30	1201.06	1007.95	2331.62
1987	11399.17	5929.85	1422.45	1224.98	2829.04

续表

年份	国内生产总值	劳动者报酬	生产税净额	固定资产折旧	营业盈余
1988	14288.51	7442.09	1879.20	1535.29	3552.17
1989	16296.62	7970.61	2165.62	1842.77	3915.54
1990	18357.20	9806.27	2396.95	2142.84	3915.82
1991	21143.01	11027.82	2805.25	2606.08	4595.01
1992	25892.32	12970.50	3462.89	3331.73	5832.88
1993	34219.55	16934.55	4807.72	3996.20	8481.09
1994	45345.14	22829.04	6270.88	5441.98	10803.23
1995	57535.20	29596.80	7457.09	7056.76	13424.54
1996	67764.15	34703.64	8634.17	8736.67	15689.68
1997	76339.24	38954.49	9958.12	10420.29	17006.34
1998	82558.51	41960.46	10932.51	11768.96	17896.58
1999	88215.62	44082.16	11847.27	13136.30	19149.89
2000	98504.14	47977.69	13854.88	15078.57	21593.00
2001	108545.75	52351.29	15113.93	16967.57	24112.95
2002	120571.02	57576.79	16643.55	18794.46	27556.23
2003	139250.04	64271.53	19376.47	21962.09	33639.95
2004	167587.11	69639.64	23624.01	23568.56	50754.91
2005	197789.03	81888.02	29521.99	27919.21	58459.81
2006	231053.34	93822.83	32726.66	33641.84	70862.02
2007	275624.62	109532.27	40827.52	39018.85	86245.97
2008	320464.16	139915.99	48179.32	44194.25	88174.605
2009	365303.69	170299.71	55531.11	49369.64	90103.24
2010	437041.99	196714.07	66608.73	56227.58	117456.61
2011	521441.11	234310.26	81399.26	67344.51	138387.09
2012	576551.85	262864.06	91635.05	74132.87	147919.85
2013	630450.63	290561.08	99321.46	81178.39	159389.70
2014	684349.41	318258.1	107007.9	88223.90	170859.55
2015	722767.87	346159.45	107444.10	95180.59	173983.72
2016	780069.97	370224.33	110762.46	107001.19	192081.98

表 4 – 4　　不同测算方法的劳动收入比重比较　　单位：%

年份	不同测算方法的劳动收入比重					
	未调整 α_{L0}	调整方法一 α_{L1}	调整方法二 α_{L2}	方法一、方法二的均值 α_{L3}	钱震杰估计 α_{L4}	周明海估计 α_{L5}
1978	57.05	57.11	57.08	57.10	56.96	
1979	58.66	58.79	58.73	58.76	59.04	
1980	58.26	58.59	58.43	58.51	58.21	
1981	59.94	60.41	60.16	60.29	59.80	
1982	60.74	61.33	61.01	61.17	60.62	
1983	60.79	61.70	61.20	61.45	60.56	
1984	60.97	62.28	61.56	61.92	60.86	
1985	60.14	61.80	60.91	61.36	60.15	
1986	60.01	61.74	60.78	61.26	60.37	
1987	59.44	61.41	60.35	60.88	60.11	
1988	59.97	62.22	61.01	61.62	59.50	
1989	56.41	58.44	57.37	57.91	59.41	
1990	61.44	63.22	62.13	62.68	61.44	
1991	60.14	62.09	60.92	61.51	59.21	
1992	57.83	60.05	58.79	59.42	57.83	
1993	57.58	60.20	58.83	59.52	57.58	56.0
1994	58.42	61.85	59.96	60.90	58.42	57.2
1995	59.10	63.35	60.90	62.12	59.10	58.6
1996	58.69	63.24	60.60	61.92	58.69	58.8
1997	58.68	63.57	60.65	62.11	58.68	59.1
1998	58.58	64.01	60.70	62.36	58.58	59.3
1999	57.72	63.14	59.87	61.50	57.72	58.7
2000	56.68	60.85	58.43	59.64	56.68	57.5
2001	56.03	59.89	57.69	58.79	56.03	57.2
2002	55.40	59.17	57.09	58.13	55.40	56.6
2003	53.62	57.15	55.35	56.25	53.62	54.8
2004	48.37	51.51	50.52	51.02	48.37	54.0
2005	48.67	52.01	50.90	51.46	48.21	54.2

续表

年份	不同测算方法的劳动收入比重					
	未调整 α_{L0}	调整方法一 α_{L1}	调整方法二 α_{L2}	方法一、方法二的均值 α_{L3}	钱震杰估计 α_{L4}	周明海估计 α_{L5}
2006	47.31	50.74	49.72	50.23	47.31	53.8
2007	46.65	50.26	49.29	49.77	46.65	52.9
2008	51.39	55.55	53.81	54.68		
2009	54.98	60.08	57.45	58.76		
2010	53.10	58.32	55.94	57.13		
2011	53.25	59.24	56.43	57.83		
2012	54.21	60.87	57.54	59.20		
2013	54.71	62.01	58.24	60.12		
2014	55.12	63.57	59.06	61.31		
2015	56.26	65.86	60.38	63.12		
2016	55.31	65.80	59.89	62.85		

表4－4的第2、第3、第4栏为本书对劳动收入比重的测算，分别为未调整的 α_{L0}、按照方法一和方法二调整后劳动收入比重 α_{L1} 与 α_{L2}，为了与其他估计数据比较分析，第4和第5栏分别列出来钱震杰（α_{L4}）和周明海（α_{L5}）的估计结果①。由于方法一和方法二将属于个体收入中资本盈余调整为劳动收入，相当又增加了劳动者报酬，因而 α_{L1} 与 α_{L2} 比 α_{L0} 要大，平均起来，α_{L1} 与 α_{L2} 比 α_{L0} 分别高3.46%和1.67%。钱震杰的估计方法使用未调整的数据，与本书第二栏测算数据基本相等。而周明海使用调整中使用的个体经济从业人员数据来自《中国经济普查年鉴》，该年鉴提供的个体经济从业人员要高于《中国统计年鉴》提供的数据，例如，2008年《中国经济普查年鉴》提供的个体从业者人数为9013.4万人，而《中国统计年鉴》提供的该值只有4587.1万人，两种相差4853.3万人，所以导致周明海估计的劳动收入比重高于本书估计（1996～2004年数据），因此

① 钱震杰：《中国国民收入分配的要素分配份额研究》，中国金融出版社2011年版，第51－52页；周明海：《中国劳动收入份额变动的测度与机理分析》[D]，浙江大学，2011，第49页。

数据结果表现是合理的。但是该年鉴至今只有2004年、2008年和2013年三年的数据，其他年份的数据要靠估计得到。

国际统计资料给出按收入法统计的国民生产总值与表4－3指标相同，它们不存在口径调整问题，因此为了与其他国家同类数据作比较（见本书第六章），本书选择没有经过调整的劳动收入与资本收入比重，根据该组数据刻画成1978～2016年劳动收入比重 α_{L0} 变化趋势图以及资本收入比重趋势图。根据图4－3所示，劳动收入比重有几次重要的变化：第一，1978～1990年除了1989年有明显下降以外，其他年份基本处于上升势头，12年时间劳动收入比重提高了3.12个百分点，这与我国改革开放以来居民收入提高较快的事实相符，此间资本收入比重总体是下降的，由1978年的42.95%下降到1990年的38.56%。第二，1992～1997年是我国刚刚建立市场经济时期，党的十四届三中全会提出要建立以按劳分配为主体，效率优先、兼顾公平的收入分配制度，劳动者的个人劳动报酬要引入竞争机制，打破平均主义，实行多劳多得，合理拉开差距，这个期间劳动收入比重在57%～59%小幅度波动。第三，1997年召开的党的十五大提出要把按劳分配和按生产要素分配结合起来，坚持效率优先、兼顾公平的分配原则；2002年党的十六大确立了劳动、资本、技术和管理等生产要素按贡献参与分配的原则，继续坚持效率优先、兼顾公平，分配制度的改变导致要素收入格局的变化，1998～2007年劳动收入比重显著下降，由58.58%下降到46.65%，下降幅度达12个百分点，这个时期也是中国居民收入差距不断增大的10年，引起了社会的普遍关注。第四，面对不断拉大的收入差距，2007年党的十七大鲜明地提出初次分配和再分配都要处理好效率和公平的关系，再分配更加注重公平；2012年党的十八大提出要调整国民收入分配格局，加大再分配调节力度，着力解决收入分配差距较大问题，使发展成果更多更公平惠及全体人民。党的十七大以来，国家加大了对收入分配的调节力度，建立了惠及城乡社会基本保障体系，居民工资年均增长率超过GDP增长率，企业退休职工工资连续十几年增加，最低工资标准也稳步提高。从统计数据上看，2008～2016年劳动收入比重明显增加，从2008年的51.39%上升到2015年的56.26%，上升幅度近5个百分点，我国收入差距过大势头得到初步遏制，并继续朝缩小的方向发展。

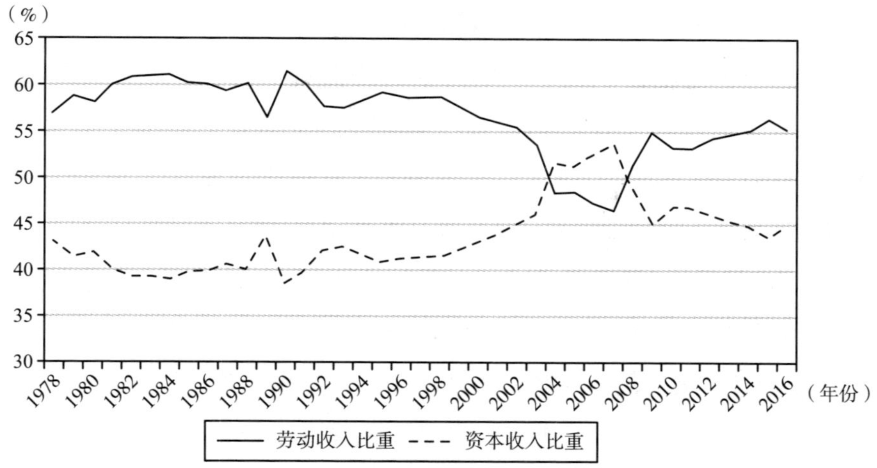

图 4－3　根据省际收入法计算的劳动收入比重变化趋势（1978～2016 年）

与改革开放之前相比，改革开放以后要素收入分配发生了重要的变化。改革开放以前劳动收入比重很高，1952～1978 年劳动收入比重平均值为 67.04%，而 1978～2016 年该值平均为 56.45%，下降了大约 11 个百分点，与此对应的资本收入比重上升了 11 个百分点，这反映了市场经济条件下财产性收入、投资收益等资本收入在总收入的比重逐渐提高，而这些性质的收入在计划经济下几乎为零。相对于劳动投入，资本投入获得收入的能力更强，一方面激励更多的资本投入，为经济发展提供强大动力；另一方面也造成收入差距日益扩大化，这是应该引起高度关注的。

（二）按资金流量表数据测算的劳动收入与资本收入份额

资金流量表反映了生产增加值按劳动者报酬、生产税净额、财产收入和经营性留存划分的要素分配，与国内生产总值收入法的要素分配相比，区别仅在于对资本收入的处理不同。在资金流量表中资本收入被分为财产收入和经营性留存两项，而收入法中将其分为固定资产折旧和营业盈余两项，理论上说这两种方法的资本收入比重应该相等。在利用资金流量表计算劳动收入比重时，分母仍然使用 GDP 减去生产税净额，为了比较不同方法计算的劳动收入比重，表 4－5 同时列出来按照省际 GDP 收入法和按照资金流量表法测算的劳动收入比重。《中国统计年鉴》给出的资金流量表数据与经济普查数据有一定差异，为了保持两种方法数据核算的一致性，国家统计局根据2004年经济普查数据与核算方法的变化，对1992～2004年全国资金流量表实物交易部分进行了修订（国家统计局国民经济核算司、中国人民银行调查统计司，2008），修订时调高了部分年份的生产增加值、调低了劳动者报酬、调高了生产税净额，具体数据见《中国资金流量表历史资料1952～2004年》。所以按照修订后资金流量表计算的劳动收入比重比修订前有明显降低，2004年以后的数据是本书按照2004年以前调整的幅度做出的推测值。

根据表4－5，第一，修订前和修订后资金流量表计算出的劳动收入比重数据在1992～1999年差异明显，修订前的数值明显高于修订后，平均高约5个百分点，2000年之后两者差距不大。第二，2008年以前，省际GDP收入法计算劳动收入比重比资金流量表（修订前）法数值要小，2008年之后则相反。第三，从总体上看，省际法与资金流量表法两种方法计算的劳动收入份额变化趋势是一致的，1992年以来都是呈现先下降后逐渐上升的势头，但是拐点出现的时间不同，省际GDP收入法的劳动收入比重最低值46.65%出现在2007年，而资金流量表（修订前）该值为54.83%，出现在2008年。根据图4－4，劳动收入比重变换可以划分为三个阶段：1992～1998年处于小幅上升阶段；1998～2007年出现大幅度的下降趋势；2007年扭转了长达十年的下降趋势，呈现比较显著的升高趋势。

表4－5　　资金流量表计算的劳动收入比重和资本收入比重

年份	劳动收入比重（%）			资本收入比重（%）
	省际GDP收入法	资金流量表（修订前）	资金流量表（修订后）	资金流量表（修订后）
1992	57.83	68.96	63.85	36.15
1993	57.58	66.21	60.95	39.05
1994	58.42	65.98	61.97	38.03
1995	59.10	66.39	61.36	38.64
1996	58.69	67.97	62.66	37.34
1997	58.68	69.18	65.27	34.73
1998	58.58	70.10	66.65	33.35
1999	57.72	71.74	62.78	37.22

续表

年份	劳动收入比重（%）			资本收入比重（%）
	省际 GDP 收入法	资金流量表（修订前）	资金流量表（修订后）	资金流量表（修订后）
2000	56.68	59.88	60.24	39.76
2001	56.03	59.50	59.64	40.36
2002	55.40	61.10	60.86	39.14
2003	53.62	60.64	59.49	40.51
2004	48.37	58.13	55.33	44.67
2005	48.67	57.77	56.80	43.20
2006	47.31	56.38	55.44	44.56
2007	46.65	55.49	54.68	45.32
2008	51.39	54.83	53.87	46.13
2009	54.98	55.85	54.81	45.19
2010	53.10	54.72	53.87	46.13
2011	53.25	54.14	53.32	46.68
2012	54.21	56.94	56.09	43.91
2013	54.71	58.11	57.07	42.93
2014	55.12	58.08	56.97	43.03
2015	56.26	58.60	57.33	42.67

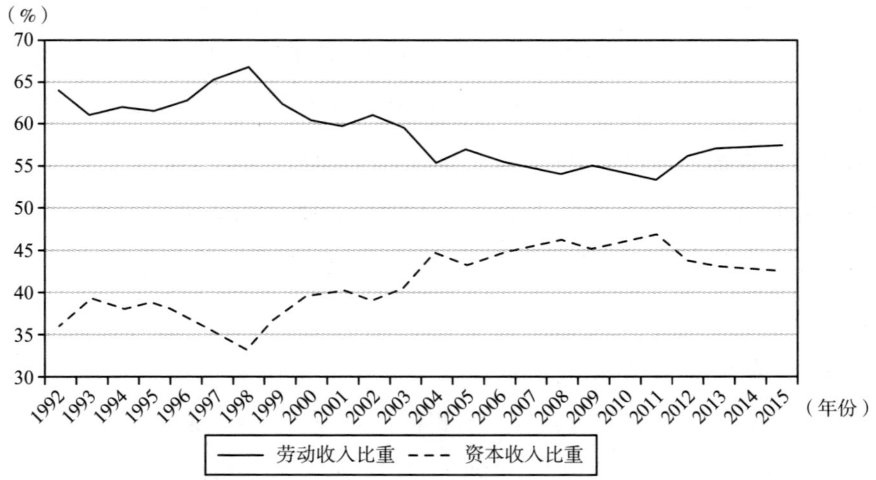

图 4-4　资金流量表法（修订后）计算的劳动收入与资本收入比重趋势

二、主体收入分配格局的测算及特征

改革开放以后，我国逐渐走上了市场经济道路，企业成为市场经济的最重要、最活跃的微观主体。国有企业建立了现代企业制度，成为自主经营、自负盈亏的独立经营主体，以各类国有经济为代表的公有经济规模不断壮大、效益不断提高，成为国民经济的支柱和命脉；非公经济蓬勃发展，在国民经济中的地位越来越高，无论是就业人数、纳税数量还是经济总量都超过了公有经济，成为社会主义市场经济的重要组成部分。企业部门的收入主要来自经营利润和财产性收入。在市场经济系统中，亿万家庭既是生产要素的提供者也是最终产品的主要需求者，家庭在收入预算约束下自主做出投资和消费活动。家庭部门的收入主要来自工资性收入、财产性收入、经营性收入、转移性收入，工资性收入在家庭收入中的比重最大。与计划经济相比，市场经济条件下政府的作用发生了根本性变化，主要是提供公共产品、制订发展规划和产业政策、实施宏观调控等，通过财政收支影响家庭和企业的消费和投资活动；在特殊时期，如经济金融危机时期还会直接干预经济，因此政府在市场经济中的作用是不可替代的。政府的收入主要是企业和家庭的纳税，另外还有行政性收费。通过经济主体的经济活动产生的增加值，在各经济主体之间不同类型分配之后，形成初次分配收入和可支配收入。2015 年《中国统计年鉴》提供了 1992～2013 年家庭、政府和企业的初次分配收入和可支配收入的比重，2014～2015 年数据本书根据第一节论述的主体收入分配格局的计算方法，利用 2016～2017 年《中国统计年鉴》中的资金流量表（实物交易）数据计算得到。表 4－6 提供了 1992～2015 年家庭部门、政府部门和企业部门的初次分配收入比重和可支配收入比重，图 4－5 显示了三个部门可支配收入比重走势。

表 4－6 是国家统计局公布的数据，从中可以看出改革开放以后主体收入分配格局的特点：第一，与改革开放以前相比（见表 4－2），家庭收入份额（指可支配收入，下同）有明显的提高，1992～2015 年多数年份的家庭收入比重超过 60%，而 1952～1978 年多数年份的家庭收入比重低于 60%，这表明市场经济条

件下我国家庭收入在总收入中的比重在上升，家庭比改革开放以前获得更多的经济利益；政府收入大幅度下降，1952～1978年政府收入比重的平均值为27.7%，而1992～2015年政府收入比重平均值为16.7%，下降了11个百分点，反映了这两个时期的政府作用的变化，改革开放以前政府是生产型政府，政府必须掌握大量的资源，而改革开放以后逐渐变为服务型政府，政府一般不直接介入生产过程；企业收入大幅度提高，1952～1978年企业收入比重平均为14.13%，而1992～2004年该值平均为20.6%，提高了6.47个百分点；这反映了企业在市场经济中地位是上升的，企业能够自由配置市场的资源，企业的收益大幅增加。第二，从初次分配和可支配收入比重变化来看，家庭收入比重初次分配均值为62.4%，经过转移支付以后形成的可支配收入比重为62.7%，仅仅提高0.3个百分点，说明我国家庭收入再分配政策效果并不显著，我国居民收入差距过大问题没有通过转移支付得到有效解决，也表明要降低基尼系数需要从初次分配着手解决；政府的可支配收入比重均值比初次分配比重均值高2.6个百分点，企业的可支配收入比重均值比初次分配比重均值低3.3个百分点。因此，国民收入分配在初次分配阶段向企业倾斜，再分配阶段向政府倾斜。第三，根据图4－5，家庭收入比重在2007年之前是下降的，2007年之后呈上升势头；政府收入比重基本上是一直升高的，最近几年稳定18%～19%；企业收入比重2008年之前是不断提高的，2008年之后下降了大约4个百分点。主体收入比重变化的趋势与我国经济发展形势是相关的，2008年以前我国经济发展以两位数的速度高速增长，企业获得了前所未有的发展机遇，企业收入盈利能力增强，因而企业收入比重一直提高。由于企业收入增加，政府的财政收入比经济增长更高的速度增加，政府收入增加十分明显。而当时由于总体上劳动供给过剩，国家没有对劳动力市场运行及时干预，职工工资标准没有相应调整，导致居民收入并没有与经济增长保持同步增长。2008年国际金融危机暴发以后，受到国际发展环境恶化的影响和国内资源环境约束、用工和人力成本提高等因素制约，我国经济发展进入新常态，经济由高速发展转变为中高速发展，经济增速平均降幅超过3个百分点，企业经营困难、效益下滑，大量中小企业倒闭，政府财政收入同步下降；但是，党的十八大以来居民收入增加十分明显，扭转了长期以来居民收入增速低于经济增速的状态，居民收入比重重新回到了60%以上，居民的消费能力提高、消费结构升级，居民消费已经成为拉动经济增长最大贡献者和主要推动力。

表4-6　　国家统计局公布的主体收入分配格局　　单位：%

年份	家庭部门收入比重		政府部门收入比重		企业部门收入比重	
	初次分配收入	可支配收入	初次分配收入	可支配收入	初次分配收入	可支配收入
1992	66.1	68.7	15.9	17.9	18.0	13.4
1993	62.4	64.7	15.6	17.2	22.0	18.1
1994	64.9	66.9	13.3	14.5	21.8	18.6
1995	64.4	66.2	12.4	14.1	23.2	19.7
1996	67.2	69.0	12.8	14.6	20.0	16.4
1997	65.7	68.0	12.5	14.3	21.8	17.7
1998	66.6	68.3	12.9	14.2	20.5	17.5
1999	66.2	66.7	13.1	14.1	20.7	19.2
2000	65.7	66.1	13.1	14.5	21.2	19.4
2001	64.2	64.4	12.7	15.0	23.1	20.6
2002	62.6	62.6	14.0	16.3	23.4	21.1
2003	62.1	62.0	13.7	16.1	24.2	21.9
2004	59.2	59.1	13.9	16.6	26.9	24.3
2005	59.3	58.9	14.1	17.4	26.6	23.7
2006	58.8	58.4	14.3	17.9	26.9	23.7
2007	57.9	57.3	14.6	18.8	27.5	23.9
2008	57.6	57.2	14.1	18.3	28.3	24.5
2009	58.8	58.7	13.9	17.5	27.3	23.8
2010	58.5	58.4	14.6	18.0	26.9	23.6
2011	59.2	59.3	15.0	18.8	25.8	21.9
2012	59.8	60.2	15.5	19.2	24.7	20.6
2013	60.7	61.3	15.2	18.9	24.1	19.8
2014	60.1	60.6	15.2	18.9	24.7	20.5
2015	60.9	61.6	14.9	18.6	24.2	19.8

注：数据来源1992~2013年来自《中国统计年鉴2015》，2014~2015年数据由资金流量表（实物部分）计算。

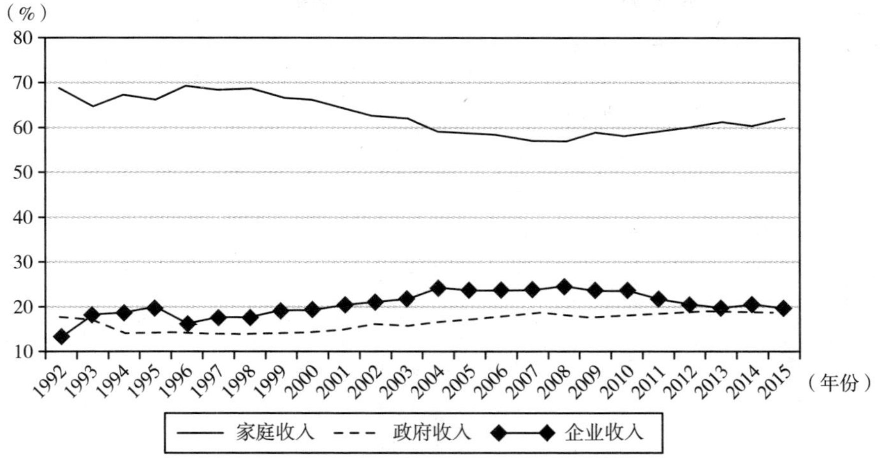

图 4-5　三大经济主体可支配收入比重趋势

国家通用的国民经济统计账户（SNA）给出的收入法国内生产总值主要由雇佣报酬、总营业盈余和总混合收入、生产税净额三部分构成，分别表示初次分配意义下的家庭收入（劳动者收入）、企业收入和政府收入，与表 4-3 数据具有可比性。为了与国际同类数据进行比较，这里定义家庭收入比重 = 雇佣报酬/GDP，政府收入比重 = 生产税净额/GDP，余下的是企业收入。根据表 4-3 计算得到家庭、政府和企业收入比重具体见表 4-7。可以看出，与表 4-6 国家统计局数据相比，这种算法得到家庭收入低于国家统计局公布的数据，政府收入基本相同，而企业收入高于统计局数据，原因是这种算法分母没有扣除政府税收。

表 4-7　　基于国民经济统计账户（SNA）主体收入格局　　单位：%

年份	家庭收入	政府收入	企业收入	年份	家庭收入	政府收入	企业收入
1978	49.75	12.79	37.46	1986	52.55	12.43	35.02
1979	51.50	12.20	36.30	1987	52.02	12.48	35.50
1980	51.21	12.10	36.69	1988	52.08	13.15	34.76
1981	52.82	11.88	35.30	1989	48.91	13.29	37.80
1982	53.69	11.60	34.71	1990	53.42	13.06	33.52
1983	53.75	11.57	34.68	1991	52.16	13.27	34.57
1984	53.78	11.79	34.43	1992	50.09	13.37	36.53
1985	52.90	12.03	35.07	1993	49.49	14.05	36.46

续表

年份	家庭收入	政府收入	企业收入	年份	家庭收入	政府收入	企业收入
1994	50.35	13.83	35.83	2006	40.61	14.16	45.23
1995	51.44	12.96	35.60	2007	39.74	14.81	45.45
1996	51.21	12.74	36.05	2008	43.66	15.03	41.31
1997	51.03	13.04	35.93	2009	46.62	15.20	38.18
1998	50.83	13.24	35.93	2010	45.01	15.24	39.75
1999	49.97	13.43	36.60	2011	44.94	15.61	39.45
2000	48.71	14.07	37.23	2012	45.59	15.89	38.51
2001	48.23	13.92	37.85	2013	46.09	15.75	38.16
2002	47.75	13.80	38.44	2014	46.51	15.64	37.86
2003	46.16	13.91	39.93	2015	47.89	14.87	37.24
2004	41.55	14.10	44.35	2016	47.46	14.20	38.34
2005	41.40	14.93	43.67				

三、省级行政区的收入分配格局测算及特征

前面分析了国家宏观层面收入分配格局。由于我国幅员辽阔，各地发展情况千差万别，为了更具体地了解各地收入分配情况，下面从省级行政区层面分析我国收入分配格局的特点。除了港、澳、台以外，我国有31个省级行政区划单位，按照地理位置划分为东部、中部和西部三部分，其中东部地区有北京、天津、河北、上海等11个省市，中部地区包括黑龙江、吉林、山西等8个省，西部地区包括内蒙古、广西、重庆等12个省区市。根据《中国统计年鉴2016》提供的省际收入法，可以整理出2016年31个省级行政区的收入分配情况，表4－8是数据描述统计情况，表4－9是每一种收入分配份额按照从小到大顺序排列的收入分配情况。

结合表4－8和表4－9数据信息具体分析。从要素分配格局来看，第一，2016年31个区市的劳动收入份额均值和中位数分别为57.1和56.7，其中19个省区市低于均值，12个省区市大于均值，其中东部与部分中部地区劳动收入比重较低，如辽宁、天津、山东、江苏、上海、浙江、江西、安徽等省市，西部地

区如云南、广西、贵州、新疆、西藏劳动收入比重最高，它们均高于64%，劳动收入比重最小的前5名与最大的后5名均值差距超过10个百分点。第二，由于资本收入与劳动收入份额是此消彼长的关系，因此资本收入比重的特点与劳动收入相反。我国省级行政区要素收入分配格局有一定的规律（部分地区例外），就是经济发达地区的劳动收入比重低，而经济欠发达地区劳动收入比重高。本书认为这与发达地区和欠发达的产业结构和发展阶段有关。我国中东部地区基本上实现了工业化，部分发达地区已经进入工业化后期，主导产业以第二、第三产业和新兴产业为主，第一产业比重很低，第二产业和新兴产业一般是资本密集型产业，相对于第一产业，它的资本有机构成高，因而相对于不变资本，可变资本比重较低，所以总体上劳动收入比重较低而资本回报较高；而西部地区第一产业比重相对较大，第二、第三产业中的劳动密集型产业比重大，因而劳动收入比重高而资本比重小。第三，不同地区随着工业化阶段和城镇化程度的提高，劳动收入比重一般呈现先下降后逐渐提高的走势，图4－6是广东、安徽和四川三省1978～2016年劳动收入份额走势，这三个省份分别处于东、中、西部，尽管现在发展程度不同，但是它们的劳动收入比重均呈现出先下降后上升的相似走势。

表4－8　　各省区市2016年收入分配格局描述统计

指标	劳动收入	资本收入	家庭收入	政府收入	企业收入
均值	57.1	42.9	49.0	14.3	36.8
中位数	56.7	43.3	48.6	14.7	37.6
最大值	69.2	51.9	63.2	19.7	43.6
最小值	48.1	30.8	40.2	8.7	26.8

表4－9　　2016年度31个省区市国民收入分项占比

按从小到大顺序排列情况　　单位：%

名次	劳动收入		资本收入		家庭收入		政府收入		企业收入	
1	天津	48.1	西藏	30.8	天津	40.2	西藏	8.7	贵州	26.8
2	江西	49.5	贵州	32.6	重庆	41.5	河南	10.6	西藏	28.1
3	重庆	49.7	新疆	32.8	江西	41.9	黑龙江	10.7	云南	28.8

续表

名次	劳动收入		资本收入		家庭收入		政府收入		企业收入	
4	山东	49.9	广西	35.4	山东	43.4	青海	10.8	新疆	29.0
5	江苏	50.0	云南	35.9	上海	43.4	新疆	11.8	广西	29.3
6	吉林	51.0	海南	36.2	吉林	43.5	内蒙古	11.8	海南	31.5
7	辽宁	52.6	福建	38.5	江苏	43.5	河北	12.0	福建	33.3
8	陕西	52.7	北京	39.2	陕西	43.7	宁夏	12.8	湖南	33.9
9	上海	53.6	甘肃	39.8	辽宁	44.5	山东	13.0	北京	33.9
10	安徽	53.9	宁夏	39.8	安徽	45.9	江苏	13.0	甘肃	34.0
11	黑龙江	53.9	湖南	40.1	浙江	46.9	海南	13.1	宁夏	34.8
12	浙江	54.6	河北	42.3	山西	47.6	福建	13.4	山西	36.4
13	青海	54.7	湖北	43.1	四川	48.0	北京	13.6	四川	36.7
14	广东	56.0	河南	43.3	黑龙江	48.1	广东	13.6	湖北	36.7
15	内蒙古	56.1	四川	43.3	广东	48.4	浙江	14.1	河北	37.2
16	山西	56.7	山西	43.3	湖北	48.6	甘肃	14.7	上海	37.6
17	四川	56.7	内蒙古	43.9	青海	48.8	湖北	14.7	广东	38.0
18	河南	56.7	广东	44.0	内蒙古	49.5	吉林	14.7	河南	38.7
19	湖北	56.9	青海	45.3	湖南	50.6	安徽	14.8	内蒙古	38.7
20	河北	57.7	浙江	45.4	河南	50.7	四川	15.3	浙江	39.0
21	湖南	59.9	黑龙江	46.1	河北	50.8	江西	15.3	陕西	39.2
22	宁夏	60.2	安徽	46.1	甘肃	51.4	辽宁	15.4	安徽	39.3
23	甘肃	60.2	上海	46.4	云南	51.4	湖南	15.5	辽宁	40.1
24	北京	60.8	陕西	47.3	宁夏	52.5	山西	16.1	青海	40.4
25	福建	61.5	辽宁	47.4	北京	52.5	天津	16.4	黑龙江	41.2
26	海南	63.8	吉林	49.0	福建	53.3	重庆	16.5	吉林	41.8
27	云南	64.1	江苏	50.0	广西	53.4	陕西	17.2	重庆	42.1
28	广西	64.6	山东	50.1	海南	55.4	广西	17.2	江西	42.8
29	新疆	67.2	重庆	50.3	贵州	55.6	贵州	17.6	天津	43.4
30	贵州	67.4	江西	50.5	新疆	59.3	上海	19.0	江苏	43.5
31	西藏	69.2	天津	51.9	西藏	63.2	云南	19.7	山东	43.6

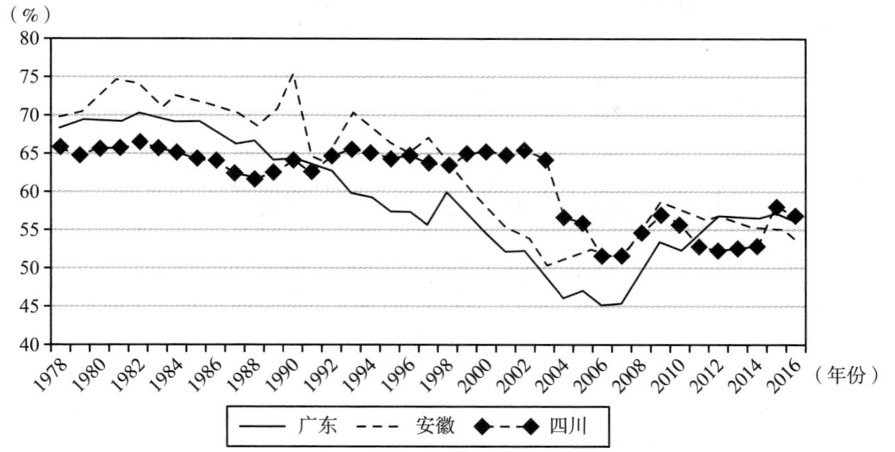

图 4-6　2016 年广东、安徽、四川三省劳动收入占比趋势

再来分析主体收入分配格局情况。首先，家庭收入占比均值为 49，有 17 个地区该值小于均值，14 个地区大于该值，家庭收入占比较低的是部分中部和东部地区，如天津、江西、山东、上海等地，该值较高的是西部地区，如广西、海南、贵州、新疆和西藏；其次是政府收入比重，该值均值为 14.3，比重较低的省区有西藏、河南、黑龙江、青海、内蒙古等，较高的省区市有重庆、陕西、广西、贵州、上海、云南，除上海外，都是中西部地区，处于中间位置的是多为中东部地区，西部地区政府收入占比表现分化比较严重；再次，企业收入比重均值为 36.8，占比最低的五名均为西部地区，分别为贵州、西藏、云南、新疆和广西，占比最高的前三名江苏、山东、天津均为东部地区。总的来看，我国主体收入格局呈现出一定的规律性，家庭收入占比东部低、中西部高，企业收入占比中西部低、东部高，政府收入占比表现为西部处于较高和较低两个端点，中部和东部处于中间位置。主体收入格局与要素收入格局有密切关系，一般来说，我国的家庭收入主要来自劳动收入，企业收入主要是资本收入，因此，劳动收入较高的地区家庭收入也较高，而资本收入较高的地区企业收入也较高。

第五章

我国国民收入分配格局的经济增长效应
——实证分析

本书第三章从理论上分析了国民收入分配格局的经济增长效应：从供给因素上看，收入分配格局通过影响生产函数中的要素供给作用于经济增长；从需求因素看，收入分配格局通过影响总需求以及需求结构作用于经济增长。第四章中比较详细地梳理了1949年以来国民收入分配格局演变过程和发展趋势。第五章的任务是从实证角度分析改革开放以来我国国民收入分配格局对经济增长的实际效应：第一，分析收入分配格局对我国经济增长总量和经济效率的影响；第二，分析收入分配格局对经济结构的影响，主要分析对消费结构、投资结构和产业结构的影响；第三，分析收入分配格局对收入差距的影响。通过实证分析，为评价我国国民收入分配格局的合理性打下基础。

第一节 收入分配格局的经济总量效应实证分析

一、要素收入分配格局的经济总量效应

（一）时变参数模型

一般实证分析使用的计量模型往往假设被解释变量和解释变量具有固定系数，固定系数表明它们的关系是静态的，然而实际经济中被解释变量和解释变量

都是动态变化的，所以静态模型难以反映被解释变量和解释变量的动态趋势和结构性变化。第四章的分析表明，改革开放以来我国国民收入分配格局处于不断变化过程中，我国的经济增长率也是动态变化的，所以建立分配格局与经济增长的实证模型最好是动态模型。本书选择基于状态空间模型和卡尔曼滤波法（Kalman Filtering）估计的时变参数模型，该模型估计出来的解释变量系数是随时间变化的，能够勾勒出被解释变量与解释变量的动态变化趋势。状态空间模型用于分析经济现象随时间变化的规律，经济变量包括可观测变量和不可观测变量，这些无法观测的变量反映了系统的实际状态，我们将不可观测的变量定义为状态变量。状态空间模型建立了可观测变量与系统内部状态之间的关系，通过估计各种状态向量可以达到分析和观察的目的。使用动态系统的状态空间模型有两个主要优点：首先，状态空间模型中的不可观测变量可以被纳入观测模型中并得到估计结果；其次，状态空间模型是利用强有效的递推算法——卡尔曼滤波估计[①]。

时变参数模型的一般结构形式为：

量测方程：

$$y_t = x_t'\beta_t + u_t \tag{5-1}$$

状态方程：

$$\beta_t = \varphi\beta_{t-1} + \varepsilon_t, (u_t, \varepsilon_t)' \sim N\left[\begin{pmatrix}0\\0\end{pmatrix}, \begin{pmatrix}\sigma^2 & 0\\0 & \phi\end{pmatrix}\right], t = 1, 2, 3\cdots \tag{5-2}$$

其中，x_t 是具有随机系数的若干解释变量的集合，随机系数向量 β_t 称为可变参数。变参数是不可观测变量，必须利用可观测变量 x_t 和 y_t 来估计。假定变参数 β_t 的变动服从 AR（1）形式，扰动向量 u_t、ε_t 假定为相互独立的，且服从均值为 0，方差为 σ^2 和协方差矩阵为 ϕ 的正态分布。[②]

（二）计量模型建立

劳动和资本是重要的生产要素，前面分析表明，劳动收入份额对消费需求、

---

① 高铁梅：《计量经济分析方法与建模——EViews 应用及实例（第 3 版）》，清华大学出版社 2016 年版，第 452 页。

② 高铁梅：《计量经济分析方法与建模——EViews 应用及实例（第 3 版）》，清华大学出版社 2016 年版，第 453－461 页。

资本收入份额对投资需求有重要影响，因而要素收入分配格局与经济增长的关系在逻辑上是清楚的。本书选择经济总量作为被解释变量，劳动收入份额与资本收入份额作为解释变量。从需求方面分析，GDP 主要受消费、投资和出口影响，模型中的劳动份额对消费影响较大、资本收入对投资影响较大，缺少出口因素，故将出口列为解释变量。本书将要素收入格局与经济增长的时变参数模型一设定为：

量测方程：

$$GDP_t = \beta_0 + \beta_{1t}LR_t + \beta_{2t}KR_t + \beta_{3t}EX + \varepsilon_t \tag{5-3}$$

状态方程：

$$\begin{cases} \beta_{1t} = \alpha_1\beta_{1t-1} + \sigma_1 \\ \beta_{2t} = \alpha_2\beta_{2t-1} + \sigma_2 \\ \beta_{3t} = \alpha_3\beta_{2t-1} + \sigma_3 \end{cases} \tag{5-4}$$

其中，GDP、LR、KR、EX 分别表示国内生产总值、劳动收入、资本收入和出口量，β_i为可变参数。

（三）本章涉及的主要数据采集与处理

本章为实证分析，将使用一些系列经济指标数据，为了后面的叙述方便，现在统一做以下说明和处理：本书使用 1978 ~ 2016 年全国年度数据（部分数据为 1992 ~ 2016 年），使用到的数据有 GDP、消费、投资、出口、就业、资本存量、劳动收入、资本收入、家庭收入、政府收入、企业收入、教育经费投入、科研经费投入等。其中，GDP、消费、投资、就业、出口、教育经费投入等数据来自历年《中国统计年鉴》，劳动收入与资本收入数据来自第四章省际收入法计算的结果，研究与试验发展（R&D）经费来自 1994 年和 2016 年《中国科技统计年鉴》，消费和投资数据使用支出法国内生产总值中的最终消费与资本形成总额。为了消除价格因素影响，用 GDP 平减指数将当年的 GDP 和出口数值换算成 1978 年为基期的不变价格实际值（《中国统计年鉴 2017》提供了以 1978 年为基期的 GDP 平减指数）；投资用固定资本形成指数平减（以 1978 年为基期计算而成）；使用居民消费价格指数（《中国统计年鉴 2017》提供了以1978年为基期的消费者价格指数）将收入数值、消费量、教育经费、科研经费换算为1978年为不变价格值；就业量采用年初与年终求均值的劳动就业数据。

C－D函数中资本是指资本存量。对于我国资本存量的估计方法，这方面研究国内代表性学者有王小鲁和樊纲（2000）、何枫等（2003）、张军（2004）、郭庆旺和贾俊霞（2004）、单豪杰（2008）等。一般研究测算资本存量的基本方法是由Goldsmith（1951）提出的永续盘存法，它的基本公式为 $K_t = I_t/P_t + (1-\delta)K_{t-1}$，其中，$I_t$ 是当期价格计算的年度投资额，P_t 是t时期价格指数，δ为折旧率。上式的含义为t时期的资本存量等于当期的实际投资额与上一期扣除折旧的资本存量之和。由于不同学者当期资本流量、价格指数和折旧率使用的指标、数值不同，因此测算的结果也不尽相同。本书综合以上研究的成果，考虑使用固定资本形成总额（单豪杰、何枫等采用此方法）作为当年投资额的替代量，《中国统计年鉴2015》提供了1978年以来的固定成本形成总额历年数值，并以1978年为基期的固定资本形成指数作为当期价格平减指数，折旧系数取为5%（王小鲁、郭庆旺等人采用），本书1978年资本存量使用单豪杰（2008）的估计值5790亿元。

各经济指标以1978年基期的实际指标值见表5－1。为了消除计量分析中的量纲差异，统一用指标年度增长率作为最终变量输入值。本书使用的计量软件为EViews8.0。

表5－1　　1978～2016年度各经济指标实际值　　单位：亿元

年份	GDP	就业（万人）	资本存量	投资	消费	出口
1978	3624.1	39764.5	5790.0	1412.7	2232.9	167.6
1979	3899.5	40588	6672.4	1467.7	2489.7	204.4
1980	4204	41692.5	7567.8	1510.4	2760.8	252.4
1981	4421.4	43043	8421.1	1512.0	2980.1	334.3
1982	4816.4	44510	9362.5	1600.7	3252.6	376.4
1983	5338.3	45865.5	10387.6	1770.6	3651.7	394.3
1984	6146.5	47316.5	11696.5	2194.4	4100.9	497.6
1985	6972.8	49035	13231.0	2823.2	4603.1	629.2

续表

年份	GDP	就业（万人）	资本存量	投资	消费	出口
1986	7596.1	50577.5	14867.3	2979.6	5008.6	805.7
1987	8484	52032.5	16570.4	3294.1	5417.5	1042.6
1988	9437.2	53558.5	18310.6	3831.1	5956.9	1116.8
1989	9832.2	54831.5	19456.4	3786.4	6415.5	1137.4
1990	10216.3	60039	20571.9	3610.7	6610.5	1644.6
1991	11165.9	65120	22027.1	4076.6	7031.9	1976.7
1992	12753.2	65821.5	24264.8	5186.6	7767.9	2238.8
1993	14521.8	66480	27665.5	6617.6	8719.8	2215.9
1994	16417.2	67131.5	30955.4	6992.6	9926.4	3659.1
1995	18214.7	67760	34146.3	7582.2	11274.9	3878.5
1996	20023.2	68507.5	37428.3	8128.1	12708.8	3709.5
1997	21871.4	69385	40820.0	8508.1	13954.4	4453.1
1998	23585.6	70228.5	44781.4	9150.8	15492.0	4583
1999	25394.1	71015.5	48938.6	9798.3	17520.4	5000.3
2000	27550.4	71739.5	53526.4	10631.8	19605.6	6354.1
2001	29848.1	72555	58781.7	12384.9	21024.4	6755.3
2002	32573.4	73382.5	65061.1	13977.4	22940.0	8346.1
2003	35842.3	74086	73064.7	14563.3	20738.6	9464.6
2004	39466.4	74816	82672.7	16928.9	21724.6	11974.4
2005	43964	74923.5	93607.6	18197.2	23809.9	14703.6
2006	49555.9	74812.5	106009.7	20284.9	25909.2	17524
2007	56608.4	75149.5	120396.7	23471.6	28537.4	19613.1
2008	62073.6	75442.5	137092.4	26857.0	30591.6	19504.1
2009	67908.4	75696	160437.1	31537.5	33601.6	15957.6
2010	75131.2	75966.5	187078.0	35771.7	36198.2	19467.7
2011	82296.1	76262.5	216603.9	39243.6	40537.8	20728
2012	88761.5	77657	247968.1	41926.1	44533.4	21248.7
2013	95647.2	79097	281118.5	45325.1	48260.0	22035.1
2014	102627.3	79495	314870.9	48242.7	52321.7	22930.1
2015	109708.8	79890.5	348136.3	49808.7	57679.0	22476.1
2016	117047.6	80392.5	381552.0	51864.5	62945.7	21772.7

续表

年份	劳动收入	资本收入	家庭收入	政府收入	企业收入	研发经费	教育经费
1978	1714.8	1286.3					
1979	1952.6	1371.4					
1980	2088.2	1486.2					
1981	2292	1523					
1982	2591.3	1662.9					
1983	2874.5	1849.3					
1984	3268.9	2102.4					
1985	3529.4	2346.6					
1986	3779.6	2486.5					
1987	4205.6	2875.2					
1988	4704.6	3216.1					
1989	4634.7	3348.3					
1990	5401.4	3337.2					
1991	5696	3719.4					
1992	6209.7	4387.6	8281.2	2153.9	1619	75	385.0
1993	7100.4	5231.6	9018.3	2389.6	2526.1	76.9	415.8
1994	8015.3	5703.7	10453.4	2268.6	2908.4	71.6	479.9
1995	9218.8	6379.5	11199.8	2391.6	3332.6	97.9	527.4
1996	10236.1	7204.8	11353.5	2396.5	2699.2	94.1	526.2
1997	11441.9	8055.9	12148	2551.3	3165.2	115.2	572.9
1998	12632.1	8930.7	13067.1	2719	3342.5	125.7	672.7
1999	13640.3	9990.3	13793.1	2923.6	3968	157.1	774.9
2000	14774	11292.5	15088.5	3318	4424.1	206.4	886.9
2001	16057	12600.1	16118.3	3760	5152.9	238.6	1061.3
2002	17832.4	14355.5	17455.5	4531.9	5888	297	1264.1
2003	16763.3	14502.1	19385.1	5039.6	6841	351	1415.2
2004	16982.4	18124.6	21041.1	5913.7	8627.7	431.4	1589.0

续表

年份	劳动收入	资本收入	家庭收入	政府收入	企业收入	研发经费	教育经费
2005	19219.2	20273.3	23672.8	6997.5	9530.3	528	1814.4
2006	21188.1	23600.2	27202.4	8359.9	11037.3	637.6	2083.9
2007	22944.9	26240.6	31489.6	10346.6	13158.2	751.7	2461.1
2008	27182.1	25715.8	35202.2	11271.2	15078.9	883.1	2774.2
2009	33129.2	27132.3	39259.2	11745.9	15894.5	1117.9	3179.7
2010	35782.8	31593.6	44652.9	13732.3	18072.9	1317.4	3648.9
2011	39408.9	34602.2	50476.5	16001.8	18684.7	1537.5	4224.7
2012	43178.4	36474.7	55337.8	17690.8	18930.8	1776.5	4943.1
2013	46689.0	38655.8	60039.2	18556.8	19362.4	1991.7	5105.0
2014	50719.4	41289	64465.1	20038.6	21789.2	2145.3	5407.4
2015	55114.4	42855.5	68697.9	20673.9	22080.7	2303.3	5872.8
2016	58234.5	47044.3	74193.8	21914.4	22936	2498.3	6193.8

注：数据（就业除外）为1978年的不变价格值，就业取年初和年终平均值，2016年的家庭、政府与企业收入数据是按照前四年各值平均增长率估计而成。

（四）单位根与协整检验

首先进行单位根检验，本书使用Augmented Dickey - Fuller Test进行单位根检验，为了降低数据波动性，我们使用的数据是各变量年增长率值。式（5 - 3）各变量单位根检验结果见表5 - 2。

表5 - 2　　GDP等数据的单位根检验

变量	检验类别	1%临界值	5%临界值	ADF值	单位根
GDP	（C，0，0）	-3.6394	-2.9511	-3.4132	无
LR	（C，0，0）	-3.6394	-2.9511	-5.4611	无
KR	（C，0，0）	-3.6394	-2.9511	-5.4718	无
EX	（C，0，0）	-3.6394	-2.9511	-5.9802	无

由表5 - 2可知，GDP增长率在5%水平下是平稳的，LR、KR、EX增长率在1%水平下是平稳的，说明各变量不存在单位根。

为了防止“伪回归”，状态空间模型要求变量之间存在协整关系，因而要进行协整检验，本书使用 Johansen 协整检验方法，结果见表 5－3。

表 5－3　　Johansen 协整检验结果

协整关系个数假设	特征值	最大特征值统计量	5% 显著性水平下的临界值	p 值
None *	0.503675	73.73010	47.85613	0.0000
At most 1 *	0.395954	44.30810	29.79707	0.0006
At most 2 *	0.273153	23.13569	15.49471	0.0029
At most 3 *	0.206904	9.736036	3.841466	0.0018

根据表 5－3，在 1% 显著性水平下拒绝没有，至少一个、两个、三个协整关系的零假设，认为变量之间有四个协整方程，因而模型变量之间存在长期均衡关系，建立的状态空间模型不会出现“伪回归”现象。

（五）实证结果

利用卡尔曼滤波算法对模型一回归分析，结果见表 5－4。

表 5－4　　模型一实证分析结果

	Coefficient	Std. Error	z－Statistic	Prob.
C（1）	－7.1159	0.136403	－52.1684	0.000
	Final State	Root MSE	z－Statistic	Prob.
SV1	0.3533	0.0640	5.518	0.000
SV2	0.4860	0.0643	7.556	0.000
SV3	0.0454	0.0277	1.636	0.101
Log likelihood	58.519	Akaike info criterion		－3.239
Parameters	1	Schwarz criterion		－3.196
Diffuse priors	3	Hannan－Quinn criter.		－3.224

表 5－4 用转换为模型一的表达式为：

$$GDP = -7.1159 + \beta_{1t}LR_t + \beta_{2t}KR_t + \beta_3 EX_{1t}[var = \exp(1.457)]$$

$$\begin{cases} \beta_{1t} = 0.3533\beta_{1t-1} + \sigma_1 \\ \beta_{2t} = 0.4860\beta_{2t-1} + \sigma_2 \\ \beta_{3t} = 0.0454\beta_{3t-1} + \sigma_3 \end{cases} \tag{5-5}$$

从表 5-4 可以看出，变参数 β_{1t}和 β_{2t}的 p 值小于 0.05，说明劳动收入与资本收入的统计结果比较显著，而出口的系数统计结果不显著。时变参数 β_{1t}、β_{2t}、β_{3t}的走势见图 5-1。

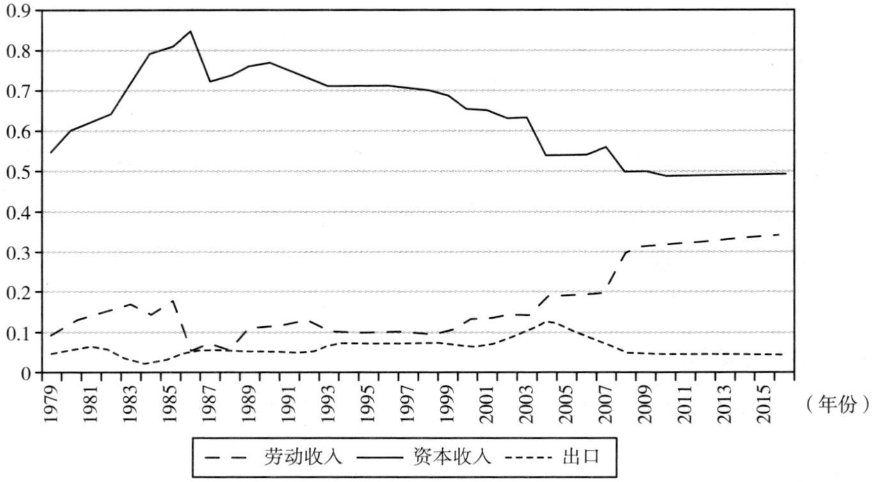

图 5-1　时变参数系数 β_{1t}、β_{2t}和 β_{3t}的走势

根据图 5-1，首先，时变参数 β_{1t}表示变量劳动收入的系数，根据系数走势可以看出，劳动收入对经济增长作用曲线波浪形上升趋势。该系数在 1979～1984 年为上升较快，1989～2006 年缓慢上升，2007 年以后上升幅度快速提高。其次，时变参数 β_{2t}表示变量资本收入的系数，根据系数趋势图，它的波动幅度更大，走势同劳动收入基本相反，呈现倒“U”形走势，最大值出现在 1985 年，其后逐渐下降，在 2003 年以后加速下降，2007 年以后处于平稳趋势。最后，时变参数 β_{3t}表示变量出口的系数，可以看出 β_{3t}的走势比较平缓，1979～1991 年保持在 0.04～0.06，1992～2001 年缓慢上升，2002～2007 年保持较高水平，此后逐渐下降。三个变量对经济增长效应，从平均来看，资本收入作用最大，劳动收入其次，最小为出口。

要素分配对经济增长影响的变化与我国经济体制改革进程和经济运行情况基本一致。1978 年我国开启改革开放进程，改革首先从农村家庭联产承包责任制开始，20 世纪 80 年代中期改革重点转向城市。1978 年至 20 世纪 80 年代中期是劳动收入比重明显提高的几年，劳动收入比重从 1978 年的 57.05% 上升到 1984 年的 60.97%。由于收入分配制度的改革，劳动者一扫计划经济时期平均分配下的懒散状态，多劳多得的激励作用在神州大地充分显示出来，劳动者收入在满足基本生活以后开始有部分储蓄，这些储蓄转变为投资，转化为更大的经济增长动力。这个时期劳动收入与资本收入对经济增长呈现同步正向推动作用，我国经济实际增长率从 1978 年的 7.6% 猛增到 1984 年的 11.5%，消费和投资良性互动，产业结构不断优化，劳动生产率空前提高，说明这个阶段的要素分配格局（劳动收入与资本收入之比约为 6∶4）是合理的。从 1986 年开始劳动收入的经济效应降低，劳动收入与资本收入对经济增长效应之间的差距逐渐拉大，直到 2001 年才开始显著缩小。究其原因，改革开放初期的几年时间，劳动收入份额已经达到阶段性极大值并开始下降，特别在农村，改革的边际效用递减很快，农村的劳动生产率不如改革开放初期那几年大。由于基本实现了温饱问题，农村剩余人口开始寻求外出务工机会，这时乡镇企业异军突起，吸收大量的农民就业，乡镇企业迅猛发展提高了农村的经营收入。城市实行承包制和利润留成制，国有企业的生产率持续提高，企业收入不断提高，例如，1979 年国有企业留利仅为 96 亿元，而到了 1985 年增加到了 350 亿元，增加企业收入一方面投入再生产，另一方面能够通过物质激励形式提高对职工的刺激作用，企业普遍加大了发放补贴、津贴、奖金、实物力度，国家公务人员的工资水平也显著提高；同时，城市私营企业、个体企业蓬勃发展，经营性收入在国民收入中的比重上升。该阶段全国资本收入比重从 1984 年的 38% 上升到 1989 年的 42%，资本收入对经济的作用非常显著，但是这个阶段居民收入差距开始拉大。价格上实行“双轨制”，使部分掌握资源的人员获得了大量的灰色收入与非法收入，人们开始感觉到发展环境的不公平；1978 ~ 1985 年职工工资总额增长率较同期劳动生产率的增长超出很多，而 1985 ~ 1992 年刚好相反。[①] 在工资攀比效应的作用下，

① 李扬：《收入功能分配的调整：对国民收入分配向个人倾斜现象的思考》，《经济研究》，1992 年第 7 期。

不同行业职工工资竞相攀比，工资增长率超过了劳动生产率的增长，客观上导致了一些学者概括的“工资侵蚀利润”现象，[①] 削弱了企业持续发展能力，出现了比较严重的通货膨胀和经济增速的下降。

1992 年党的十四大以后我国明确提出要建立社会主义市场经济体制，邓小平同志的“南方谈话”标志我国改革开放进入新时期，经济体制改革的市场化取向确定下来，市场配置资源的深度和广度不断提高。收入分配制度实行“效率优先、兼顾公平”的分配原则，按劳分配范围在缩小，按资本、管理、技术等要素收入比重在扩大，收入分配不断向资本倾斜，劳动收入比重下降十分明显，从 1995 年的 59.10% 下降到 2007 年的 46.65%。尽管资本收入比重在不断提高，但资本的投资效益却是在降低的，我国的投资效益系数（指单位固定资产投资所增加的国内生产总值 GDP）从 20 世纪 90 年代中期的 0.6 左右下降到 2007 年 0.3 左右。此外，90 年代中后期我国国有企业经济困难，随后国有企业实行“分类指导、抓大放小”，并进行现代企业制度改造，国有企业大量破产倒闭，导致金融机构大量的呆坏账，因此 90 年代的资本投资效率是低下的。与此同时，这十几年时间是我国居民收入分配差距最大的时期，我国城乡居民收入之比在 2007 年为 3.3，创下改革开放以来的最大值；不仅如此，行业之间、区域之间收入差距也是明显的。居民收入差距扩大导致普通居民收入水平较低，再加上当时我国社会保障制度还不完善，而住房、医疗、教育等基本开支巨大，居民收入不得不强制储蓄，无力进行更多的消费，经济出现内部需求严重不足现象，因而不得不通过扩大出口拉动经济增长，社会生产能力整体过剩与内需不足共同存在，产能过剩现象比较严重。在此情况下，必须通过更多的资本投入才能维持经济的高速增长，资本投入的拉动作用出现明显的递减效应。2003 ~ 2007 年的劳动收入与资本收入之比平均下降到 50∶50，与改革初期的 60∶40 相比分配明显偏向于资本收入，这个阶段经济发展虽然保持较高增长速度，但是宏观经济结构失衡严重，主要依赖投资和出口拉动经济增长，经济增长方式粗放、环境破坏和资源消耗问题日益突出。

---

① 戴园晨、黎汉明：《工资侵蚀利润——中国经济体制改革中的潜在危险》，《经济研究》，1988 年第 6 期。

2008 年国际金融危机暴发以后，我国经济体系多年积累的弊病和矛盾集中暴发出来，尽管短期依靠国家干预避免经济大幅下降，但是我国经济发展环境已经与之前大相径庭，迫使我们必须转变经济发展方式。2012 年党的十八大以后，党中央高瞻远瞩地提出我国经济发展进入新常态，经济发展速度由高速发展向中高速发展转变；经济结构不断优化升级，第三产业、消费需求逐步成为主体，发展成果要由人民共享；发展动力从要素驱动、投资驱动转向创新驱动。在收入分配理念上出现重大转变，提出初次分配和再分配都要兼顾效率和公平，再分配更加注重公平，实现居民收入与经济增长同步提高、劳动报酬与劳动生产率同步提高。2008 年劳动收入比重从 51.39% 提高到 2015 年的 56.26%，劳动收入与资本收入之比平均为 54∶46，劳资收入失衡状态得到明显改善。从图 5－1 中可以看出，2008 年以后劳动收入对经济增长的推动作用稳定在 0.3 以上，资本收入的经济效应下降到 0.49 左右，出现了劳动收入的经济效应显著上升、资本收入的经济效应显著下降的趋势。这个时期尽管经济发展速度明显放缓，但是经济结构在不断优化，经济发展内生动力增强。由于居民收入水平显著提高，消费能力大幅提高、消费结构不断升级，消费对经济的拉动作用超过了投资，成为拉动经济的“三驾马车”之魁首。消费结构升级带动了产业结构升级，供给侧结构性改革深入推进，供给与需求的良性互动态势正在形成，经济结构失衡状况得到进一步改善。

二、主体收入分配格局的经济总量效应

（一）模型设定

本部分主要分析家庭、政府和企业收入格局对经济增长的总量效应，实证分析的过程与要素分配结构的经济效应基本相同。由于数据所限，本书只分析 1992 ~ 2016 年情况。在不引起误解的情况下，为了使叙述简洁明了，与前面相同的步骤不再赘述（以下同）。

借鉴 C－D 函数 $F = AK^{\alpha}L^{\beta}$，$(\alpha + \beta = 1)$，我们将生产函数设定为：$F(Y) = \beta_0 FR^{\beta_1} GR^{\beta_2} ER^{\beta_3} L^{\beta_4} K^{\beta_5}$，其中，FR、GR、ER、L、K 分别表示家庭收入、政府收

入、企业收入、就业和资本的增长率。可以建立主体分配格局与经济增长关系的时变参数模型二：

$$GDP_t = \beta_0 + \beta_{1t}FR_t + \beta_{2t}GR_t + \beta_{3t}ER_t + \beta_{4t}L + \beta_{5t}K + \varepsilon_t \quad (5-6)$$

（二）实证结果

经过单位根检验，各变量均为平稳数据；使用 Johansen 协整检验方法，结果表明这六个变量之间存在 4 个协整关系，说明不是“伪回归”。经过反复回归分析，舍掉不显著的常数项，最终回归结果如下：

$$GDP_t = \beta_{1t}FR_t + \beta_{2t}GR_t + \beta_{3t}ER_t + \beta_{4t}L + \beta_{5t}K + [var = \exp(-54.22)]$$

$$\beta_{1t} = 0.6844\beta_{1t-1}, \beta_{2t} = 0.1969\beta_{2t-1}, \beta_{3t} = 0.2339\beta_{3t-1},$$

p 值　(0.0394)　　　(0.0890)　　　(0.0041)

$$\beta_{4t} = 0.5542\beta_{4t-1}, \beta_{5t} = 0.2704\beta_{5t-1} \quad (5-7)$$

　　(0.0372)　　　(0.0443)

从解释变量的 p 值看，家庭收入、企业收入、就业和资本通过了 5% 的置信水平，而政府收入通过了 10% 的置信水平，回归效果总体上较好。解释变量家庭收入、政府收入和企业收入回归系数的动态变化见图 5－2。

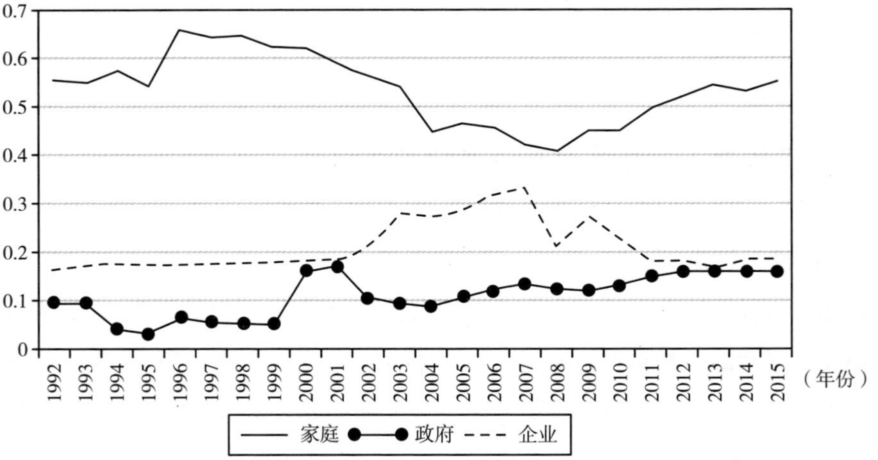

图 5－2　家庭、企业、政府收入的经济增长效应趋势

根据图 5－2 信息分析，首先，家庭收入对经济的作用可以分为三个阶段：

1992~1997年为上升趋势，1998~2007年逐年降低，2008年以后在呈波浪形上升势头；其次，政府收入的作用在20世纪90年代作用总体较小，1999~2004年波动较大，2004年以后增大幅度比较明显；最后，企业收入的作用，2001年以前数值比较平稳，2002~2007年企业收入的增长效应大幅提高，2009年以后显著下降。比较而言，主体收入分配推动经济增长的作用中，家庭收入作用最大，企业收入其次，政府收入最小。

1992年，我国开始建立社会主义市场经济体制，与计划经济体制相比，市场经济中家庭收入的经济增长作用凸显出来。1978~1997年，我国家庭收入比重提高很快，居民在工资收入以外，还有部分财产性收入和经营性收入，家庭消费在总消费中的比重快速提高，有效地拉动经济增长。主要依靠家庭收入为投资来源的私营经济、个体经济成为我国多种所有制的重要组成部分。家庭收入在消费和投资中作用是企业和政府无法相比的，当然它们的作用是相辅相成的，不能截然分开。而20世纪90年代后期至2007年家庭收入的作用显著下降，根本原因还在于收入水平增长缓慢而预期开支较大，居民不敢消费导致的。

20世纪90年代中后期我国经济遇到较大困难，生产总体上进入过剩阶段，企业还没有摆脱计划经济的体制惯性，表现为管理混乱、机构臃肿、效率低下、技术落后；同时，企业还承担相当规模的社会保障职能，因而企业负担重、效益低。90年代初期，国有企业出现了盈亏“三三制”，即三分之一亏损，三分之一虚盈实亏，只有三分之一还赚钱，而到了1996年，整个国有企业部门自1949年以来首次出现了净亏损。为了提高经济运行效率，必须对国有企业实行战略性改造，90年代后期，我国实施了以“下岗分流、减员增效”为主要内容的“三年脱困”（1998~2000年）计划。1998~2001年，国有企业有2550万名职工下岗，约占中国国有企业职工总数的四分之三，[①] 导致居民收入徘徊不前。据统计资料计算，1991~1998年，我国城镇居民实际收入年平均增长仅为3%，远低于平均经济增长速度。为了建立现代企业制度，完善市场经济体制，必须建立以社会承

① 吴敬琏、马国川：《重启改革议程：中国经济改革二十讲》，生活·读书·新知三联书店，2012年版，第205页。

担为主的社会保障制度，居民预期开支骤然增大，而住房、医疗、教育等开支都是长期性大额支出，唯有多年的积累才能应付如此巨大的支出，因而居民理性的选择就是降低当期消费或推迟消费，造成了我国经济第一次遭遇有效需求不足问题。1997年亚洲金融危机暴发导致企业出口形势恶化，对我国经济发展可谓是雪上加霜。因而，90年代企业利润下降、扩张无力，对经济增长的拉动作用很小，这种状况一直持续到2002年左右。

政府作用方面，20世纪90年代初期，在邓小平同志“南方谈话”的激励下，地方政府开始扩大投资规模，掀起了一轮轮经济建设的高潮，各种开发区、工业集中区等如雨后春笋般建立起来，政府支出对经济的影响作用显示出来；90年代后期，面对严重内需不足的问题，我国提出了扩大内需政策，政府加大了宏观经济干预力度，实行积极的财政政策和宽松的货币政策，在区域发展上提出了“西部大开发战略”“东北振兴战略”“中部崛起战略”等，这些措施有力地缓解了有效需求不足问题，经济增长保持了较快增长。在图5－2中反映为20世纪90年代后期到2003年政府作用尽管有较大波动，但平均效应比较高。

2000年以后，主体收入分配对经济增长的效应与20世纪90年代有较大区别。首先家庭收入的作用继续下降，直到2008年下降趋势才开始改变；其次企业收入的作用较之前提升明显，2011年以后开始下降，而政府收入的作用在小幅度提高。2007年党的十七大召开以后，收入分配政策开始向居民倾斜，不同群体的收入都有显著的提高，同时逐渐完善了社会保障制度，有效地降低了居民消费的后顾之忧：第一，提高了政府机关事业单位人员工资水平，建立公务人员工资正常调整机制，并且提高了个税起征点；第二，连续提高企业退休人员的工资，2005～2017年国家连续13年提高企业退休人员养老金标准，惠及8000多万退休职工；第三，2006年我国废除延续千年的农业税，减轻了数亿农民的税收负担；第四，城镇居民养老保险、医疗保险制度逐渐完善，新型农村合作医疗保险、新型农村社会养老保险、大病保障制度建立起来，并逐渐提高保障标准；第五，城乡完全实现九年义务教育，各种类型的助学补助奖励制度、助学贷款制度建立起来，不使一名学生因经济原因辍学。随着我国劳动人口越过“刘易斯拐点”和“人口红利”的消失，劳动力市场供求关系发生根本性改变，劳动工资出现较快的上涨势头，《中华人民共和国劳动合同法》的实施使劳动者权益得到较好保障。在政策和市场双重因素的推动下，2007年以后的十年是我国居民收入增长最快的时期，尽管出现了房地产市场的持续上涨，但是居民的消费能力仍保持大幅度提高，居民消费对经济增长的推动作用持续提高。总体来说，国际金融危机期间我国政府支出主要用于投资以抵御金融危机影响，危机过后政府及时调整了支出结构，适度降低了经济建设的支出比例，加大了对社会民生的支出力度，较好地践行了“使市场在资源配置中起决定性作用和更好发挥政府作用”的执政理念，政府支出的效果有明显改善，政府通过公共支出提供的公共物品与公共服务在较大程度上完善经济运行的外部环境，研究表明我国把扩大公共产品和公共服务供给作为经济增长引擎的政策是有效的（杨子晖①，2011；韩保江、韩心灵②，2017）。进入21世纪以后，企业的市场主体地位进一步提升，国有企业经过改革以后经营效益逐渐好转，一批大中型国有企业掌握国家的经济命脉，发挥了定海神针的作用；民营企业在市场经济中显示了勃勃生机，它们中不少企业已经走出了规模小、实力弱、管理差的困境，羽化为充满国际竞争力现代化企业，涌现出华为、腾讯、万达、阿里巴巴等一批国际性知名企业，创新能力和发展速度让世人刮目相看。在国家“大众创新、万众创业”政策引导和帮助下，我国企业经营环境日益优化，企业盈利能力和抗风险能力不断增强，对研发和创新的投入越来越大，对经济的拉动能力与日俱增。然而，企业发展还存在比较严重的问题，由于前期刺激性经济政策、政府竞争性的招商政策和企业的盲目扩张等因素，我国出现了严重的产能过剩，导致资源的严重错配和企业效益下滑，实体经济发展受阻，不少企业转向利润更高的房地产行业，经济“脱实向虚”趋势明显；2010年以后企业收入增加缓慢，2011～2016年企业可支配收入较前几年下降超过3个百分点，不少企业经营出现困难，企业收入对经济增长的推动作用有所降低。

---

① 杨子晖：《政府规模、政府支出增长与经济增长关系的非线性研究》，《数量经济技术经济研究》，2011年第6期。

② 韩保江、韩心灵：《公共产品供给与经济增长：影响机制与实证分析》，《经济社会体制比较》，2017年第5期。

第二节

收入分配格局的经济效率效应实证分析

经济增长不仅指总量的增长，更重要的是经济效率提高，没有效率提高的经济增长就像一个虚胖的人，外强而中干。在经济研究中常用全要素劳动生产率（Total Factor Productivity，TFP）表示经济效率。由于要素投入会出现规模报酬递减效应，没有全要素生产率的增长，经济最终将陷入停滞状态。党中央十分重视提高全要素生产率，党的十九大报告明确提出“必须坚持质量第一、效益优先，以供给侧结构性改革为主线，推动经济发展质量变革、效率变革、动力变革，提高全要素生产率”，提高全要素生产率是我国建立现代化经济体系的落脚点。本节主要内容是构建收入分配与全要素生产率的理论联系，实证分析我国的收入分配格局对宏观经济全要素生产率的影响。

一、收入分配影响全要素生产率的理论分析

全要素生产率指剔除要素投入（如资本和劳动）贡献后所得到的余值，也就是实际产出与实际有形投入的数量变动之差额，它最早由索洛（1957）提出，故也称为索洛余值。测算全要素生产率对经济增长贡献度，与要素投入对经济增长的贡献度比较，就可以确定经济政策是以增加总需求为主还是以调整经济结构、促进技术进步为主。[①] 按照新古典生产理论，全要素生产率应该是仅限于非体现的、外生的、希克斯中性的技术进步，然而在实践中如果只考虑非体现的技术进步是不够的。[②] 它应该既包括非体现的技术进步，也包括体现的技术进步。体现的技术进步是要素素质提高和数量增加带来的技术进步，例如，资本增长带来的规模递增效应和人力资本提高产生的劳动生产率提高，而非体现的技术进步

① 郭庆旺、贾俊雪：《中国全要素生产率的估算：1979～2004 年》，《经济研究》，2005 年第 6 期。

② 郑玉歆：《全要素生产率的测度及经济增长方式的“阶段性”规律》，《经济研究》，1999 年第 5 期。

指制度的变动、技术引进、管理改善、组织创新、宏观政策改进等带来的效率提高。从另一个角度看，全要素生产率由生产资源重新配置效率和微观生产效率两个部分构成，[①] 前者指要素从配置效率较低的领域转到配置效率更高的领域，如劳动力从农业部门流向工业部门将提高劳动生产率；后者主要指企业采用了新技术、新工艺，开发了新产品、开拓了新市场，或者改进组织机构和管理效率等提高的劳动生产率。总之，全要素生产率来源于效率改进、技术进步和规模效应三个方面。

本书认为收入分配状况可以直接或间接影响全要素劳动生产率。收入分配是生产成果在不同经济主体之间的分配，合理收入分配一定是生产要素投入与收益相匹配的，充分发挥分配的正向激励作用，有利于调动各种要素和资源积极参与生产经营活动，有利于改善要素的配置效率、鼓励技术创新和应用、提高规模经济效应，进而提高全要素生产率。

首先，收入分配状况影响要素的配置效率。在没有技术创新的情况下，只要改变要素使用的空间或组合就可促进配置效率提高。在劳动密集型产业中，农业的劳动生产率较低，如果能提高农民收入水平和社会保障水平，使其能够承受转移到城市的成本，在城市定居下来，农民就会从第一产业转移到第二、第三产业；同样，我国中西部地区劳动力比较丰富，如果能够顺利转移到中东部或到城市地区，也会显著提高劳动生产率。我国东部地区和大中城市的资本密集度高，资本相对过剩，投资呈现规模报酬递减效应，如果把过剩的资本从东部转移到西部、从城市转移到农村，同样规模的资本将会发挥更大的作用。

其次，收入分配影响技术进步和创新。技术进步与创新是全要素生产率最重要来源，技术进步的基础是教育和研发投入。发达国家的发展经验表明，家庭收入在满足基本生活以后，更大的收入比重将用于教育、培训、健康等方面支出，以提高家庭成员的知识水平和工作技能，这些都将提高全社会的人力资本存量。人力资本丰富的社会具有较高的创新思维和创新能力，很难想象一个温饱问题都不能解决的人有能力掌握先进的技术。企业是技术创新和研发的主要参与者，企

① 蔡昉：《中国经济增长如何转向全要素生产率驱动型》，《中国社会科学》，2013 年第 1 期。

业收入的提高有利于企业引进高端人才、购买先进技术和设备，增加技术研发投入力度，开拓新市场、研发新产品，促进产品优化升级，提供高质量的产品供给，有利于消费结构升级和产业结构升级。政府通过财政支出提供公共产品和公共服务，如优质的公共教育资源和公共医疗体系，有助于提高全体居民的综合素质；为技术引进和创新制定优惠的政策支持、提供宽松优良的创新环境；政府还通过资助的科研机构、大专院校以及企业的研发活动，增强科学技术创新能力和潜力。

最后，收入分配影响生产规模效应。生产的规模效应是体现的技术进步，可以通过增加要素投入总量和质量获得。新古典生产函数假设规模报酬不变，然而现实经济中并非如此。经济发展中规模报酬递增情况是普遍存在的，物质资本投入在一定时期内提高劳动生产率，如先进的机器就是技术进步的实物状态，先进机器取代旧机器以后生产效率会大大提升；同样的，就业者技能和知识水平的提高增加了劳动者潜在的生产能力，在不增加就业总量的情况下就可以提高劳动生产率。从要素收入分配来看，劳动收入的边际消费倾向较高，提高劳动收入比重有利于扩大社会总消费，有利于消费结构升级，是引诱新技术变革的重要推动因素；资本收入的边际储蓄倾向较高，提高资本收入比重有利于增加社会储蓄总量，从而转化为投资增加产能，有利于更先进的资本形态取代落后的资本形态。

二、我国全要素生产率的测算

对我国全要素生产率的测算，国内学者沈坤荣（1999）、张军和施少华（2003）、樊纲和王小鲁（2003）、郭庆旺和贾俊雪（2005）、王志刚和龚六堂等（2006）、李宾和罗志雄（2007）、赵志耘和杨朝峰（2011）等学者已经做过深入的研究，他们采用不同的测算方法和数据处理方法，得出的结果不尽相同，有些差异还比较大。一般来说，全要素生产率的测算方法有两大类：参数法和非参数法。参数法包括索洛余值法、隐形变量法和前沿面生产函数法；非参数法包括 Malmquist 指数方法和 HMB 指数方法。每种方法各有所长，也有明显的缺陷。根据本书的研究实际，决定仍然使用比较传统的索洛余值法测算全要素生产率，该方法模型简单，符合经济原理，国内不少学者使用该方法测算我国的全要素生产率，如张军、郭庆旺、孙琳琳、涂正革、赵志耘等，尽管该方法不能像前沿面生产函数法和非参数方法对全要素生产率进行分解，但是不影响本书研究。

索洛余值法最早由索洛（1957）提出，基本思路是假设总量生产函数后，计算出产出增长率，然后减去各投入要素增长率后，得到的余值就是全要素生产率，也称生产函数法。该方法在规模报酬不变和中性技术进步假设下，全要素生产率增长就等于技术进步率。假设总量生产函数为两要素 C－D 生产函数：$Y_t = Ae^{\lambda t}K_t^{\alpha}L_t^{\beta}$，$\alpha+\beta=1$，其中 Y、K、L 分别为实际产出、资本存量和劳动投入，α、β 分别为平均资本产出份额和平均劳动力产出份额，根据前面的定义，全要素生产率表示为：

$$\frac{\Delta A}{A}=\frac{\Delta Y}{Y}-\alpha\frac{\Delta K}{K}-\beta\frac{\Delta L}{L}=\frac{\Delta Y}{Y}-\alpha\frac{\Delta K}{K}-(1-\alpha)\frac{\Delta L}{L} \qquad (5-8)$$

根据式（5－8），要计算全要素生产率增长率，需要知道产量增长率、资本增长率、劳动增长率和 α 值。产量增长率用国民生产总值增长率表示，资本增长率是资本存量增长率，劳动增长率为就业增长率，这些数值根据表 5－1 就可以计算出来。现在需要计算平均资本产出份额 α 值，为此对 C－D 函数两边取自然对数有：

$$LN(Y_t)=LN(A)+\lambda t+\alpha LN(K_t)+\beta LN(L_t) \qquad (5-9)$$

在规模报酬不变 $\alpha+\beta=1$ 约束下，式（5－9）变形为：

$$LN\left(\frac{Y_t}{L_t}\right)=LN(A)+\lambda t+\alpha LN\left(\frac{K_t}{L_t}\right) \qquad (5-10)$$

把数据代入式（5－10）进行 OLS 估计，结果如下：

$$LN\left(\frac{Y_t}{L_t}\right)=-1.6343+0.0350t+0.4651LN\left(\frac{K_t}{L_t}\right) \qquad (5-11)$$

t 值：（－15.2578）（7.8674）（9.3686）

两个解释变量通过置信水平为 5% 的显著性检验，调整后的 $R^2=0.9908$，说明回归效果很好。由此得到 $\alpha=0.4651$，$\beta=0.5349$，根据表 5－1 的数值计算出产量增长率、就业增长率、资本存量增利率，代入式（5－9）可以得出 1979～2016 年中国全要素生产率增长率，见表 5－5。

表 5-5　　中国 1979~2016 年全要素生产率增长率

年份	1979	1980	1981	1982	1983	1984	1985	1986	1987	1988
TFP 增长率	-0.596	0.109	-1.804	1.912	4.114	7.586	5.399	1.505	4.822	4.781
年份	1989	1990	1991	1992	1993	1994	1995	1996	1997	1998
TFP 增长率	0.004	-3.840	1.477	8.915	6.814	6.997	5.654	4.868	4.331	2.674
年份	1999	2000	2001	2002	2003	2004	2005	2006	2007	2008
TFP 增长率	2.750	3.586	3.165	3.552	3.801	3.468	5.167	6.637	7.678	2.996
年份	2009	2010	2011	2012	2013	2014	2015	2016		
TFP 增长率	1.300	2.722	1.988	0.144	0.548	1.444	1.720	1.889		

根据表 5-5 数据绘制出全要素生产率增长率走势（见图 5-3），本书计算的 1979~2016 年中国全要素生产率增长率平均值为 3.16%，对我国经济增长的贡献率为 32.92%。本书测算的 TFP 增长率接近沈坤荣（1999）的 3.9%、张军和施少华（2003）的 2.8%，高于孙琳琳和任若恩（2005）的 2.16% 以及李宾（2009）的 2.6%。图 5-3 中的 TFP 的走势与我国经济形势密切相关，随我国经济体制改革政策和经济增长率的变化而起伏，1979 年 TFP 陡然增加至 1984 年的 7.59%，然后迅速下降到 1990 年的 -3.84%，20 世纪 90 年代总体趋势是下降的，1998~2007 年是 TFP 不断增加的 10 年，2007 年达到最高值 7.68%，也是我国经济增长最快的时期，2008 年国际金融危机以后 TFP 又迅速下跌，2012 年以后止跌回升。

图 5-3　中国全要素生产率增长率走势（1979~2016 年）

三、计量模型构建

第一部分从理论上分析了收入分配格局对全要素生产率的影响。然而，一定时期要素收入比重以及主体收入比重都是此消彼长的，如果国民收入能够保持合理的收入格局，就能形成合力有效地提高全要素生产率；相反，收入分配过度倾斜于某一部分而降低其他部分，各部分收入效应相互抵消，不利于全要素生产率的提高。因此，收入分配格局对全要素生产率的最终效应要通过实证分析才能确定。本部分内容是构建以全要素生产率为被解释变量，收入分配格局为解释变量计量模型。影响全要素生产率的因素有很多，除了收入分配以外，国家教育发展水平和国家研发能力（R&D）也是重要因素，教育发展水平用国家教育经费投入表示，研发能力用国家研发经费投入表示，《中国统计年鉴》可以获得 1992 ~ 2016 年教育与研发经费投入数据，具体见表 5 - 1。至此，将全要素生产率的分解模型设定为：

模型三：要素分配格局影响全要素生产率模型：

$$TFP_t = \beta_0 + \beta_{1t}LR + \beta_{2t}KR + \beta_{3t}ED + \beta_{4t}RD + e_t \qquad (5-12)$$

其中，LR、KR、ED 和 RD 分别为劳动收入份额、资本收入份额、教育经费投入和研发投入。

模型四：主体收入分配格局影响全要素生产率模型：

$$TFP_t = \gamma_0 + \gamma_{1t}FR + \gamma_{2t}GR + \gamma_{3t}ER + \gamma_{4t}ED + \gamma_{5t}RD + e_t \qquad (5-13)$$

其中，FR、GR、ER、ED、RD 分别为家庭收入、政府收入、企业收入、教育经费和研发投入。与前面实证分析相同，各变量输入的都是它们的增长率。

四、实证结果及分析

（一）要素收入格局影响 TFP 增长率实证结果

仍然使用时变参数分析法，式（5 - 12）的初次回归结果见表 5 - 6。

表 5－6　　　　模型三的初始回归结果

	Final State	Root MSE	z－Statistic	Prob.
β_{1t}	0.282096	0.074373	3.792999	0.0001
β_{2t}	0.371021	0.067296	5.513259	0
β_{3t}	0.232751	0.069376	3.354902	0.0008
β_{4t}	0.036318	0.050235	0.722951	0.4697

表5－6说明 β_{4t} 的系数（研发投入）不显著，故舍弃该变量，再次回归分析得到结果如下：

$$TFP_t = 1.6218 + 0.2980LR + 0.3859KR + 0.2413ED \tag{5-14}$$

z 值　(43.345)(4.196)　(6.25)　(3.529)

LR、KR、ED 都通过了置信水平为1%的显著性检验，且有：

$$\begin{cases} \beta_{1t} = 0.2980\beta_{1t-1} \\ \beta_{2t} = 0.3859\beta_{2t-1} \\ \beta_{3t} = 0.2413\beta_{3t-1} \end{cases} \tag{5-15}$$

劳动收入份额（LR）、资本收入份额（KR）与教育经费投入（ED）对 TFP 增长率效应的动态走势见图 5－4。根据图形显示的信息，首先，要素收入份额对 TFP 影响可分为三个阶段：第一阶段为 1993～1998 年，劳动收入份额的影响增加而资本收入份额的影响下降；第二阶段为 1999～2008 年，劳动收入份额影响急剧下降而资本收入份额影响逐渐上升；第三阶段是 2009 年以后，劳动收入份额的作用稳中有升而资本收入份额的作用保持平稳。总体来看，2001 年以前劳动收入份额的作用大于资本收入份额，而 2001 年以后相反。其次，国家教育经费投入的作用分为两个阶段：第一阶段是 1993～2004 年，教育经费投入对 TFP 的拉动作用较小，保持在 0.1 以下；第二阶段为 2005 年以后，作用稳定在 0.2～0.3。最后，从平均作用来说，资本收入份额的平均作用最大，为 0.3859，然后是劳动收入份额 0.2980，最小是教育经费投入 0.2413。

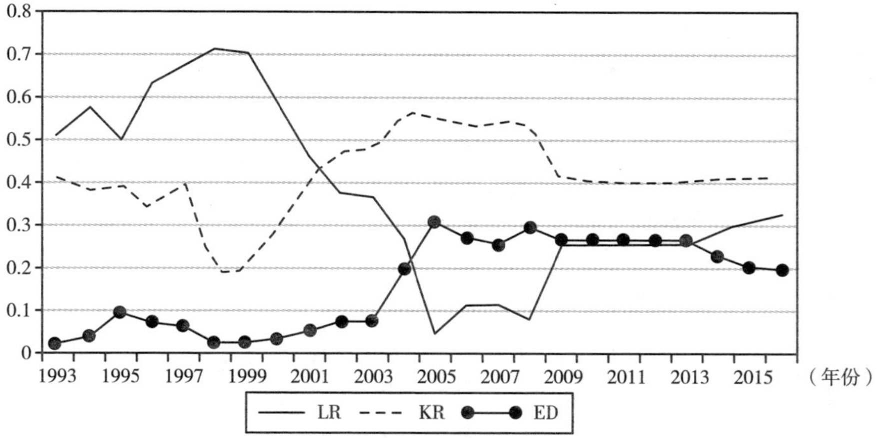

图 5－4 要素收入份额对 TFP 增长率的影响动态走势

为了分析劳动收入份额对 TFP 增长率的影响作用，我们把劳动收入占比与劳动收入份额对 TFP 的作用、资本收入占比与资本收入份额对 TFP 的作用在一个图形中画出了，见图 5－5 和图 5－6。从图形走势可以看出，要素收入比重与要素收入对 TFP 的作用两者的趋势基本相同，这一点在资本收入比重与资本收入对 TFP 的作用显示更为明显：2007 年以前，两者基本趋势都在下降，而 2007 年之后都是下降的。因此，可以得出一个基本结论：要素收入比重与要素收入对 TFP

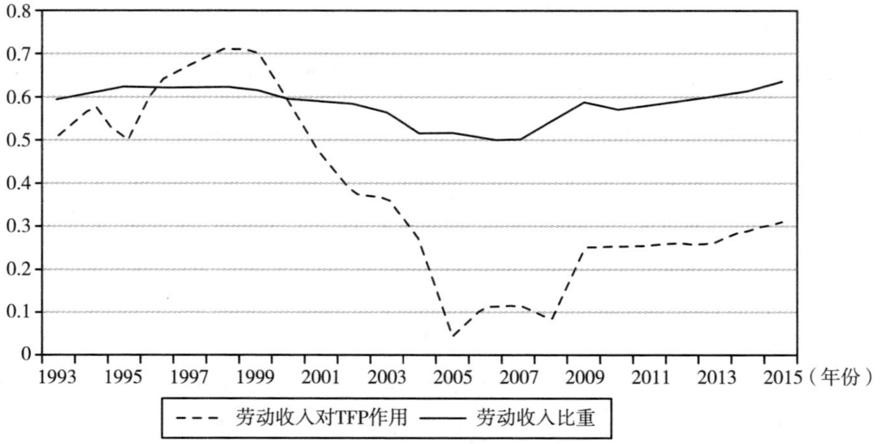

图 5－5 劳动收入比重与劳动收入对 TFP 的作用

的作用是呈正相关关系的。在 2008 年金融危机以后，特别是 2012 年我国进入经济新常态以后，劳动收入对 TFP 的作用逐渐增加，而资本收入的作用在下降。本书认为资本收入对我国经济增长效率拉动作用已经显示出疲弱之态，增加资本收入不如增加劳动收入对经济效益的作用明显。

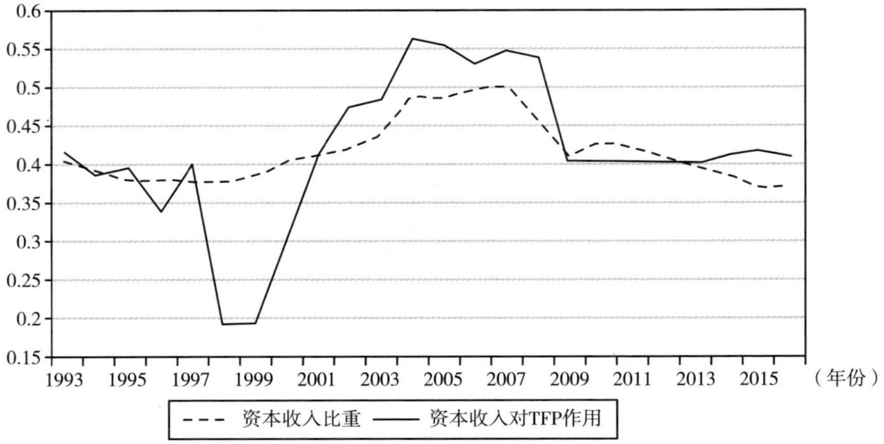

图 5-6　资本收入比重与资本收入对 TFP 的作用

对于教育经费投入与 TFP 的关系，随着我国教育经费投入占 GDP 比重的提高而增加。20 世纪 90 年代我国教育经费占 GDP 的比重只有 2 个百分点，对经济效率的影响比较小，2004 年首次达到 4%，此后稳定在 4% 以上，对经济效率的推动作用开始显现出来。经过国家大力投入，我国居民在校受教育年限越来越高，全国已经普及 9 年义务教育，目前不少省区市已经提出要普及高中义务教育，大学毛入学率达到 40% 以上。由于居民受教育水平的大幅提高，我国已经培养出数量庞大的初步适应现代经济发展的人才，人力资本存量高速增长，对我国经济增长效益的提高越来越大。至于研发投入对 TFP 影响不显著，本书认为可能有两个方面的原因：一是我国研发投入占 GDP 的比重还不高，90 年代不到 0.5%，当前刚刚到达 2% 的水平，而美国、德国、奥地利等国比重都超过 2.8%，韩国、日本、芬兰等国比重超过 3%，[①] 距离发达国家还有明显差距；二是研发资金使

① 资料来源：《世界各国科技研发投入的分析与思考》，广东统计信息网。

用效率不高，相当比例的研究资金用于人员工资和管理开支，研发成果转化率很低，很多科研成果被束之高阁。

（二）主体收入格局影响 TFP 增长率实证结果

使用时变参数分析法，对式（5－13）进行回归分析，结果表明，政府收入、研发支出没有通过显著性检验（见表5－7），故舍弃。

表5－7　　式（5－13）初次回归结果

	Final State	Root MSE	z－Statistic	Prob.
γ_{1t}	0.551251	0.148533	3.711304	0.000206
γ_{2t}	0.044558	0.098587	0.451969	0.651291
γ_{3t}	0.071508	0.038133	1.875232	0.060761
γ_{4t}	0.17835	0.096522	1.847768	0.064636
γ_{5t}	0.077168	0.059733	1.291885	0.196397

最终回归结果为：

$$TFP = 2.094 + 0.6521FR + 0.0816ER + 0.1959ED \quad (5-16)$$

z 值（6.30）（6.379）　（2.119）　（2.147）

FR、ER 和 ED 都通过了置信水平为5%的显著性检验，且有：

$$\begin{cases} \gamma_{1t} = 0.6521\gamma_{1t-1} \\ \gamma_{3t} = 0.0816\gamma_{2t-1} \\ \gamma_{4t} = 0.1959\gamma_{2t-1} \end{cases} \quad (5-17)$$

家庭收入、企业收入和教育经费投入对 TFP 的作用动态趋势见图5－7。根据图示，家庭收入对 TFP 的影响走势分为两个阶段：第一阶段是1995～2005年，该阶段家庭收入的影响是逐渐下降的；第二阶段是2006年以后，作用效果先上升后保持平稳。企业收入对 TFP 的作用分为两个阶段，2005年以前总体保持较低水平，而2005年以后稳步上升，当前保持稳定状态。教育经费支出对 TFP 的作用在2002年以前处于较低水平，而2004年以后增长比较明显。在主体收入分配中，家庭收入作用尽管有较大波动，但始终是提高 TFP 的主要推动力。家庭收入是市场最大消费来源，对于技术创新、市场扩大、产业结构优化等有重要作

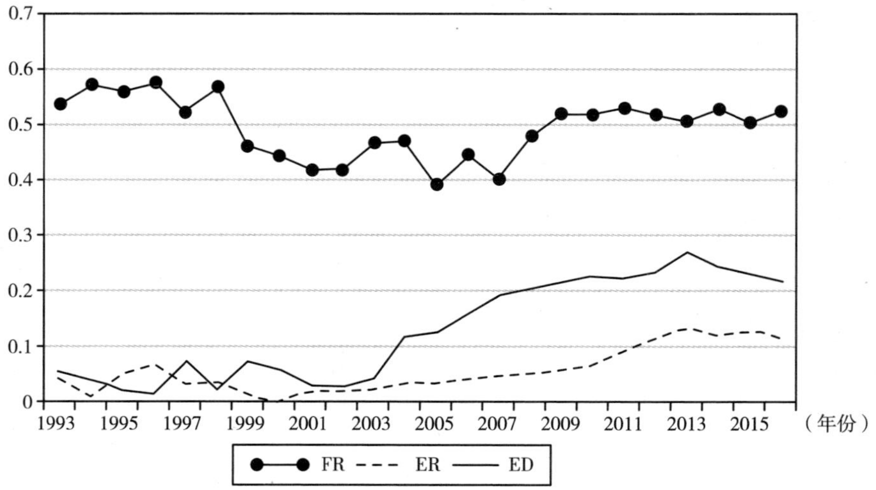

图5－7　家庭收入（FR）、企业收入（ER）和教育经费支出（ED）对TFP作用

用；同时，家庭收入是形成人力资本的主要经济基础，教育、医疗、文化、娱乐、培训等支出是形成人力资本的主要渠道。2000年以后我国家庭收入尽管总量上不断提高，但是由于家庭收入差距日益扩大，高收入家庭边际消费倾向较小，普通家庭由于住房、医疗、教育等支出大幅度提高，严重制约了他们对其他产品的消费能力，因此家庭收入对TFP的拉动作用有待提高。总体上看，政府收入对TFP的拉动作用不显著，但教育经费支出的效果是比较明显的，这与式(5－13)回归结果相似。本书认为，进入21世纪以后，政府收入比重在不断提高，财政支出结构在优化，行政性开支比重和建设支出比重在下降，社会民生支出的比重越来越高，特别是国家教育经费支出逐年提高，国家教育经费占GDP的比重超过4%，城乡教育基础设施完善，教育均等化水平提高，高等教育的毛入学率逐年提升，当前已经超过40%。政府教育经费支出的加大有利于增加全社会人力资本存量，有利于提高科学研究和技术创新水平，对TFP增长率有积极的作用。回归结果显示，企业收入对TFP增长率作用是显著的，特别是金融危机以后，我国企业逐渐认识到技术创新的重要性，企业对研发的投入力度不断提高，1994年我国规模以上工业有研发活动的企业个数仅为8817个（见表5－8），而2015年提高到73570家，研发经费支出从321.3亿元增加到10013.9亿元，提高了31倍，有研发活动的企业占比从2000年的10.6%增加到2015年的19.2%，研发支出占主营收入的比重从0.58增加到0.90。2015年，来自我国企业研发经费支出占比达到71.09%，从数量上看，企业已经是研发经费投入的主体，企业研发支出占比超过了美国、英国、德国和OECD国家的平均水平，基本与日本和韩国持平，涌现出华为、联想、格力、阿里、腾讯、海尔等一批有雄厚创新实力的企业。但是从总体上看，我国企业的高水平技术创新成果较少、企业高层次人才缺乏、基础研究缺位、应用研究严重不足，大中型工业企业的平均研发支出强度不及发达国家的1/4，对TFP的推动作用还要进一步提高。

表5-8　　我国规模以上工业企业的研发（R&D）基本情况

年份	1994	1998	2000	2009	2012	2015
有研发活动的企业数（个）	8817	7200	17272	36387	47204	73570
有研发活动企业所占比重（%）			10.6	8.48	13.7	19.2
研发经费内部支出（亿元）	321.3	478.7	489.69	3775.7	7200.6	10013.9
研发经费支出与主营收入比（%）			0.58	0.69	0.77	0.9

资料来源：根据1999年和2016年《中国科技统计年鉴》相关数据整理。

第三节

收入分配格局的经济结构调整效应实证分析

收入分配状况对需求结构、产业结构等重要的经济结构有重大影响，本书第四章分析了收入分配影响经济结构传导机制，本节重点实证分析我国收入分配格局对需求结构以及产业结构的影响效果。

国内学者对收入分配与经济结构的关系有一定的研究，针对劳动报酬较低对我国经济的影响的研究做了两方面的工作：一是从理论上分析了劳动报酬提高对经济增长、消费、投资、出口、就业等重要宏观经济指标的影响；二是从实证上分析提高劳动报酬的经济效应。关于收入状况对经济结构影响的研究，苏良军等（2006）使用面板数据对中国城乡居民消费和收入之间的关系进行了研究，实证发现居民消费和收入之间存在显著的协整关系。[①] 刘伟、蔡志洲（2010）使用国

① 苏良军等《中国城乡居民消费与收入关系的面板数据协整研究》，《世界经济》，2006年第5期。

民收入流量表分析表明我国投资与消费的结构性矛盾与国民收入分配结构的失衡有密切的关系。[①] 沈坤荣、刘东皇（2011）实证研究表明，劳动报酬的提升有利于扩大居民的消费需求，提出推动经济发展方式应该由依靠投资和出口驱动向消费、投资和出口协调驱动转变。[②] 王云中、庄雷（2014）实证研究我国劳动报酬提高对消费、投资、就业、利用外资等多个宏观经济指标的影响，结果表明当前适度提高劳动报酬整体上有利于宏观经济增长。[③] 魏婕等（2016）利用中国 1998 ~ 2011 年的省际面板数据对投资消费失衡原因进行计量检验，结果表明需求层面收入分配结构扭曲和供给层面技术结构扭曲的共同作用是导致失衡的重要原因[④]。

我国学者对收入分配与经济结构的实证研究对本书进一步的研究具有启发意义，本节将实证分析要素分配格局对投资、消费和产业结构的影响以及主体分配格局对它们的影响，比较全面地分析收入分配格局对经济结构的调整效应。

一、模型构建与指标说明

（一）模型构建

本书分别用投资与消费、第二产业产值和第三产业产值与 GDP 的比重来表示经济结构，分别将它们作为被解释变量，将劳动收入占比（要素收入由劳动收入和资本收入构成两部分构成，两者的关系是此消彼长的，故只要分析劳动收入的经济结构调整效应即可）、家庭收入占比、企业收入占比、政府收入占比作为解释变量，考虑到产业结构调整与经济增长速度息息相关，故将经济增长率作为控制变量，构建线性回归模型分析分配格局对经济结构的调整效应。模型五构建如下：

$$ES_i = c_i + \alpha_i IC_i + \beta_i EG_i + \varepsilon_i \quad (5-18)$$

其中，ES 为经济结构，表示需求结构、产业结构和需求层次；IC 为收入占

---

① 刘伟、蔡志洲：《国内总需求结构矛盾与国民收入分配失衡》，《经济学动态》，2010 年第 7 期。

② 沈坤荣、刘东皇：《中国劳动者报酬提升的需求效应分析》，《经济学家》，2011 年第 2 期。

③ 王云中、庄雷：《我国劳动报酬提高对宏观经济影响的实证分析》，《马克思主义研究》，2014 年第 7 期。

④ 魏婕等：《双重结构扭曲下的经济失衡：理论与经验证据》，《南开经济研究》，2016 年第 5 期。

比，它分别表示劳动收入、家庭收入、政府收入和企业收入；EG 为经济增速，是控制变量。

（二）指标说明

ES 为经济结构，一是投资占 GDP 比重（IR），用资本形成总额与 GDP 之比表示；二是消费占 GDP 比重（CR），用最终消费与 GDP 之比表示；三是第二产业产量占 GDP 比重（SR）；四是第三产业产量占 GDP 比重（TR）；五是恩格尔系数（EC），取城乡居民恩格尔系数平均值，表示居民的消费结构变化，系数越高，生活水平越低，反之则越高。所有数据均是以 1978 年为基期价格指数调整的实际值。IC 为收入占比，分别表示劳动收入占比（LR）、家庭收入（FR）、政府收入（GR）和企业收入（ER）占比；EG 为经济增长率，用 GDP 增长率表示。主体收入比重数据从 1992～2016 年，其他指标数据从 1978～2016 年。

（三）单位根检验

本书用 ADF 法对各指标变量进行单位根检验，结果见表 5－9，表明 IR、CR、SR、TR、LR、FR、GR、ER 都有单位根，而差分以后的各变量及 EG 均为平稳数列，因此可以避免“伪回归”。

表 5－9　　　　　　　　各变量单位根检验结果

变量	检验类别	1% 临界值	5% 临界值	ADF 值	单位根
IR	（C，0，0）	－3.6155	－2.9411	0.4762	有
ΔIR	（C，0，0）	－3.6210	－2.9434	－4.892	无
CR	（C，0，1）	－3.6210	－2.9434	－1.4804	有
ΔCR	（C，0，0）	－3.6210	－2.9434	－3.4753	无
SR	（C，0，1）	－3.6210	－2.9434	－1.693	有
ΔSR	（C，0，0）	－3.6210	－2.9434	－4.2055	无
TR	（C，T，0）	－4.2268	－3.5366	－2.9334	有
ΔTR	（C，T，0）	－4.2268	－3.5366	－4.7761	无
LR	（C，0，0）	－4.2191	－3.533	－1.608	有
ΔLR	（C，0，0）	－4.2191	－3.533	－5.7039	无

续表

变量	检验类别	1%临界值	5%临界值	ADF值	单位根
FR	(C, 0, 0)	-4.5325	-3.6736	-3.3231	有
ΔFR	(C, T, 0)	-4.4407	-3.6329	-5.9359	无
GR	(C, 0, 0)	-3.7529	-2.998	-0.8613	有
ΔGR	(C, 0, 0)	-3.7696	-3.0049	-3.3049	无
ER	(C, 0, 0)	-4.3943	-3.6122	-1.6475	有
ΔER	(C, 0, 0	-3.7529	-2.9981	-5.7665	无
EC	(C, 0, 0)	-3.6156	-2.9411	-1.6194	有
ΔEC	(C, 0, 0)	-3.6210	-2.9434	-5.7534	无
EG	(C, T, 0)	-3.6156	-2.9411	-4.4366	无

注：最大滞后阶数取9，由SIC准则自动确定。

二、劳动收入份额的经济结构效应实证结果

将式（5-18）中被解释变量经济结构分别视为第二产业占比、第三产业占比、投资占比、消费占比、恩格尔系数，解释变量视为劳动收入，回归结果见表5-10。

表5-10　　劳动收入占比的经济结构调整效应实证结果

变量	模型1：被解释变量SR	模型2：被解释变量TR	模型3：被解释变量IR	模型4：被解释变量CR	模型5：被解释变量EC
c	0.0652	-0.1384*	0.04238	-0.0211	0.1226
LR	-0.1182**	0.1205**	-0.1416**	0.1916*	-0.0888*
被解释变量的前一期值	0.8262**	1.0322**	0.9166**	0.9091**	1.0229
GR	0.07390**	0.057	0.0702**	-0.0381	-0.0802*
AR（1）				0.3504	-0.1044
AR（2）			-0.2056		
调整后的R^2	0.7764	0.9821	0.8117	0.9617	0.9732
F值	43.83	675.77	38.71	226.87	318.82
D-W值	1.83	1.89	1.95	2.06	2.23

注：*表示10%的显著性水平，**表示5%的显著性水平。

五个回归方程中的劳动收入占比有三个通过5%的显著性检验，两个通过10%显著性检验，被解释变量的前一期值都通过了5%的显著性检验，调整后的可决系数最小的为0.7764，说明整体回归拟合效果较好，D－W值分别在2左右，说明不存在自相关。

模型1中的解释变量劳动收入占比（LR）系数为－0.1182，说明劳动收入占比与第二产业占比负相关，前者占比每增加1%导致与后者比重下降约0.12%。模型2中LR系数为0.1205，说明LR每增加1%导致第三产业上升约0.12%。这与前面的理论分析基本一致，劳动收入占比增加有利于第二产业向第三产业的转换，产业结构优化升级，符合经济发展规律。我国劳动收入占比、第二产业占比和第三产业占比之间的走势见图5－8。图5－8显示劳动收入占比与第二产业占比走势基本相反；至于与第三产业的关系，1998年以前和2008年以后两个时间阶段劳动收入占比上升，第三产业占比也上升，1999～2007年劳动收入占比下降，第三产业占比基本保持不变，再次确认劳动收入占比与第三产业占比的正相关关系，因此图5－8和模型1、模型2两者反映的信息是相互印证的，而从2007年以来的10年劳动收入占比与第二产业、第三产业之间的关系更加明确，本书认为这具有显著的政策意义。

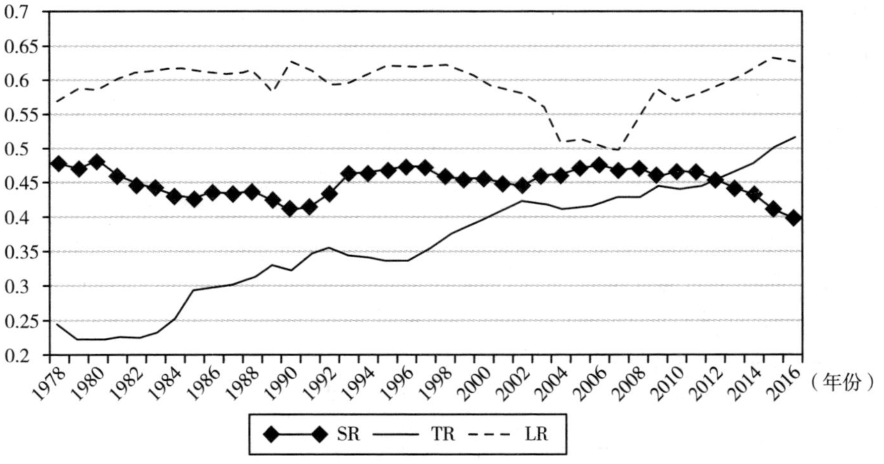

图5－8　劳动收入占比与第二产业、第三产业的走势

模型3表明LR与投资占比（IR）是反向变化的，前者增加1%将使后者下降0.1416%。模型4表明LR与消费占比（CR）是同向变化的，前者增加1%将使后者增加0.1916%。两个模型表明劳动收入占比上升有利于消费而不利于投资，三者之间的变化趋势见图5－9，它表明LR与CR两者变化趋势基本相同，LR与IR走势基本相反，与模型3和模型4的实证结果是相互印证的。LR与IR、CR的互动关系基本反映了我国经济发展方式的变化，1998年以前的劳动收入较高，支撑了较高的消费占比，该阶段消费拉动经济增长的动力比较充足。1999年以后劳动收入比重走低，居民消费能力下降，经济增长动力更多地依靠投资，投资占比提高到40%以上，2008年金融危机期间达到最大值，投资与消费失衡状况比较严重，这与国民收入分配结构失衡密切相关（刘伟、蔡志洲，2010）。2012年经济进入新常态以后，劳动收入与消费同时上升，而投资下降，经济发展动力更多地依靠消费。当前消费占比高于50%，消费已经成为我国经济发展的最大贡献者，有效地缓解了投资与消费的结构性失衡问题，这与最近几年劳动收入占比提高息息相关。模型5的结果表明LR每增加1%，恩格尔系数降低－0.09%，恩格尔系数指食品支出总额占居民消费支出的比重，随着收入的提高，恩格尔系数应该逐渐降低，消费层次是提高的。模型5说明劳动收入提高有助于提高居民的生活水平。

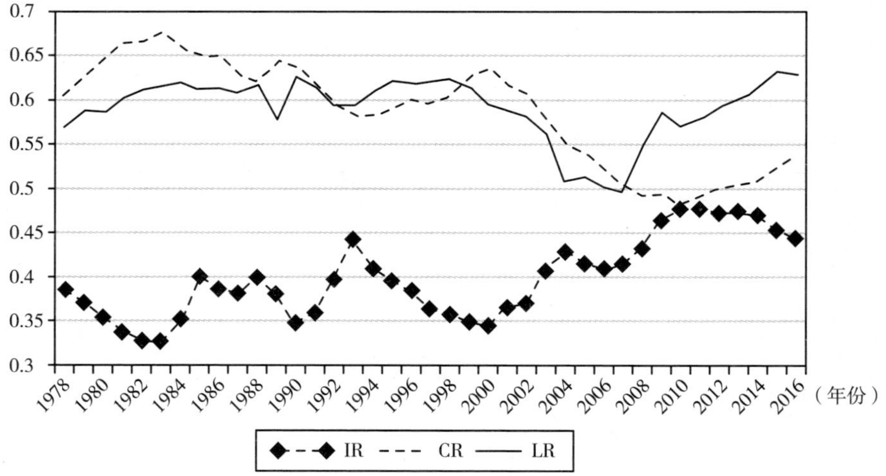

图5－9　劳动收入占比与投资、消费的变化

三、主体收入格局的经济结构效应实证结果

将式（5－18）中被解释变量经济结构分别视为第二产业占比SR、第三产业占比TR、投资占比IR、消费占比CR，解释变量分别视为家庭收入占比FR、政府收入占GR与企业收入占比ER，控制变量为被解释变量的前期值与经济增长率，12个模型回归结果集中呈现在表5－11中。可以看出，解释变量FR在模型2里统计性检验不显著，FR在模型1和模型2里统计性检验不显著，被解释变量的前期值都是显著的，调整后的可决系数多数超过0.9，其中最小值超过0.7，说明拟合优度较高。

从回归结果来看，首先，第二产业变化，家庭收入与企业收入对第二产业影响是显著的，家庭收入占比增加1%，第二产业占比降低0.0021%，企业收入占比增加1%，第二产业占比提高0.0033%，政府收入对第二产业变化影响不显著；其次，第三产业变化，企业收入占比增加1%，第三产业占比下降－0.0033%，家庭收入与政府收入对第三产业影响不显著；再次，投资的变化，家庭收入占比、政府收入占比、企业收入占比每提高1%，投资比重分别下降0.0038%、提高0.0081%、提高0.005%；最后，消费的变化，家庭收入占比、政府收入占比、企业收入占比每提高1%，消费比重分别增加0.0044%、降低0.0046%、降低0.0055%。因此，家庭收入占比提高有助于发展第三产业和提高消费，政府收入比重提高有助于投资，而企业收入占比提高有助于发展第三产业和扩大投资。

但是从总体上看，表5－10和表5－11的回归结果表明，主体收入格局的经济调整效应远没有要素收入格局大。本书认为要素收入与主体收入是两种不同的收入分配方法，要素收入是按照要素贡献大小获得的收入，而主体收入是总收入在不同主体之间的分配，主体收入一般由要素收入构成。例如，家庭收入是由工资性收入、经营性收入、财产性收入和转移性收入组成，归根结底是由劳动收入和资本收入两种不同个性质的收入构成，劳动收入主要用来消费，而资本收入主要用来投资，家庭收入是它们的综合。因此，如果把全国家庭收入看成一个整体，家庭收入一部分用来消费另一部分用来投资，这样家庭收入相对于劳动收

入，前者用于消费支出的量远小于后者，相应地，前者对消费促进作用就远小于后者；同样的道理，前者对投资抑制作用也远小于后者。政府收入主要由生产税构成，还有部分财产性收入和行政收费，而政府支出可以划分为行政性支出、社会科教文卫支出和经济建设支出，我国政府支出用于行政性支出和经济建设支出的比重较大，有利于投资，但是会挤出消费，用于社会科教文卫支出等服务开支比重较小，尽管这项开支有利于消费，但是作用很小，在这些支出的合力影响下，政府支出对消费有抑制作用而对投资有促进作用。本书认为这与我国政府职能定位有关，长期以来各级政府都把发展经济放在首要位置，官员的考核机制偏重于经济发展情况，因而政府支出的重点是经济建设，对公共产品和服务不太重视，所以政府收入对投资有促进作用就在情理之中。而随着我国经济发展进入新时代，政府职能发生了重大变化，政府职能主要是弥补“市场失灵”，由经济建设转变为保持宏观经济稳定，提供基本公共产品和公共服务，加强市场监管，保障市场公平交易，降低收入差距，推动可持续发展。今后，政府对经济发展的直接投资会逐渐减少，可以预期政府支出对投资的作用在减少而对消费的作用在增长。企业收入来自营业盈余、固定资产折旧和补贴，主要是资本收入，但是企业收入在总资本收入的比重并不大，因而对第二产业与投资的促进作用远小于总资本收入，同样对第三产业和消费的抑制作用也很小。

表 5-11　　主体收入格局的经济结构调整效应实证结果

变量	主体收入占比	模型 1：被解释变量 SR	模型 2：被解释变量 TR	模型 3：被解释变量 IR	模型 4：被解释变量 CR
c	FR	-64.9039	-0.1869	0.5459**	-0.056
	GR	0.1631	-0.0288	0.1830*	0.3205*
	ER	0.2059*	0.2341	0.2091**	0.1634*
解释变量	FR	-0.0021*	0.0015	-0.0038**	0.0044**
	GR	0.0031	-0.0018	0.0081**	-0.0046*
	ER	0.0033**	-0.0033**	0.0050**	-0.0055**
被解释变量前一期值	FR	0.6589**	1.1118**	0.7118**	0.6547**
	GR	0.6183*	1.1082**	0.6401**	0.6284**
	ER	0.5061*	0.6520**	0.8226**	0.7905**

续表

变量	主体收入占比	模型 1：被解释变量 SR	模型 2：被解释变量 TR	模型 3：被解释变量 IR	模型 4：被解释变量 CR
GR	FR	-0.0304	0.0499	-0.1729**	-0.0279
	GR	-0.0586	0.0195	-0.1554*	-0.0089
	ER	-0.0596	0.028	-0.2167**	0.0601
AR（1）	FR	0.5679**	0.1358		
	GR	0.9341**	0.9362**	0.252	0.074
	ER			-0.053	
AR（2）	FR	0.4319**	0.1696	0.019	
	GR				
	ER				-0.1895
调整后的 R^2	FR	0.8343	0.967	0.9427	0.9503
	GR	0.7267	0.9653	0.9185	0.7838
	ER	0.8202	0.9738	0.9412	0.9555
F 值	FR	22.14	124.23	87.43	147.64
	GR	16.29	223.66	62.99	20.95
	ER	21.67	215.06	89.05	113.73
D-W 值	FR	2.27	1.81	1.85	1.92
	GR	2.08	1.55	1.36	1.91
	ER	2.12	2.26	2.06	2.35

注：* 表示通过了 10% 的显著性水平检验，** 表示通过了 5% 的显著性水平检验。

第四节

要素收入分配格局对收入差距影响的实证分析

改革开放以来，我国居民收入水平得到极大提高，都不同程度地分享了改革的成果。但不可否认的是，最近 20 多年我国居民的收入差距持续扩大，据国家统计局公布数据显示，1994 年我国基尼系数首次超过 0.4，达到收入差距较大水平，2008 年基尼系数达到最高点 0.491（一些学术机构的研究结论显著高于国家统计局公布的数值），随后几年略有下降，2016 年基尼系数仍然高达 0.465，高于世界绝大多数国家，甚至超过美国等发达国家的差距。收入差距持续保持在高位不利于社会和谐稳定，不利于经济持续稳定增长，与中国特色社会主义共同富裕的本质要求相违背。对于收入差距扩大的原因，我国学者有深入的研究，分别从经济发展因素、体制改革因素和政府政策因素等方面展开研究，认为赶超战略、城乡二元结构、城市化进程、工业化进程、教育水平、经济开放度等都是不可忽视的重要因素。本书认为要素收入分配变化对收入差距有重要影响，不能不加以认真研究，目前这方面的研究还不够。Lerman 和 Yitzhaki（1985）认为居民收入的不同来源对收入不平等的影响不同，居民财产性收入分配的不平等程度高于工资收入。[①] Atkinson（2000）研究发现对处于收入分布中较高位置的个体收入来源主要是财产收入，而收入分布中处于较低位置的个体收入来源主要是工资收入，因而财产收入增加不利于减少收入差距。[②] 一些研究还发现劳动分配份额越高的国家，居民收入分配差距越低。[③] 事实上，我国 20 世纪 90 年代以来劳动收入份额下降和收入差距扩大是同时出现的，这不是偶然现象。本节将建立要素收入分配影响收入差距的计量模型，探索要素分配对我国收入差距的短期和长期影响。

一、计量模型和数据

本书使用基尼系数（GINI）表示收入差距，作为被解释变量，用资本收入比重（KR）作为解释变量，将城镇化率（UR）和工业化率（IR）作为控制变量，建立计量模型六：

$$GINI = C + \alpha KR + \beta UR + \gamma IR + u_t \quad (5-19)$$

基尼系数数据来自国家统计局网站，资本收入比重数据来自第四章本书计算的数据，城镇化率用非农业人口与全国人口之比表示，工业化率用第二产业占 GDP 的比重表示，时间区间为 1981 ~2016 年。

---

① RI Lerman，Syitzhaki，Income Inequality Effects by Income Source：A New Approach and Applications to the United States，《Review of Economics & Statistics》，1985，67（1）：151 - 156。

② AB Atkinson，The Changing Distribution of Income：Evidence and Explanations，《German Economic Review》，2000，1（1）：3 - 18。

③ C Garcíapeñalosa，The personal and the factor distributions of income in a cross - section of countries，《Journal of Development Studies》，2007，43（5）：812 - 829。

首先需要对各变量进行单位根检验，结果表明，原变量都是不平稳的，而一阶差分以后的变量都是平稳变量，即这四个变量都是一阶单整数列。非平稳序列回归分析很可能出现“伪回归”，因而需要经过协整检验。本书使用用 Johansen 检验法检验，结果见表 5－12。

表 5－12　　Johansen 协整检验结果

Hypothesized		Trace	0.05	
No. of CE (s)	Eigenvalue	Statistic	Critical Value	Prob. **
None *	0.905465	71.67255	47.85613	0.0001
At most 1	0.501429	22.13809	29.79707	0.2909
At most 2	0.298525	7.521892	15.49471	0.5178
At most 3	0.003609	0.075917	3.841466	0.7829

从表 5－12 结果可以看出，这四个变量在 5% 显著性水平下存在一个协整关系，不会出现“伪回归”。

二、实证结果及分析

对式（5－19）回归分析结果为：

$$GINI = 34.74 + 0.390 \times KR + 0.856 \times UR - 0.136 \times IR + u_t \quad (5-20)$$

（3.13）　　（4.61）　　（－0.977）

$R^2 = 0.712$，$DW = 1.84$

从式（5－20）统计分析结果看，资本收入比重、城镇化率在 5% 水平下是显著的，而工业化率不显著。从长期发展看，资本收入比重、城镇化率与基尼系数呈正相关关系，资本收入比重每增加一个百分点，引起基尼系数增加 0.39 个点，城镇化率每增加 1 个百分点，基尼系数增加 0.856 个点；而工业化率每增加 1 个百分点，能降低基尼系数 0.136 个点。实证分析表明，资本收入比重提高扩大了收入差距。图 5－10 表明资本收入比重与基尼系数整体变化趋势相似：20 世纪 90 年代中后期以后资本收入比重逐渐提高，相应地，基尼系数从 0.4 以下上升到 0.4 以上，并且两者在 2007 年、2008 年左右几乎同时达到最高点；此后资本收入比重明显下降，而收入差距也开始较小。城镇化进程加快提高了收入差距水平，这个结果在我国可以得到较好解释，我国城镇居民可支配收入与农村居民纯收入比重从 20 世纪 80 年代中后期到 2010 年一直处于上升趋势，最高达到 3.33∶1，2014 年以后才降到 3 以下，因而随着城镇化率的提高，城乡居民收入差距是扩大的。工业化率与基尼系数呈负相关关系符合二元经济发展规律。20 世纪 80 年代以后我国工业化进程加快，农村人口大量进入第二、第三产业就业，农村剩余人口劳动生产率提高，提高了第一产业就业人口的工资水平；2012 年我国的劳动就业人数第一次出现了绝对量减少，比 2011 年净减少 345 万人，标志着我国劳动力供给已经到了“刘易斯拐点”，进入资本相对过剩而劳动相对紧缺的时代，劳动力工资水平快速提高，近年来农村居民收入增速超过城镇居民，有助于降低城乡差距。

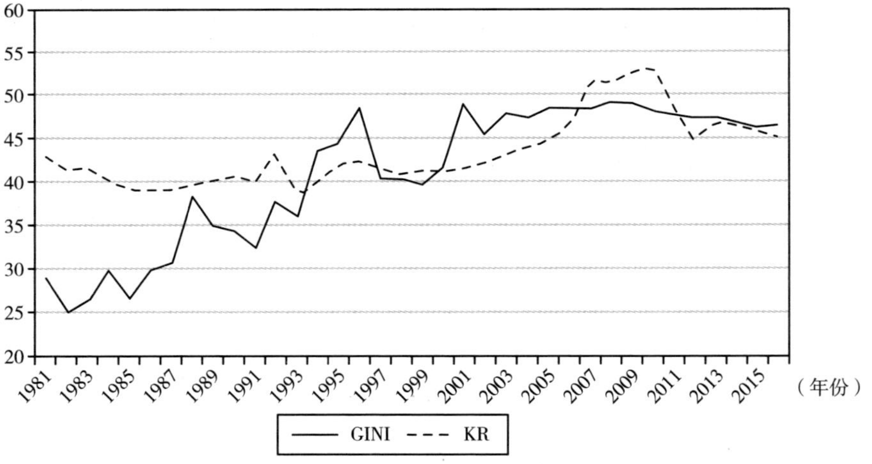

图 5－10　资本收入比重与基尼系数的关系

对式（5－20）的残差 u_t 检验结果表明，它是平稳数列，由此可以建立误差修正模型 ECM，结果如下：

$$D(GINI) = 0.131 + 0.30 \times D(KR) + 0.85 \times D(UR) - 0.043 \times D(IN)$$
$$(5.34) \qquad (10.76) \qquad (-0.3788)$$
$$- 0.050 \times ECM_t(-1)$$
$$(-0.521) \qquad (5-21)$$

其中，ECM_t为负值，表明如果基尼系数偏离长期均衡值系统可以具备自动纠偏功能。还表明在短期内，资本收入比重、城镇化进程提高对基尼系数有拉大作用，而工业化进程加快对基尼系数有降低作用，与长期的作用效果相同。

为了进一步分析三个解释变量变化对 GINI 系数的影响，我们构建包含基尼系数、资本收入份额、城镇化率、工业化率等在内的 VAR 模型，并对 GINI 进行方差分解，结果见图 5－11。

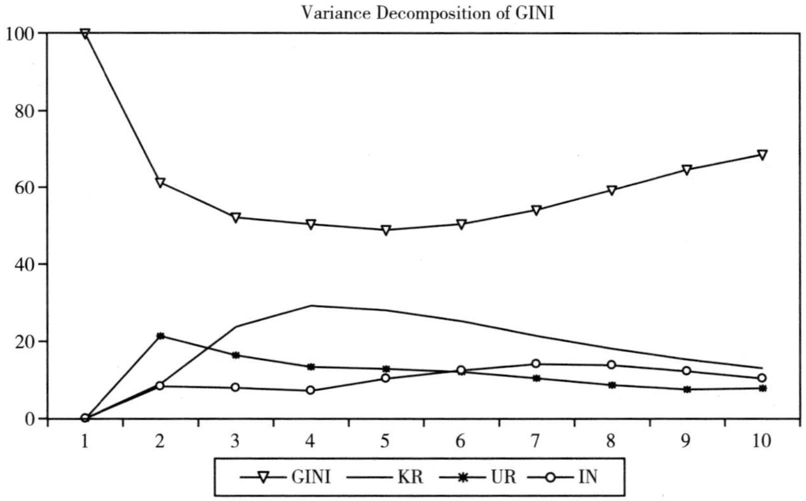

图 5－11　GINI 系数方差分解结果

图 5－11 表明，对于基尼系数方差分解中，前两期城镇化率对基尼系数变化贡献最大，而第三期以后资本收入份额贡献曲线在另两条之上，说明资本收入比重对基尼系数的影响不仅效果大而且比较持久。

本节实证分析表明，要素收入格局对收入差距扩大影响是显著的。要素收入分配属于初次分配范畴，它按照对生产贡献大小进行分配，体现效率原则，而收入差距是规模性收入分配，属于再次分配范畴，体现公平原则。我国收入分配的事实证明初次分配失衡，再次分配很难扭转分配差距过大的局面。资本是天生逐利的，它的增值能力远超过劳动，如果按照所谓的自由市场分配原则，资本收入与劳动收入只会越拉越大，初次分配不能只靠市场自发作用，必要的政府干预不可缺少，建立公平有序的收入分配格局关键在初次分配。正因为如此，党的十七大以后中央的收入分配政策有所调整，改变了“初次分配注重效率、再次分配注重公平”的提法，提出初次分配和再分配都要处理好效率和公平的关系，再分配更加注重公平，努力实现居民收入增长和经济发展同步、劳动报酬增长和劳动生产率提高同步，逐步提高居民收入在国民收入分配中的比重，提高劳动报酬在初次分配中的比重，应该说中央收入分配政策切中要害，党的十八大以后我国居民收入差距有所降低说明中央政策的效果初步实现，以后应该继续坚定不移地执行下去。

第五节 对实证分析结果的政治经济学分析

前面四节通过实证分析了我国国民收入分配格局演变对经济增长的总量效应、效率效应、结构效应以及对收入差距的影响。马克思主义认为收入分配对生产、消费具有反作用。在资本主义社会，资本家在追求超额利润的内在动力和同行竞争外在压力驱动下，必然不断地将剩余价值资本化，采用先进技术、扩大投资规模，资本价值构成和资本有机构成呈逐渐提高趋势。资本有机构成的提高对资本主义经济增长、经济结构和收入分配都有重要影响。马克思的资本有机构成理论对我国经济发展同样适用，本节试图从我国资本有机构成演变角度对国民收入分配格局的经济增长效应实证结果进行理论解释。

一、我国劳动收入比重与资本有机构成变化的关系

资本有机构成是马克思主义政治经济学一个重要理论范畴，资本有机构成是不变资本与可变资本的比值，即 $q = c/v$，不变资本是以生产资料形式存在的资本，可变资本是以工资生活资料形式存在的资本。随着生产技术的进步、劳动生产率的提高，工人必要劳动时间降低，可变资本在总资本中的比重降低，总资本中用于不变资本的部分增加。因此，资本有机构成呈不断增加态势。可见，资本有机构成与收入分配变化密切相关，由于劳动收入主要来自工资，即可变资本，

劳动收入比重随资本有机构成提高而降低。关于我国资本有机构成的计算方法，张宇和赵峰（2007）、冉光和和郑久平（2011）、荀关玉（2014）、李巨等（2017）的研究提供了不同的方法。简单起见，本书参考荀关玉（2014）的计算方法①，用全社会固定资本投资表示不变资本，用工资总额表示可变资本，计算出我国1980～2016年的资本有机构成（见表5－13），我国资本有机构成的变化可以划分为三个阶段：第一阶段是1980～1992年，这个阶段资本有机构成缓慢上升，从1.18提高到2.05，中间有较大波动；第二阶段是1993～2009年，这个阶段资本有机构成快速增长，从2.66增加到5.57，第三阶段是2010～2016年，该阶段资本有机构成结束了上升趋势，开始小幅下降，从2009年的5.57下降到2016年的5.05。

表5－13　　　1980～2016年我国的资本有机构成

年份	1980	1981	1982	1983	1984	1985	1986	1987	1988	1989
资本有机构成	1.18	1.17	1.40	1.53	1.65	1.84	1.88	2.02	2.05	1.68
年份	1990	1991	1992	1993	1994	1995	1996	1997	1998	1999
资本有机构成	1.53	1.68	2.05	2.66	2.56	2.49	2.56	2.60	2.98	2.94
年份	2000	2001	2002	2003	2004	2005	2006	2007	2008	2009
资本有机构成	3.00	3.05	3.19	3.62	4.00	4.30	4.53	4.66	4.90	5.57
年份	2010	2011	2012	2013	2014	2015	2016			
资本有机构成	5.32	5.20	5.28	4.80	4.98	5.02	5.05			

将资本有机构成与本书前面计算的我国劳动收入、资本收入比重值放在同一个坐标系中，可以清晰地看出它们的变化趋势（见图5－12）。从总体上看，我国资本有机构成与劳动收入比重的变化趋势是相反的，与资本收入比重趋势是相同的。1980～2009年（除少数年份外）资本有机构成一直是上升的，而劳动收入比重1980～2007年是一路下降的；资本有机构成2009年之后是下降的，而劳动收入比重2007年之后是上升的。由此看见，马克思分析的资本有机构成提高和劳动者报酬比重下降的趋势在我国得到了验证。改革开放以后，我国学习西方发达国家的先进技术，大规模引进国外先进设备，替代了以前陈旧落后的装备，

① 荀关玉：《资本有机构成对劳动者报酬比重的影响》，《理论与改革》，2014年第2期。

加大了固定资产投资力度，第二产业发展迅速，城市化进程加快，资本技术构成和资本价值构成都在提高，从而资本有机构成不断提高，必将导致国民收入总额中用于不变资本投资的比重增加，用于发放工资的比重减少，“资本有机构成提高必然是劳动报酬在初次分配中的比例下降”。① 我国经济增长主要依靠投资拉动的模式形成并延续到 2007 年左右，国际金融危机爆发以后，在“三期叠加”的背景下，我国经济发展进入新常态，投资拉动型增长模式不可持续，我国主动降低增长速度，固定资产投资速度明显降低，依靠创新和消费拉动经济增长的模式逐渐形成，资本有机构成逐渐下降，劳动收入比重止跌反弹。

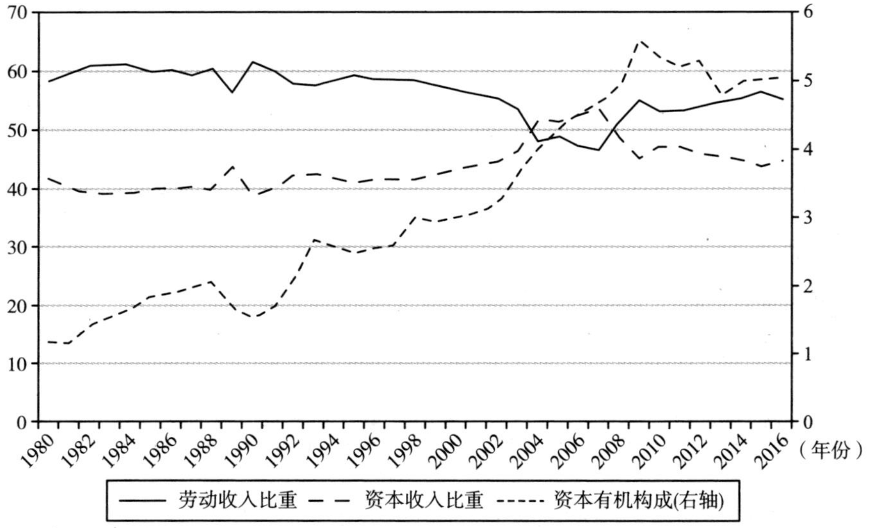

图 5-12　我国劳动收入、资本收入比重与资本有机构成变化趋势

二、资本有机构成与经济增长的关系

支出法国内生产总值中，经济增长由投资需求、消费需求和净出口需求三部分构成，就是我们熟知的拉动经济增长的“三驾马车”。其中，投资需求主要是固定资产投资，消费需求由居民消费需求与政府消费需求组成。从经济增长速度

① 梁东黎：《初次分配的要素投入结构研究视角》，《东南大学学报》，2011 年第 3 期。

和总量来看，1978 年改革开放四十年我国经济平均增长速度超过 9%，根据国家统计局公布的相关数据计算，拉动经济增长的因素中，资本形成（投资）的贡献率均值 38.3%。分阶段计算，1980～1992 年投资贡献率均值为 23.8%，1993～2000 年为 32.4%，2001～2010 年超过了 56.1%，2011～2016 年为 46.1%。也就是说 1980～2010 年，随着我国资本有机构成的提高，投资对经济增长的拉动能力在每个阶段都是增加的。因此，我国经济增速与资本有机构成呈很强的正相关关系，这可以解释 2012 年以前我国长期保持两位数以上高速增长的原因，随着 2010 年后资本有机构成的降低，经济增长的投资贡献度下降，经济增长率随之降低到 6%～7%。

但是从经济结构来看，资本有机构成的提高有利于投资而不利于消费，长期投资拉动型增长模式导致经济结构失衡与经济增长不可持续。根据图 5－13，资本有机构成与资本形成率走势相似，而与居民消费率走势相反，1980～2010 年资本有机构成从 1.18 提高到 5.32，资本形成率 35.48% 增加到 47.88%，而居民消费率则从 51.07% 降低到 35.56%。这一点不难理解，因为资本形成主要是来源于固定资产投资，而居民消费主要依靠居民收入的提高，随着资本有机构成的提高，居民收入比重下降，居民消费率必然下降。与此相反，国民收入向企业和政府倾斜，企业和政府有能力进行大规模固定资产投资，依靠投资拉动经济增长，本章前面的实证分析表明，1980～2008 年左右劳动收入对经济增长的拉动作用远远低于资本收入，这与此处的分析异曲同工。然而，这种“重投资、轻消费”的增长模式与我国经济周期波动密切相关，投资与消费失衡给经济长期持续发展埋下风险隐患，出现周期性产能过剩与通货膨胀问题。在我国经济发展历史上，20 世纪 80 年代后期至 90 年代初出现过投资过热现象，通货膨胀严重。1992 年下半年投资全面过热，1993 年和 1994 年固定资产投资增速分别达到 61.8% 和 30.4%，随后出现工业企业全面生产过剩，商品生产开始从卖方市场到买方市场的转变，之后几年国有企业员工大量失业，亚洲金融危机爆发，经济陷入通货紧缩困境，国家实施大规模扩大内需政策，直到 2003 年才走上正常发展道路。而 2003 年以后，城镇化加速发展，在房地产市场投资的带动下，各行业固定资产投资开始扩张，各地迎来又一轮投资热潮，我国经济在 2007 年又一次通货膨胀。

就在国家治理通胀的政策刚刚实施之际，国际金融危机不期而遇，为了保就业和稳增长，政府出台了史上最大规模的经济刺激计划，固定资产投资自然成为重点，投资和消费对经济增长的作用再一次拉大。图 5 - 13 显示，2004 年起资本形成率就超过了居民消费率，此后几年两者的“剪刀差”愈来愈大，直到 2014 年才有所缩小。党的十八大以后，中国经济进入新常态，我国经济增长由高速增长转入中高速增长，要求我们必须转变发展方式，调整经济结构，经济增长由投资驱动转向创新驱动。在需求结构上，消费取代投资成为需求增长的主体，在拉动经济增长中起主导作用；在产业结构上，第三产业（服务业）增加值占 GDP 比重超过第二产业。党的十八大以后，我国经济增长速度尽管有所降低，但是经济结构进一步优化，扭转了投资与消费长期失衡问题，而这与国民收入分配格局调整密切相关，国民收入向劳动者倾斜，居民收入增速超过经济增长率，资本收入增速下降，固定资本投资增长率减小，2009 年资本有机构成掉头向下。近年来随着居民收入提高，居民消费率逐渐上升，消费成为拉动经济增长的主力，据公开报道，2017 年消费对经济增长贡献率达 58.8%，连续四年成为经济增长第一驱动力。①

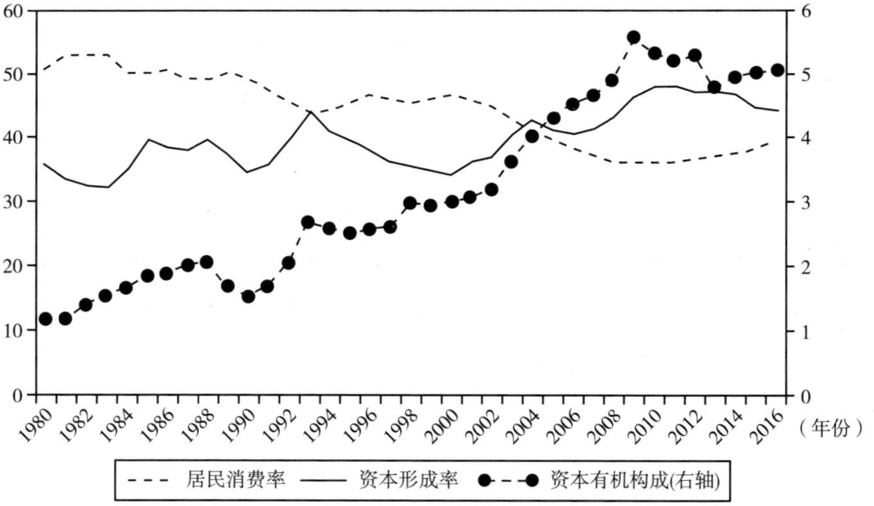

图 5 - 13　我国资本有机构成、居民消费率与资本形成率趋势

① 中国网新闻：《商务部：消费对经济增长贡献率 58.8% 成第一驱动力》，http://news.china.com.cn/2018-02/01/content_50377758.htm。

本书第三章曾推导马克思主义经济学视角下经济保持均衡增长的条件，指出在资本有机构成提高的前提下，劳动收入的增长要与经济增长同步，否则社会总产品的价值补偿和实物补偿无法实现，经济将出现周期性波动。这个结论早已被资本主义国家实践证实，我国推行的是社会主义市场经济体制，市场运行机制与资本主义国家没有本质差别，劳动收入与资本收入比重严重失衡是导致我国经济周期波动的根源。

三、所有制关系变化与收入差距

前面实证分析表明，我国居民收入的基尼系数与资本收入比重同步变化，劳动收入比重的降低是贫富差距的主要原因。造成贫富差距过大的原因很多，包括城乡差距扩大、地区发展不平衡加剧、公共产品供应不均、再分配调节不力、腐败泛滥、市场垄断等，著名经济学家刘国光（2007）认为收入差距扩大的根本原因在于所有制结构的变化①。根据马克思理论的观点，分配关系决定于生产，消费资料的任何一种分配，都不过是生产条件本身分配的结果，生产条件分配的本身，表明了生产方式、生产关系的性质，不同的生产关系决定了不同的分配关系。马克思在《哥达纲领批判》中写道：资本主义生产方式的基础是生产的物质条件以资本和地产的形式掌握在非劳动者手中，而人民大众所有的只是生产的人身条件，即劳动力。既然生产的要素是这样分配的，那么自然就产生现在这样的消费资料的分配。如果生产的物质条件是劳动者自己的集体财产，那么同样要产生一种和现在不同的消费资料的分配。② 所有制结构的调整能够带来居民收入结构的变化，经营性收入和财产性收入增速快于工资性收入，导致收入差距扩大；收入差距扩大使居民在教育投资能力差别显现出来，高收入者通过教育投资，回报率远高于低收入者，使收入差距进一步扩大；所有制结构中私企和外资企业比重提高，企业凭借财产所有权优势可以压低普通工人的收入，扩大资方、管理层与普通工人的收入差距。

---

① 刘国光：《关于分配与所有制关系若干问题的思考》，《红旗文稿》，2007 年第 24 期。

② 马克思、恩格斯：《马克思恩格斯文集》第 3 卷，人民出版社 2009 年版，第 436 页。

改革开放40年我国所有制结构发生了重大变化，可以分为三个阶段：第一阶段是1978~1992年，由单一公有制的计划经济向以公有制为主体，多种所有制经济共同发展的社会主义市场经济转化；第二阶段是1992~2000年，非公有制经济迅猛发展，公有制经济比重大幅下降，主要集中到关系国计民生的重要经济领域；第三阶段是从2001年以来，随着国有企业改制和国有经济战略布局的调整，国有经济在整个国民经济中所占的比重大幅下滑。2016年，全国国有企业数量仅占总企业数量的1%，就业人口占总就业人口的8.3%。国有和集体规模以上工业主营业务收入占总主营收入的4.5%，利润总额占3.9%。以上这样一种所有制结构和就业结构必然决定财富和收入分配集中在私有企业和私营企业主手里，劳动者劳动所得份额越来越少，而资本所得份额越来越多，劳动所得不断下降，资本所得不断上升是导致收入分配两极分化的主要原因。实证分析上，一些学者研究了收入差距与所有制变化的关系，陈宗胜和周云波（2001）利用1988~1998年天津城镇居民收入的样本分析居民收入构成①，范从来和孙覃玥（2007）研究指出，非公有化是收入差距变化的根本原因②；而唐未兵、傅元海（2013）的研究表明，公有制与全国、城镇和农村基尼系数之间均存在阈值协整关系：公有制比例低于0.5左右，推进非公有化导致公有制缩小居民收入差距的作用达到最小，因此，非公有化是我国居民收入差距扩大的主要原因③。

---

① 陈宗胜、周云波：《体制改革对城镇居民收入差别的影响—天津市城镇居民收入分配差别再研究》，《中国社会科学》2001年第6期。

② 范从来、孙覃玥：《新苏南模式所有制结构的共同富裕效应》，《南京大学学报（哲学社会科学版）》2007年第2期。

③ 唐未兵、傅元海：《所有制结构变迁对我国居民收入差距的阈值效应》，《马克思主义研究》，2013年第2期。

第六章

国际国民收入分配格局的经济增长效应
——经验与教训

本章跳出我国的范围，从全球视野探求收入分配格局的增长效应，分析国际收入分配格局的历史演变以及对经济增长的影响效应。对国际收入分配格局演变以及经济效应的比较分析结论，为我国收入分配体制改革提供可供选择的方案以及经验教训。本章首先计算主要发达国家和典型发展中国家的收入分配格局演变，并与我国的收入分配格局比较；其次，使用面板数据实证分析主要发达国家收入分配格局的经济效应，相对于发展中国家，发达国家收入分配格局的经济效应分析对我国更具有借鉴意义；最后，从历史发展角度分析美国和日本两个国家的收入分配格局与经济增长关系，通过具体案例分析，更深入地探索收入分配对经济增长的作用，其中的经验值得我国学习借鉴，教训值得反思。

第一节

国际收入分配格局的演变

全球200多个国家和地区处于不同的发展阶段，它们的经济总量、经济结构、人均收入以及发展方式等方面存在很大差别，既有像美国、日本、德国、法国等发达国家，又有巴西、俄罗斯、印度、南非等金砖国家，还有众多的发展中国家，处于不同发展阶段国家和地区的国民收入分配结构具有怎样的特点和规律，值得我们深入研究。

一、发达国家的收入分配格局

发达国家如何界定，以前联合国根据单一的人均 GDP 作为衡量标准，但人均 GDP 只是代表经济方面的发展水平，并且容易受物价、汇率等因素的影响，后来用联合国开发计划署编制的“人类发展指数”取代了单一的人均 GDP 指标，它可以综合衡量一个国家和地区发展水平，一般认为“人类发展指数”不低于 0.9 的国家就是发达国家。根据这几年的人类发展指数，联合国公认的发达国家主要有加拿大、美国、日本、奥地利、比利时、丹麦、芬兰、法国、德国、爱尔兰、卢森堡、荷兰、挪威、葡萄牙、西班牙、瑞典、瑞士、英国、澳大利亚等 19 国，本书以这 19 个国家的收入分配格局作为分析对象，时间从 1970～2016 年共 47 年的数据，这个阶段多数发达国家经历了从工业化后期向后工业化阶段转变的历程。我国改革开放以后工业化进程加快，当前部分东部发达地区已经完成工业化，开始向后工业化阶段转变，而中西部地区也进入了工业化中后期，因而考察这个阶段发达国家的收入分配格局演变规律，有利于我国深化收入分配制度改革，对形成符合我国国情的收入分配格局具有启示作用。

根据国际通用的国民经济统计账户 SNA 2008，收入法表示的国内生产总值由雇佣报酬（compensation of employees）、总营业盈余和总混合收入（gross operating surplus and gross mixed income）和税收减去生产和进口补贴（taxes less subsidies on production and imports）三部分构成，分别表示劳动者收入（家庭收入）、企业收入和政府收入。根据 SNA 2008 体系，劳动者收入指雇员收入与薪酬，企业收入指私有企业收入与固定资产消耗之和，政府收入是指对各种税收扣除各种补贴以后的收入。因此，由收入法国民收入账户可以得到主体收入分配格局，即劳动者收入、企业收入和政府收入的份额。在计算要素收入格局时，本书使用未调整的劳动收入。定义劳动收入份额 = 劳动者收入/(GDP - 政府收入) ×100，资本收入份额 = 企业收入/(GDP - 政府收入) ×100，与本书第四章表 4 - 4 第 2 栏的计算方法一致，因此由主体收入分配格局可以推算出要素分配格局。

（一）要素收入分配格局

要素收入份额问题很早以前就引起经济学家的关注，1939 年凯恩斯在研究美国和英国 20 世纪二三十年代的劳动收入份额时发现了一个“奇迹”：即劳动在国民收入中所占比例的稳定性与产出水平和经济周期无关。[①] 此后一些研究不断引证了这个结论，Phelps Brown 和 Weber 对 1870 年英国资本积累、生产效率和收入分配数据分析后得出结论：资本增长率、资本回报率以及国民收入在资本和劳动之间的分配份额等都具有稳定性。[②] 1961 年英国经济学家卡尔多在其著作《资本积累和经济增长》中指出一个“事实”，各种生产要素的收入在国民收入中所占的分配份额大体上稳定不变，连同其他五个“事实”被称为“卡尔多典型化事实”。然而后来的研究并不支持这一事实，库兹涅茨在其著作《各国的经济增长》中实证分析表明，在过去的一个半世纪（指 19 世纪到 20 世纪中期）里，劳动份额的变化在 50% ~80%，资本份额的变化则远远超过 40%，他进一步指出同期劳动收入份额从 55% 上升到 75%，而资本收入也从 45% 下降到 25%。[③] 20 世纪中期以后发达国家的劳动收入份额不断下降的事实也证实了要素收入份额并不稳定。本书选取 19 个发达国家 1970 ~2016 年数据，分三个阶段计算出这 19 个国家每年平均的要素收入份额、GDP 增长率、人均 GDP、消费率和投资率（见表 6 -1），试图证实即使把发达国家作为一个整体，要素收入份额表现也并不稳定，相反地，它们处于经常变化之中。

为了作比较分析，表 6 -1 分为发达国家和中国两个比较对象，发达国家分为三个时间段：1970 ~1985 年、1986 ~2000 年、2001 ~2016 年；中国分为两个时间段，分别为 1978 ~1997 年、1998 ~2016 年，分别给出了相关数据的均值。可以看出发达国家的劳动收入份额是逐渐下降的，1970 ~2016 年下降幅度约为 5 个百分点，而资本收入份额上升 5 个百分点；GDP 增长率 1970 ~2000 年均值都

---

① J. M. Keynes. Relative Movements of Real Wages and Output, 《The Economic Journal》, 1939, 49 (193): 34 -51.

② Phelps Brown, Bernard Weber: Accumulation, Productivity and Distribution in the British Economy, 1870 ~1938,《The Economic Journal》, 1953, 63 (250): 263 -288.

③ 西蒙·库兹涅茨：《各国的经济增长》，常勋等译，商务印书馆 2015 年版，第 85 -86 页。

超过 3%，21 世纪以后增长率几乎下降了 50%；人均 GDP 第一阶段为 8846 美元，第二阶段迅速增加到 24862 美元，增长 2.8 倍，第三阶段增长速度下降，为第二阶段的 1.8 倍，反映了人均 GDP 增长率在下降。居民消费率从 56.78% 下降到 51.22%，下降幅度超过 5%，投资率从 26.21% 下降到 21.42%，下降幅度近 5%。在长达 46 年时间里劳动收入份额、GDP 增长率、人均 GDP 增长率、投资率和消费率均出现明显下降，只有资本收入份额在上升，显然这是一个趋势性的现象。与劳动收入份额下降、资本收入份额上升同时出现的是西方发达国家收入差距急剧扩大。托马斯·皮凯迪在《21 世纪资本论》中指出，1950 ~ 1970 年，欧美发达国家前 10% 人群收入的比重占国民收入的比重是非常稳定的，为 30% ~ 35%，而始于 1970 ~ 1980 年的强势分化导致了 21 世纪收入差距的拉大，美国前 10% 人群的收入占国民收入的比重上升到 45% ~ 50%，基本达到了 20 世纪初期的水平。[①] 在该书中，皮凯迪把发达国家的收入不平等加剧原因归结为劳动收入和资本收入的不平等，这与本书的结论劳动收入份额下降、资本收入份额上升的意蕴是相同的。图 6 - 1 更加清晰地描述了要素收入份额的变化趋势，20 世纪 70 年代中期之前劳动收入份额有小幅上升，从 70 年代中后期开启了下降的通道，进入 21 世纪加速下降；资本收入份额走势则相反，直到 2008 年金融危机以后上升势头才被遏制。

表 6 - 1　　发达国家分阶段要素收入等指标均值变化及与中国比较

	年份	劳动收入	资本收入	GDP 增长率	人均 GDP	居民消费率	投资率
发达国家	1970 ~ 1985	58.15	41.85	3.07	8846.06	56.78	26.21
	1986 ~ 2000	56.09	43.91	3.16	24861.96	55.49	23.31
	2001 ~ 2016	53.11	46.89	1.66	45275.11	51.22	21.42
中国	1978 ~ 1997	59.21	40.79	10.0	340.12	48.28	37.48
	1998 ~ 2016	53.54	46.46	9.29	3631.78	39.47	42.22

注：数据来源，发达国家要素收入份额、投资率和消费率由 OECD 国家统计数据库相关数据整理，GDP 增长率和人均 GDP 数据来源于世界银行 World Development Indicators 数据库，人均 GDP 为现价美元；中国要素收入份额根据《中国统计年鉴》相关数据计算而成。

① 托马斯·皮凯迪：《21 世纪资本论》，巴曙松等译，中信出版社 2016 年版，第 329 - 331 页。

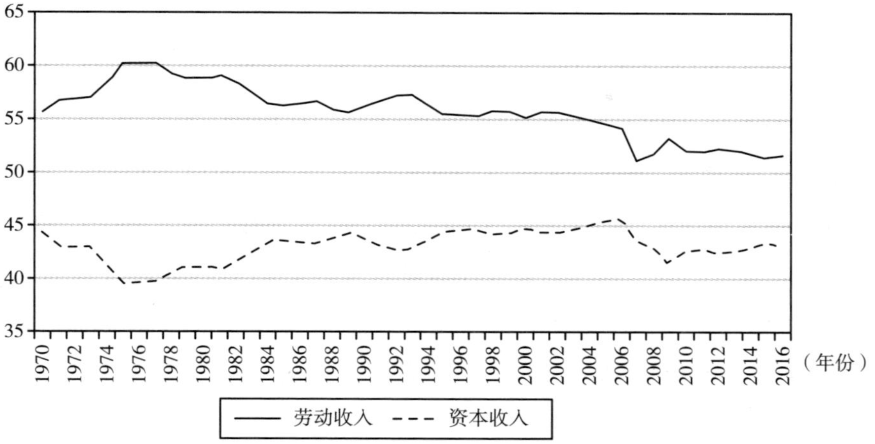

图 6－1　发达国家要素收入份额变化趋势

对于发达国家劳动收入份额变化的原因，学者研究认为原因是多方面的。有些从经济结构变化的角度来解释（Solow，1958；Kravis，1959）；有些从技术角度解释的，认为有偏技术进步可影响劳动收入份额（Arrow，1961；Blanchard，1997；Klump et al，2007）；有些从市场结构解释的，认为产品市场和要素市场的非完全竞争也会影响劳动份额；还有些认为是资本收益率高于产出增长率造成的（Piketty，2010）；有些认为是资本主义国家 1970 年以后普遍采用的新自由主义政策造成的（热拉尔·迪梅尼尔等，2015）。无论什么原因造成的劳动份额的减少，它对经济增长造成的影响是客观存在的。

为了进一步分析发达国家要素收入份额变化对经济增长的影响，借助于要素收入份额变化与部分经济指标的散点图以及趋势线，从中可以观察出一些变化规律。图 6－2 至图 6－5 分别给出了劳动收入份额与 GDP 增长率、居民消费率的散点图以及资本收入份额与 GDP 增长率、投资率散点图。根据图 6－2 的趋势线变化规律，本书提出第一个假说：劳动收入份额与 GDP 增长率呈倒“U”形关系，即随着劳动收入份额的增加，GDP 增长率呈现先提高后降低的变化特征。从数值上看，当劳动份额约为 56% 时 GDP 增长率处在最高点，而 1980 年以后多数发达国家的劳动份额开始持续下降，20 世纪 80 年代中期开始跌破 56%，随后 GDP 增长率也大幅下降。当然，任何事物的发展都是从量变到质变的过程，累积到一定的量，该事物就会发生质变。同样，劳动收入适度增加有利于经济增长，但是当它增加超过一定的值就会损害资本收入的利益，而投资主要来自资本收益，较低的资本收益不利于增加投资，从而损害整体经济发展。因此，发达国家劳动份额与GDP增长率趋势线反映了经济发展规律，这对我国也是适用的。图6－3表明劳动份额在59%以前与居民消费率呈显著的正相关关系，之后消费率开始下降，当前发达国家的居民消费率已经下降到50%上下，消费拉动经济增长的动力不足，发达国家也面临居民消费不足问题，根本原因在于普通居民劳动收入份额减少导致的收入增长缓慢。图6－4是资本份额与经济增长率的关系，当资本份额从41.5%到44.5%增长时，GDP增长率随之提高，超过44.5%，GDP增长率下降。结合前面劳动份额、资本份额与GDP增长率的关系分析，本书认为发达国家劳资分配比重大约在56∶44时GDP增长率最高。田卫民用聚类分析要素收入分配格局的经济绩效，得出的结论是劳资分配比重约为73∶27时GDP增长率最大，[①] 与本书结论相差很大。需要注意的是，他使用的数据是发展中国家和发达国家的混合数据，本书认为这两类国家所处的发展阶段截然不同，把它们放在一起分析得出的结论实际意义不大。图6－5表明资本收入比重与投资率之间的关系是负相关关系，自20世纪70年代开始资本收入份额不断上升，投资率不断下降，2008年金融危机以后也没有明显提高。

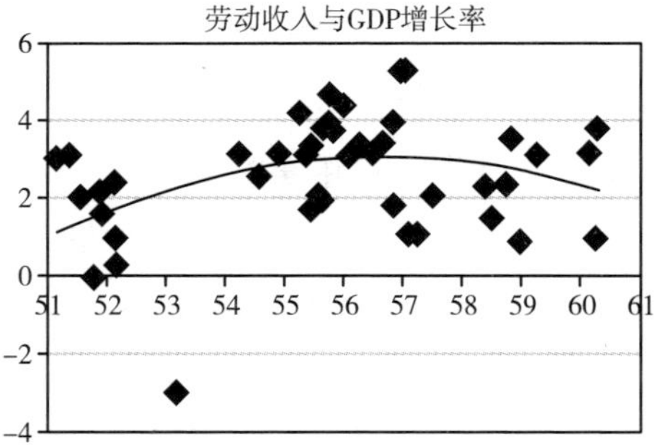

图6－2　劳动份额与与GDP增长率

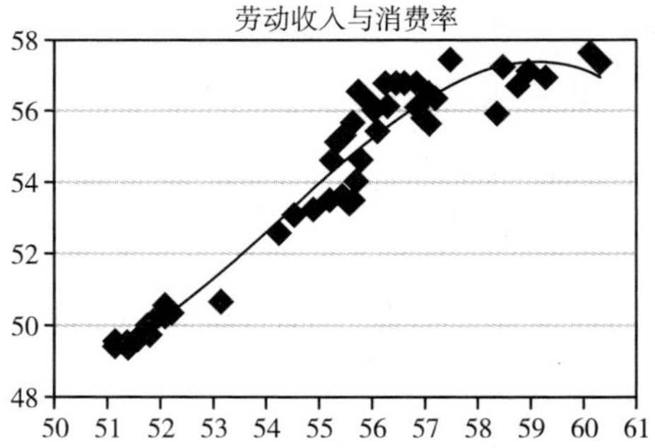

图6－3　劳动份额与人均GDP增长率

① 田卫民：《最优国民收入分配研究》，经济管理出版社2011年版，第107－110页。

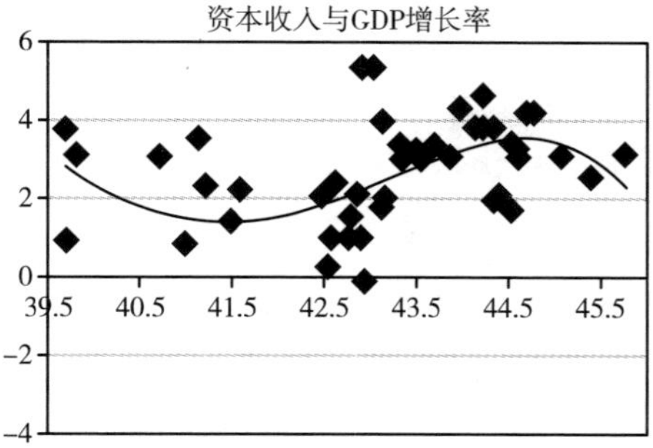

图 6-4　资本份额与 GDP 增长率

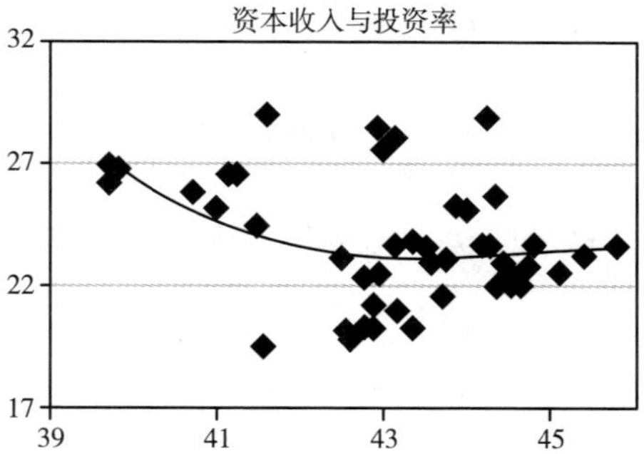

图 6-5　资本收入份额与投资率

由此，可以从要素收入变化的视角对发达国家经济增速下降作出合理的解释：随着劳动收入份额的逐渐下降、资本收入份额上升，导致居民收入差距拉大，处在收入金字塔顶端的收入比重大幅提高，位于收入金字塔中低层的普通居民收入水平下降，因而导致居民消费率一路下滑，从 1970 年的 56.45% 下降到 2016 年的 49.6%，消费无力拉动经济增长。值得注意的是，资本收入份额的提高并没有带来投资率的提高，一种可能的解释是工业化进程完成以后，发达国家的基础设施已经很完善，国内投资机会较少、投资收益率下降，而发展中国家投资机会多、要素成本低，因此发达国家的资本收入纷纷投资在发展中国家，谋取了高额资本收益，导致国内产业空心化、制造业萎缩；另外，由于投资于国内实体经济收益不高，资本的逐利性决定过剩的资本必然投向虚拟经济领域，造成资产价格膨胀，金融风险积聚，如果宏观调控不当，在突发事件的冲击下很容易爆发金融危机。事实上，发达国家平均投资率从 1970 年的 28.78% 下降到 2016 年的 20.98%，下降幅度高达 8 个百分点。拉动经济增长的“三驾马车”中消费和投资作用都在下降，如果没有外需的拉动，经济增长率下降是不可避免的，当出口形势恶化时，经济增长就会雪上加霜。本次金融危机爆发后由于国际经济形势的恶化、国际贸易受阻，导致 2009 年发达国家平均经济增长率急剧下降到 -3%。金融危机爆发至今已经过去 10 年，但是发达国家总体发展速度还没有恢复到危机之前。著名管理学家迈克尔·波特在《国家的竞争优势》把经济发展分为四个阶段，即生产要素导向阶段、投资导向阶段、创新导向阶段和富裕导向阶段。他认为前三个阶段是国家竞争优势的主要力量，可以带来产业升级和经济繁荣，而如果走到了富裕导向阶段，国家竞争优势丧失，经济会走向衰落。因为到了富裕阶段，社会掌握了大量财富，企业在经营策略上趋于保守，不愿通过技术创新获得发展，而更愿意通过将投资转移到低技术国家，或通过企业并购等形式获取财富；员工因收入高而不愿努力工作、忠于企业。在财富导向阶段，制造业停滞而服务业发达，国家的产业竞争优势不再，虚拟经济过度发展，实体经济不振。20 世纪 80 年代的日本、21 世纪初期的美国发展都陷入财富导向阶段，是导致这些国家竞争力减弱和泡沫经济的重要原因。

前面分析发达国家收入分配格局变化趋势以及与相关经济指标的关系，其中表现出的规律性和趋势性结论对我国发展具有重要的启示意义。改革开放以来我国收入分配格局发生了巨大变化，有些变化与发达国家具有惊人的相似性。表 6－1 给出了我国要素分配格局变化及其他几个经济指标的均值，改革开放前 19 年（1978～1997 年）与之后的 18 年（1998～2016 年）劳动份额大幅下降、资本份额大幅上升、经济增长率下降、家庭收入比重、居民消费率大幅下降，这些现象都与发达国家的表现一致。不同地方有两点：一是中国的劳动份额与居民消费率下降幅度更厉害，分别为 6 个和 9 个百分点；二是投资率没有像发达国家那样大幅下降，反而提高了约 5 个百分点。仔细观察还可以看出，中国 1998～2016 年要素收入份额与发达国家 2001～2016 年数据几乎相同，从表面看我国劳动收入比重并不低，但是我国发展阶段与发达国家并不处于同一个阶段，我国工业化进程还未完成，发达国家已经进入后工业化阶段。2016 我国人均 GDP（8123.18 美元）只相当于发达国家 1970～1985 年的水平（8846.06 美元），因此我国 1998～2016 年的要素收入格局应该与发达国家 1970～1985 年作比较才具有可比性，这样一比较就发现我国劳动收入份额比发达国家少 4.6 个百分点，居民消费率低于发达国家高达 17 个百分点。尽管当前我国经济增长仍保持中高速增长，但是隐藏的深层次结构性矛盾值得警惕。

首先，我国人均 GDP 刚迈入中高等收入国家行列，距离赶上发达国家收入平均水平还有很长的路要走，而当前劳动份额减少非常显著，资本份额快速上升，由此导致基尼系数持续保持在0.45以上，收入差距问题比较严重，居民收入增长乏力，居民消费能力不足。尽管我国经济发展的主要矛盾在于供给侧，实施供给侧结构性改革的方向是正确的，但是不能忽视需求侧方面的发力。这几年新闻宣传报道中热炒我国居民大规模于出国旅游，到国外买马桶盖、奶粉以及奢侈品，给世界的感觉好像中国人民已经很富裕了，但是应该认真分析这些消费人群的比重和构成，以防造成对客观事实的趋势性误判。由于我国有近14亿人口，其中高收入人群比重只要超过10%就有上亿人口，他们有能力到国外旅游、进行高端消费，但是这并不能说明多数中国人消费能力很强。客观地说，我国绝大多数居民还没有能力进行高端消费，特别是占总人口超过一半的农村居民消费水平还很低，城市中还有相当比重的中低收入阶层消费能力受到限制，这与我国居民收入水平不高直接相关，当然还与我国居民要承担高额的住房、教育、医疗、养老等生活负担密切相关。发达国家的经验表明，劳动收入份额与经济增长率、消费率息息相关，劳动份额的持续下降无法支撑经济持续增长。

其次，当前我国经济发展已经进入新常态，要求经济增长由高速增长转向高质量增长，这是质的飞跃。我国经济受制于多年高速发展累积的资源环境压力，投资已经无法维持40%以上的高速增长，今后投资率在中低位运行已经成为常态，这是我国经济发展进入新时代的客观规律。发达国家的经历表明，资本收入比重与投资率的关系是负相关的，这一经验将在我国得到印证。当前我国资本收入比重已经与发达国家不相上下，随着我国国内基础设施的不断完善和房地产建设高潮的褪去，大规模的投资机会已经过去。而我国劳动、资金、税收等成本较以前大幅提高，资本投资收益率也大幅下降。但是，资本的本性是运动的、逐利的，它不会静止下来，可以看到我国资本有向其他发展中国家甚至发达国家转移的倾向。同时，在我国政府“一带一路”倡议的指引下，我国企业越来越多地投资于国外，当然这客观上有利于消化国内富余产能，拓展了我国企业发展空间，增强了国际竞争实力。无论是被动“走出去”还是主动“走出去”，我国投资正在重复发达国家半个世纪以前的经历，投资转移国外已经非常明显，由此导致国内投资率下降不可避免。然而与发达国家居民较高的居民消费率不同，居民消费率还处于较低水平，2011～2016年我国居民平均消费率仅为37.22%，低于同期发达国家平均居民消费率14个百分点。金融危机以后，国际贸易保护主义盛行，美国、欧洲、印度等对我国出口的限制越来越紧，在可以预期的时间内出口形势很难恢复到我国刚刚加入世贸组织（WTO）后几年的宽松环境。因此，投资下降、居民消费不足、出口形势不乐观对我国经济增长的影响是长期的，在投资、消费出口这“三驾马车”中，提升空间最大的应该是居民消费，如果能够通过收入分配制度改革、完善社会保障制度，有效提高居民收入水平进而大幅提高居民消费水平，这才是保障我国经济高质量、中高速增长的长久之计。

（二）主体收入分配格局

与要素收入分配格局分析相同，把发达国家1970年以来的主体分配情况分为三个阶段考察，把我国1978年以来的主体分配情况分为两个阶段考察，分别计算出各个时间段的主体收入分配份额均值，具体结果见表6－2。根据表6－2的信息，发达国家的家庭收入份额呈下降趋势，从第一阶段的52.58%下降到第三阶段的47.19%，下降幅度超过5%；政府收入份额从9.51%提高到10.73%；企业收入比重从38.31%上升到42.07%，升高约3.7%。家庭份额下降、企业收入份额提高与劳动份额下降、资本份额提高有内在逻辑关系，普通家庭收入主要是劳动收入，企业收入主体是资本收入，所以它们之间具有同向变动关系。图6－6更详细地刻画了主体收入格局的走势，20世纪70年代中期以后家庭份额不断走低，企业份额在逐渐提高，政府份额有所提高，家庭收入减少的份额刚好等于政府与企业收入增加的份额。

表6－2　　发达国家与中国分阶段的主体收入格局均值比较

<table>
<tr><th></th><th colspan="6">家庭收入份额</th><th colspan="6">政府收入份额</th><th colspan="6">企业收入份额</th></tr>
<tr><td rowspan="2">发达国家</td><td colspan="2">1970～1985年</td><td colspan="2">1986～2000年</td><td colspan="2">2001～2016年</td><td colspan="2">1970～1985年</td><td colspan="2">1986～2000年</td><td colspan="2">2001～2016年</td><td colspan="2">1970～1985年</td><td colspan="2">1986～2000年</td><td colspan="2">2001～2016年</td></tr>
<tr><td colspan="2">52.58</td><td colspan="2">50.32</td><td colspan="2">47.19</td><td colspan="2">9.51</td><td colspan="2">10.28</td><td colspan="2">10.73</td><td colspan="2">38.31</td><td colspan="2">39.49</td><td colspan="2">42.07</td></tr>
<tr><td rowspan="2">中国</td><td colspan="3">1978～1997年</td><td colspan="3">1998～2016年</td><td colspan="3">1978～1997年</td><td colspan="3">1998～2016年</td><td colspan="3">1978～1997年</td><td colspan="3">1998～2016年</td></tr>
<tr><td colspan="3">51.7</td><td colspan="3">45.7</td><td colspan="3">12.68</td><td colspan="3">14.62</td><td colspan="3">35.36</td><td colspan="3">39.66</td></tr>
</table>

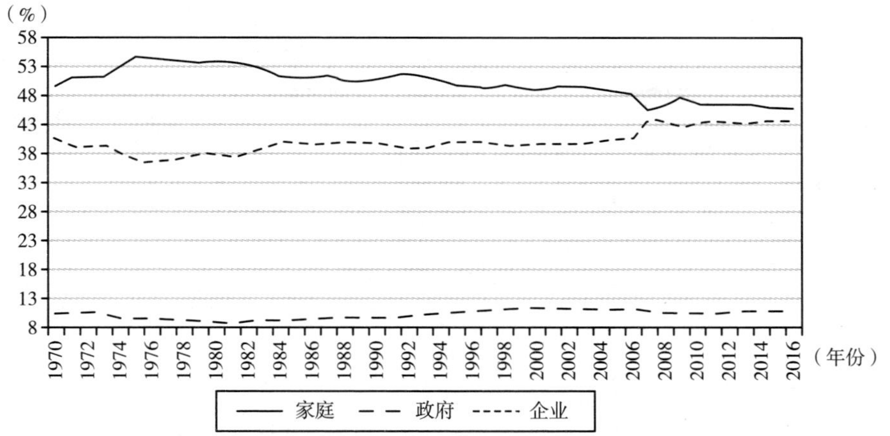

图 6－6　发达国家主体收入格局趋势

1978～2016 年我国主体收入份额也经历了相似的变化，家庭收入份额减少、政府份额与企业份额增加，不过我国家庭收入份额下降幅度超过发达国家降幅，而政府份额增加也超过发达国家增幅。考虑到人均 GDP 和工业化发展阶段，我国 1998～2016 年的数据与发达国家 1970～1985 年的数据具有可比性，这样比较差异十分显著，我国家庭份额比发达国家低 6.88%，政府份额高 5.11%，企业份额低 1.35%。

为了直观地观察发达国家主体收入格局变化的经济效应，图 6－7 至图 6－10 给出了主体分配变化与经济指标的散点图和趋势线。根据图 6－7 的趋势线，本书提出第二个假说：随着家庭收入份额的增加，GDP 增长率经历先增加而后下降的过程，家庭收入份额与 GDP 增长率呈倒“U”形关系。从数值上看，家庭收入份额在 50% 左右时 GDP 增长率最高。图 6－8 说明家庭收入与居民消费率呈正相关关系，但并不是线性关系，随着家庭收入份额增加，居民消费增加幅度在放慢，即边际消费倾向递减，两者关系符合凯恩斯收入—消费理论。图 6－9 表明企业收入份额在 40% 左右时 GDP 增长率最高，低于或高于该值 GDP 增长率均值都将下降。综合图 6－7 和图 6－8，本书的结论是发达国家家庭、企业和政府收入比例约为 50∶40∶10 时，GDP 增长率均值最大。图 6－10 说明随着企业收入份额增加，投资率先明显下降，然后小幅上升，企业份额在 38%～39% 时投资率平均水平最低。

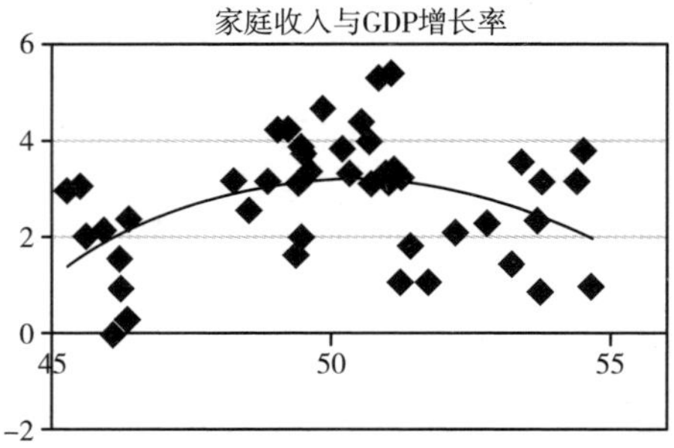

图 6-7　家庭收入份额与 GDP 增长率散点图

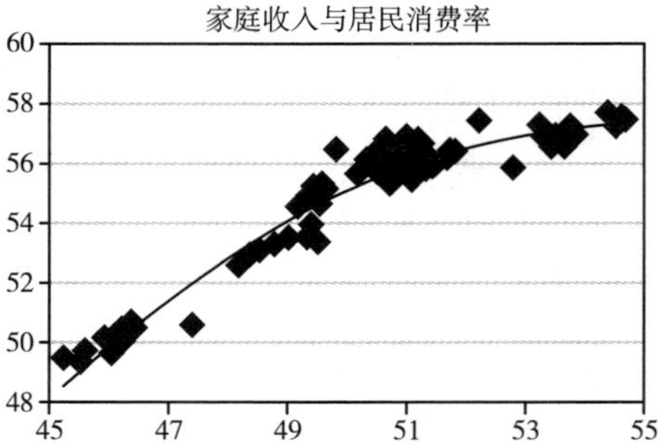

图 6-8　家庭收入份额与居民消费率散点图

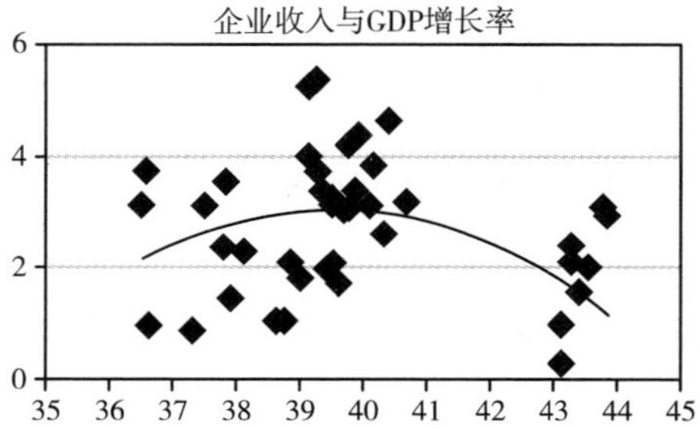

图 6-9　企业收入份额与 GDP 增长率散点图

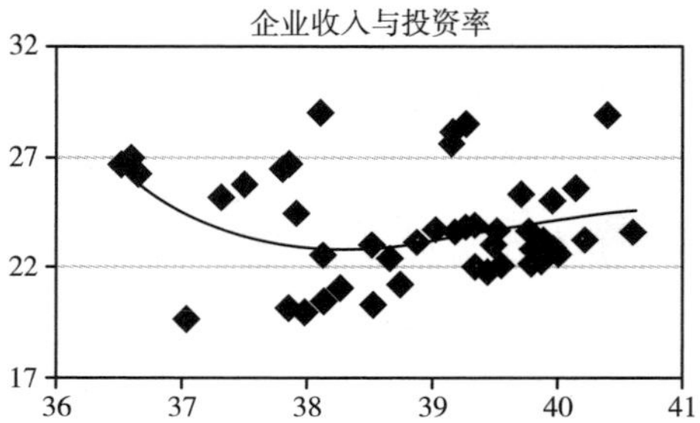

图 6-10　企业收入份额与投资率散点图

当前我国与发达国家主体分配格局的最大差别在于政府收入比重较高。西方发达国家都是成熟的市场经济国家，政府主要承担公共服务职能，基本没有经济建设职能，它们认为发展经济是市场的任务，因而政府收入比重较低，这与西方奉行的发展理念有关，它们很早就形成了“小政府、大市场”的发展格局。我国市场经济是从计划经济转轨而来的，我国政府承担的职能较多，除了提供公共服务职能以外，非常重要的职能是经济建设。我国与西方发达国家不同，政府在发展经济中发挥重要作用，制订发展规划、出台发展政策、直接投资重要项目等是我国政府常用的调控工具。实际上，我们的研究认为政府经济建设支出为发展提供基础性条件，它具有很强的正外部性；基础设施落后的中西部地区经济建设支出对其发展具有显著的促进作用。[①] 因而我国政府收入比重保持在较高水平与发展阶段有关，不能完全用西方国家的标准来衡量。当然，政府收入比重保持在较高水平将增加了企业成本和居民负担，党的十八届三中全会提出使市场在资源配置中起决定性作用和更好地发挥政府作用，随着市场经济日益成熟，我国政府职能正在加速转变，预计政府收入比重将逐渐降低。

二、发展中国家的收入分配格局

发展中国家是指经济发展水平和人民生活水平较低的国家，主要特点是人均GDP较低，地理上分布在亚洲、非洲、拉丁美洲等的130多个国家，占世界陆地面积和总人口的70%以上。如果用钱纳里工业化阶段理论定义发展中国家，主要指那些没有完成工业化的国家。与发达国家相比，发展中国家一般劳动力比较丰富、资本比较稀缺、技术相对落后，国家的主导产业为劳动密集型产业和初级产品加工业，产品附加值较低、竞争力较弱，导致收入水平较低。尽管发展中国家之间发展差距比较大，从人均GDP从几百美元到几千美元，但是作为一个整体，它们的收入分配格局具有不同于发达国家的特点和规律。研究发展中国家的收入分配格局具有重要意义：一些国家（如巴西、墨西哥等）很早就迈入了中等收入行列，由于没有处理好收入差距悬殊问题，引发国内社会动荡和阶层分化，无法凝聚发展合力，导致发展动力缺失，最终陷入所谓的“中等发展陷阱”。从国民收入分配角度分析制约它们经济发展的原因，对于我国深化收入分配制度改革、扩大中等收入阶层、跨越“中等收入陷阱”、最终实现共同富裕，提供了反面的事实和教训。由于资料来源有限，本书只选取少数有代表性的发展中国家分析，分别为菲律宾、印度、土耳其、南非、俄罗斯、巴西、墨西哥、波兰、捷克、立陶宛、爱沙尼亚、匈牙利、拉脱维亚等13个发展中国家，它们分别来自亚洲、欧洲、拉丁美洲和非洲，在发展中国家中它们的发展水平相对较高，包括四个经济体量较大的“金砖国家”，也有长期陷入“中等收入陷阱”的

---

① 韩保江、韩心灵：《公共产品供给与经济增长：影响机制与实证分析——基于31个省级面板数据模型》，《经济社会体制比较》，2017年第5期。

国家，不少国家的人均 GDP 与我国水平基本相当甚至更高，这样的样本分析结论对我国无疑是有意义的。

（一）要素收入分配格局

表 6 - 3 是上述 13 个发展中国家 1995 ~ 2016 年经济指标的平均值以及同期中国的指标值均值。可以看出，1995 ~ 2016 年 13 个发展中国家的劳动收入份额均值为 42.25%，资本收入均值为 56.75%，劳动份额比中国同期值小 11.01%，资本份额大 11.01%；GDP 增长率均值为 3.79%，远小于中国的 9.35%；人均 GDP 为 7526.95 美元，是中国的两倍多，这与中国的人口基数大有关；居民消费率为 60.52%，比中国高 20.1%，投资率为 24.24%，比中国低 20.42%。如果与发达国家 1970 ~ 1985 年数据相比（见表 6 - 1），劳动份额则少 14.9%，资本份额高 14.9%，居民消费率高 3.64%，投资率低 4.97%。可见，发展中国家要素收入分配的特点是低劳动份额、高资本份额，这样的失衡收入格局最大的问题是造成巨大的收入差距。例如，世界银行数据显示南非、巴西基尼系数超过 0.5，达到了两级分化的程度，墨西哥、俄罗斯、土耳其等国的基尼系数超过 0.4，属于差距较大的范围。图 6 - 11 表明了 1995 ~ 2016 年 13 个发展中国家要素份额的变化趋势，可以看出，尽管劳动份额有所上升，但上升幅度很小，没有根本改变劳资分配失衡格局。

表 6 - 3　　发展中国家要素收入格局均值以及与中国比较

	年份	劳动收入	资本收入	GDP 增长率	人均 GDP	居民消费率	投资率
发展中国家	1995 ~ 2016	43.25	56.75	3.79	7526.95	60.42	21.24
中国	1995 ~ 2016	54.26	45.74	9.35	3232.04	40.32	41.66

图 6 - 12 和图 6 - 13 分别给出了发展中国家劳动份额与 GDP 增长率、居民消费率散点图，与发达国家的同类散点图相比（见图 6 - 2 和图 6 - 3），发展中国家表现得十分不同。首先，发达国家劳动份额与 GDP 增长率呈倒 "U" 形关系，而发展中国家劳动份额在 42% ~45% 时 GDP 增长率下降，超过 45% 后 GDP 增长率上

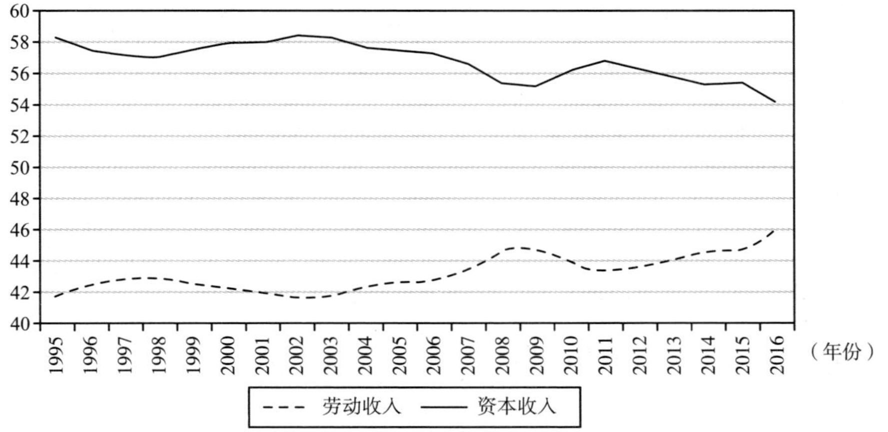

图6-11 发展中国家要素收入格局变化趋势

注：数据来源，本表中要素收入份额、投资率和消费率数据部分来自OECD国家统计数据库，http：//stats. oecd. org/，部分来自中国国家统计局网站《国际统计年鉴》，并经过数据整理而成；GDP增长率和人均GDP数据来源于世界银行World Development Indicators数据库，人均GDP为现价美元；中国要素收入份额《中国统计年鉴》相关数据计算而成。

升，结合图6-2，结合发达国家的经验，本书预计发展中国家劳动份额继续增加直到约56%时，GDP增长率将逐渐提高。发达国家劳动收入与居民消费率呈正相关关系，而发展中国家劳动份额在超过40%以后与居民消费率呈负相关关系，超过45%时消费率开始上升，结合图6-3，预计发展中国家劳动份额一直增加到58%消费率都将保持上升；其次，发达国家资本份额与GDP、投资率关系（见图6-4、图6-5）与发展中国家也不同（见图6-14、图6-15），发展中国家资本份额与GDP增长率、投资率呈先上升后下降的趋势，拐点出现在57%左右。本书认为发展中国家与发达国家要素分配的经济效应之所以不同，与要素分配的比重密切相关，当然也与发展阶段相关。以消费率的差异为例，图6-2表明多数发达国家的劳动收入比重高于52%，说明劳动者的工资水平较高，加上完善社会保障体系，因而消费随之提高。发展中国家的劳动收入低于50%，说明普通民众的收入很低，劳动收入比重在40%~50%上升过程中，由于社会保障水平低，劳动者不得不增加储蓄应对养老、医疗、教育等支出，因而居民消费率不升反降。结合发展中国家和发达国家的经验，本书认为只有居民收入增加到一定的水平并且社会保障比较健全时，居民才能敢于放心消费，消费率才会大幅提高。

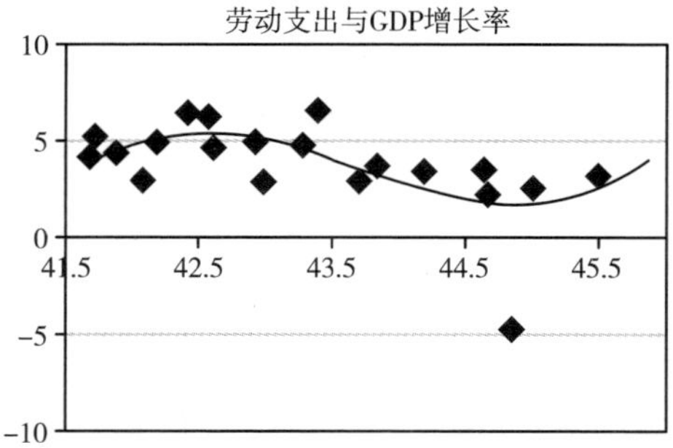

图 6-12　发展中国家劳动份额与 GDP 增长率

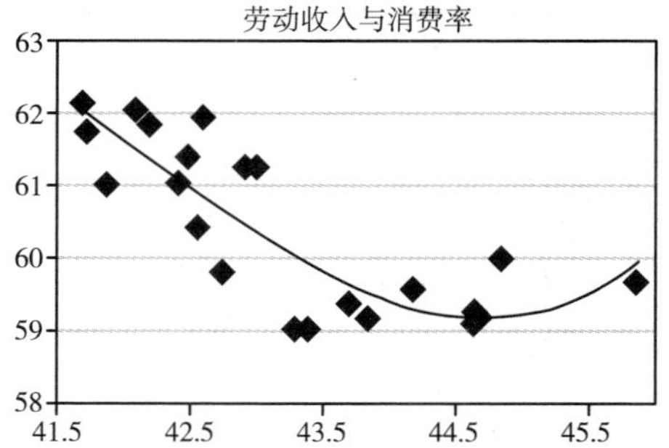

图 6-13　发展中国家劳动份额与消费率

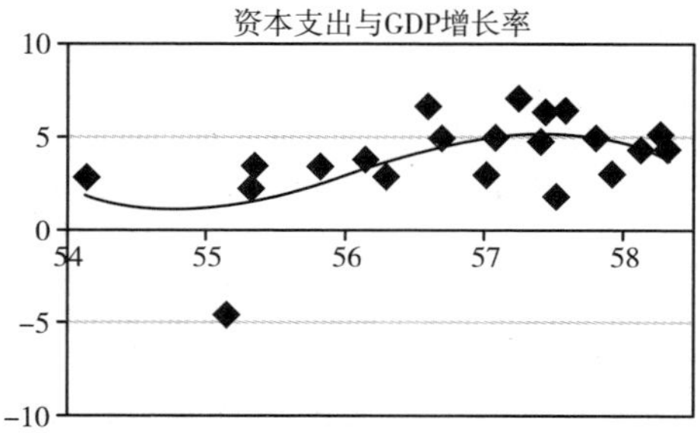

图 6-14　发展中国家资本份额与 GDP 增长率

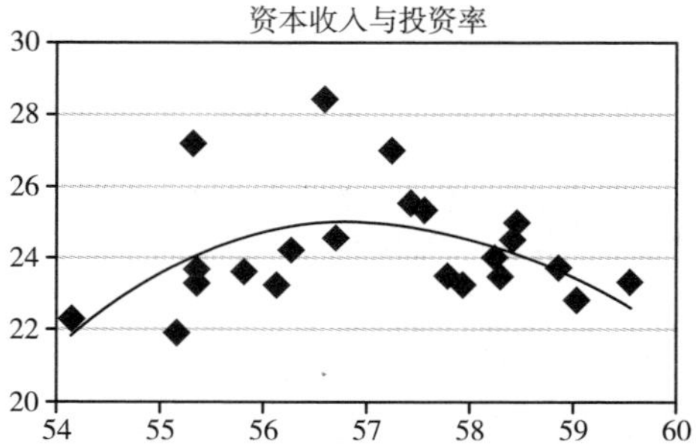

图 6-15　发展中国家资本支出与投资率

部分发展中国家经济增长缓慢以及长期陷入“中等收入陷阱”等问题的原因是多方面的，涉及政治、经济、社会、文化等各方面，本书仅从要素收入分配格局方面作出解释。前面的分析表明，发展中国家普遍存在的问题是劳动收入比重很低。尽管资本收入份额很高，但应该看到普通民众收入主要来自工资收入，资本收入比重很小，因而普通民众的收入水平很低，高收入者集中在极少部分金融、电信业、钢铁、能源等行业巨头以及法官、行政人员、医生等高技能职业群体，贫富差距悬殊，如巴西、墨西哥等国一边是鳞次栉比的高楼大厦，一边是低矮简陋的“贫民窟”；富豪巨贾的一掷千金并不罕见，大量贫民为温饱而终日奔波更为常见。巨大的反差必然引起普通百姓对政府和社会的不满，政局不稳、社会动荡成为不少发展中国家的痼疾，不具备经济增长必要的稳定发展环境。人均收入很低还可以解释居民消费率为什么高达60%，这是由于低收入群体刚性支出，如食品、服装、交通、通信等基本生活开支，就会花去他们大部分的收入，不少发展中国家的恩格尔系数高达0.4～0.5。除去基本生活支出以外，他们没有能力为子女提供良好的教育和医疗保健服务，就会导致发展中国家的人力资本存量较小、劳动生产率低，很难提高全要素生产率。还应该注意到，发展中国家资本收入比重很高，大大超过发达国家，但是如此高的资本收入比重，投资率只有21%，意味着资本收入主要没有在本国进行实体经济投资，这些收入可能用于奢侈品消费，可能转移到其他国家投资，或者由于实体经济疲弱而在金融市场中空转。无论是哪种原因，总之资本没有为本国实体经济服务，就会导致国内基础设施落后、产业发展基础薄弱，企业投资成本高，难以获得正常利润，如此资本必然外流，加剧了国内资本短缺，以致长期无法走出发展困境。不少发展中国家政府没有采取有力措施扭转要素分配格局失衡问题，如对于大量的资本收入，政府本应该通过税收工具降低过高的资本收益，但是有研究表明，与发达国家相比，发展中国家的个人所得税比重较低，个人所得税名义累进性也低于发达国家，由于征收机关能力弱和税制的不完善，发展中国家各种避税逃税现象也泛滥成灾。①

我国的资本收入比重尽管还没有达到如此高的地步，但是要看到资本收入比重是不断上升的势头，并且有越来越集中的倾向，少部分人通过所谓的资本运作等方式短时期内积累大量财富，应该引起国家的高度重视。根据皮凯迪的研究，从长期发展视角来看，资本收益率高于产出与收入增长率，资本收益的提高必然降低劳动收入的份额，导致收入差距扩大。我们应该吸取一些发展中国家的教训，及时出台和完善累进制个人所得税、房产税和遗产税等税种，切实降低过高的资本收入。

（二）主体收入分配格局

表6－4是13个发展中国家1995～2016年的主体收入格局变化表，家庭收入份额平均为48.39%，该值比同期中国低8.08%；政府收入比重为11.74%，

① 李文：《发展中国家的税制累进性与再分配》，《财贸经济》，2013年第5期。

低于中国2.65%，企业收入高于中国10.82%。与同期发达国家相比，家庭份额低8.79%，政府份额高1.01%，企业收入高7.89%。因此，家庭收入份额低、企业收入份额高是发展中国家主体收入分配格局的主要特点。图6－16是发展中国家1995～2016年的主体收入格局的趋势图，可以发现企业收入略有下降，家庭收入和政府收入小幅上升，总体格局变化不大。

表6－4　　发展中国家主体收入格局均值以及与中国比较

	年份	家庭收入	政府收入	企业收入
发展中国家	1995～2016	38.39	11.74	49.96
中国	1995～2016	46.47	14.39	39.14

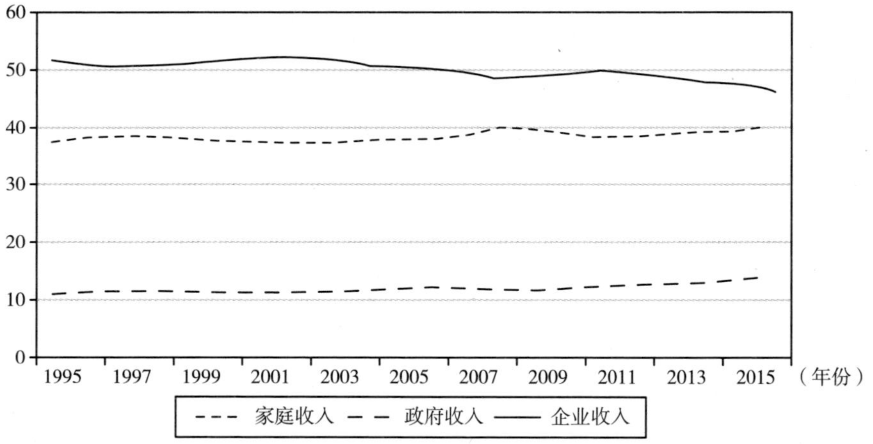

图6－16　发展中国家主体收入格局趋势

利用散点图进一步分析发展中国家主体分配格局的经济效应。图6－17和图6－18分别是家庭份额与GDP增长、居民消费率的关系散点图，图6－17表明家庭份额从37%～40%上升过程中GDP增长率下降，超过40%后GDP增长率上升，根据图6－7，发达国家家庭收入份额从45%～50%增长过程中GDP增长率不断提高，本书认为，如果发展中国家能够继续提高家庭收入，GDP的增长率也将显著提高。图6－18中家庭收入份额与消费率呈负相关关系，但是家庭收入份额超过40%时消费率下降趋势开始改变，结合图6－8可以推断，发展中国家家庭收入继续提高，消费率将不断增加。图6－19说明企业收入从46%增加到

51%时，GDP 增长率随着增加，超过 51%后 GDP 增长率下降。图 6－20 表明企业份额与投资率呈倒“U”形关系，拐点在 50%左右。图 6－19 和图 6－20 再次揭示了发展中国家的资本（企业）收入比重太高不利于投资增长进而也不利于经济增长。

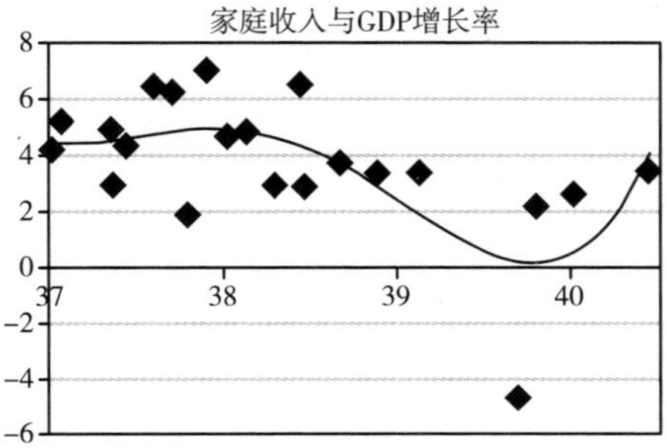

图 6－17　家庭份额与 GDP 增长率

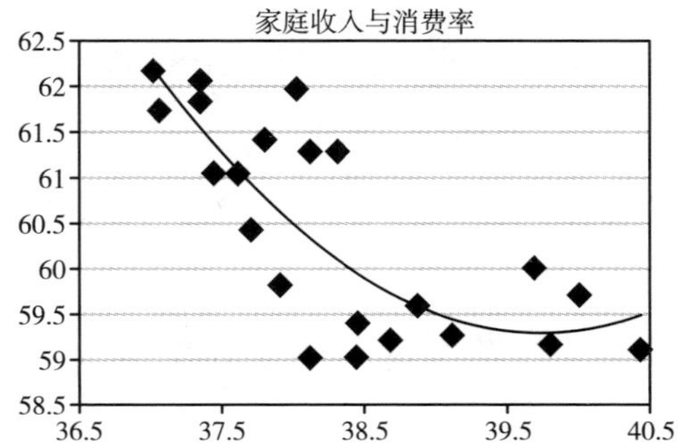

图 6－18　家庭份额与居民消费率

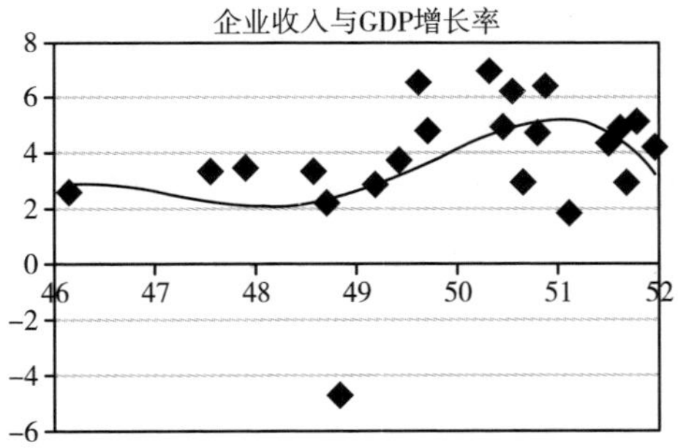

图 6－19　资本份额与 GDP 增长率

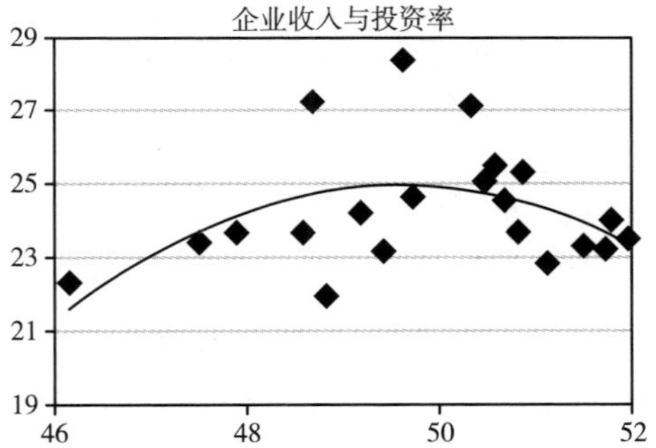

图 6－20　资本份额与投资率

第二节

发达国家国民收入分配的增长效应实证分析

第一节中分析了主要发达国家和发展中国家的收入分配格局变化情况，对国际收入分配格局作出初步判断。本节使用面板数据实证分析发达国家分配格局的经济效应，对发达国家的分配格局合理性做出基本判断。发达国家都是比较成熟的市场经济国家，实行按要素贡献为标准的收入分配制度，我国正加速推进经济的市场化进程，实施按劳动分配为主、多种分配制度并存的分配制度，按要素分配成为重要的分配方式。基于此，本书认为未来我国国民收入分配格局在一定程度上具有发达国家收入分配格局的特征，因而实证分析发达国家收入分配格局的经济效应十分有必要。第一节对发达国家分配格局的散点图分析中直观上得出两个假说：劳动收入份额与 GDP 增长率、家庭收入份额与 GDP 增长率之间均呈现倒“U”形特征，本节首先判断该形状在计量分析上是否成立；其次分阶段判断发达国家劳动收入、家庭收入份额的增长效应。

一、发达国家收入分配格局的经济增长效应实证分析

（一）模型建立及数据

第一节已经研究了发达国家劳动收入、家庭收入份额与经济增长的散点图，初步认为这两个变量与 GDP 增长率的关系符合倒“U”形曲线形状，然而在数学上此种关系是否成立，需要做计量实证分析。以劳动收入份额与 GDP 增长率为例，可以建立以 GDP 增长率为被解释变量，劳动份额 LR 为解释变量的模型，考虑到 GDP 的滞后值、投资率 IN 对 GDP 也有直接或间接影响，将它们设为控制变量，建立以下动态面板数据模型一：

$$GDP_{it} = C + \alpha_1 GDP_{it-1} + \alpha_2 LR_{it} + \alpha_3 LR_{it}^2 + \alpha_4 IN_{it} + \varepsilon_{it} \quad (6-1)$$

如果实证结果显示 α_2 为正、α_3 为负，则表明劳动份额与 GDP 增长率的倒“U”形关系成立。

同理，建立家庭收入份额 FR 与 GDP 增长率的面板数据模型二：

$$GDP_{it} = C + \beta_1 GDP_{it-1} + \beta_2 FR_{it} + \beta_3 FR_{it}^2 + \beta_4 IN_{it} + \varepsilon_{it} \quad (6-2)$$

如果实证结果显示 β_2 为正、β_3 为负，则表明家庭份额与 GDP 增长率的倒“U”形关系成立。

（二）数据检验和面板模型形式设定

本书以本章第一节选定的 19 个发达国家为研究对象，数据时间区间为

1970～2016 年。为了防止虚假回归，要进行单位根检验和协整检验，同时要正确选定面板模型的形式。

1. 单位根检验

面板数据的单位根检验可以使用 LLC、Breitung、Hadri、Im－P－S、Fisher－ADF、Fisher－PP 等方法，待检验的变量为 GDP 增长率、劳动份额 LR、家庭份额 FR、投资率 IN，各变量的检验结果见表 6－5。

表 6－5　　GDP 等面板数据单位根检验结果（滞后阶数由 SIC 准则确定）

检验方法	原假设	GDP	LR	FR	IN
LLC	H_0：$\rho=0$ H_1：$\rho<0$	－18.3007 (0.0000)	－2.6949 (0.0035)	－3.7056 (0.0001)	－3.4638 (0.0003)
Breitung	H_0：$\rho=0$ H_1：$\rho<0$	11.6706 (0.0000)	－1.9975 (0.0229)	－2.4129 (0.0079)	－2.8617 (0.0021)
Im－P－S	H_0：$\rho=0$ H_1：$\rho<0$	－16.4038 (0.0000)	－3.8568 (0.0001)	－4.6932 (0.0000)	－4.12083 (0.0000)
Fisher－ADF	H_0：$\rho=0$ H_1：$\rho<0$	293.31 (0.0000)	70.7398 (0.0010)	82.5154 (0.0000)	75.9548 (0.0002)
Fisher－PP	H_0：$\rho=0$ H_1：$\rho<0$	293.74 (0.0000)	66.2797 (0.0030)	67.3054 (0.0024)	56.4328 (0.0275)
结论	拒绝原假设	平稳	平稳	平稳	平稳

注：括号内是相应的接受原假设的 p 值。

从表 6－5 的检验结果看出，5 种检验方法均表明各个面板数据数列均是平稳数列。

2. 协整关系检验

面板数据的协整检验方法主要有建立在 E－G 二步法的基础上的 Pedroni 检验和 Kao 检验，以及建立在 Johansen 协整检验的基础上的 Fisher 面板协整检验。本书使用 Kao 检验检验方法，对模型一和模型二各变量的协整检验结果见表 6－6。

表 6－6　模型一和模型二中各变量的协整检验结果（滞后阶数由 SIC 准则确定）

	检验方法	原假设	统计量名称	统计量值（p 值）
模型一	Kao 检验	H_0：不存在协作关系	ADF	－13.1326 (0.0000)
	Pedroni 检验	H_0：$P_i=1$ H_1：$(P_i=P)<1$	Panel v－Statistic	0.9961 (0.1596)
			Panel rho－Statistic	－0.8509 (0.0000)
			Panel PP－Statistic	－12.3116 (0.0000)
			Panel ADF－Statisti	－8.4742 (0.0000)
模型二	Kao 检验	H_0：不存在协作关系	ADF	－11.9753 (0.0000)
	Pedroni 检验	H_0：$P_i=1$ H_1：$(P_i=P)<1$	Panel v－Statistic	0.9961 (0.1596)
			Panel rho－Statistic	－0.8509 (0.0000)
			Panel PP－Statistic	－12.3116 (0.0000)
			Panel ADF－Statisti	－8.4742 (0.0000)

根据表 6－6，Kao 检验结果表明 1% 显著性水平下拒绝原假设，Pedroni 检验中多数支持 1% 显著性水平下拒绝原假设，说明模型一和模型二中的各变量均存在协整关系。

3. 面板模型形式选定

面板数据首先要确定变截距模型是固定影响模型还是随机影响模型，Hausman（1978）提出了一个严格的统计检验方法——Hausman 检验。[①] 本书使用该方法确定模型一和模型二形式，检验结果见表 6－7。

① 高铁梅：《计量经济分析方法与建模》，清华大学出版社 2016 年版，第 403 页。

表 6-7　　面板模型的 Hausman 检验结果

	Test Summary	Chi - Sq. Statistic	Chi - Sq. d. f.	Prob.
模型一	Test Summary	Chi - Sq. Statistic	Chi - Sq. d. f.	Prob.
	Cross - section random	22.7074	4	0.0100
模型二	Test Summary	Chi - Sq. Statistic	Chi - Sq. d. f.	Prob.
	Cross - section random	18.5267	4	0.0246

根据表 6-7，Hausman 统计值分别为 22.7074 和 18.5267，在 5% 显著性水平下拒绝随机效应模型，故都适用固定效应模型。

接着用 F 统计量方法判断模型是否存在结构变化，分别计算出两个模型的统计量 $F_2=7.25$，$F_1=6.68$，在显著性水平 5% 下，得到临界值为 $F_{2\alpha}(120, 798)=1.24$，$F_{1\alpha}(72, 798)=1.31$，$F_2>1.24$，$F_1>1.31$，因而采用变系数模型。最终模型一和模型二设定为固定效应变系数面板数据模型。

(三) 回归结果分析

模型一的回归结果见表 6-8。

表 6-8　　模型一回归结果

国家	α_1	α_2	α_3	α_4
日本	0.5050	2.0169	-0.0198	0.3320
美国	0.1714	-2.0751	0.0193	-0.1044
爱尔兰	0.1812	-2.2556	0.0198	-0.1213
奥地利	-0.2216	2.8474	-0.0276	0.6583
澳大利亚	-0.0845	3.3633	-0.0300	0.3013
比利时	-0.1798	-6.1344	0.0501	0.3809
丹麦	-0.0694	13.3823	-0.1193	0.1387
德国	-0.0581	-1.9268	0.0172	0.5132
法国	0.5071	1.7864	-0.01399	-0.1109
芬兰	0.1788	5.6556	-0.0536	0.2748
荷兰	-0.1116	-4.3013	0.0345	0.8435
加拿大	0.2427	8.9855	-0.0771	0.1345
卢森堡	0.0303	2.6245	-0.0237	0.1369

续表

国家	α_1	α_2	α_3	α_4
挪威	0.5939	1.0985	-0.0107	0.0525
葡萄牙	0.0449	-10.2514	0.0856	0.5432
瑞典	0.0978	3.3679	-0.0302	0.1157
瑞士	0.2931	2.6007	-0.0273	-0.2343
西班牙	0.4535	9.5033	-0.0962	0.1663
英国	-0.0824	2.9302	-0.0284	0.4779
R^2：0.4287	修正后 R^2：0.3598	F 值：62.189	p 值：0.0000	dw：1.67

要关注的是表 6-8 中解释变量系数 α_2 和 α_3 的符号，19 个发达国家中只有美国、爱尔兰、比利时、德国、荷兰、葡萄牙 6 个国家的 $\alpha_2<0$，$\alpha_3>0$，表明 GDP 增长率与劳动份额 LR 的关系开口向上的抛物线形状；其他 13 个国家的 $\alpha_2>0$，$\alpha_3<0$，表明 GDP 增长率与劳动份额 LR 的关系开口向下的抛物线形状，即倒"U"形关系，因此第一节散点图得出的倒"U"形关系对于多数发达国家都成立，这表明多数发达国家的 GDP 增长率随着劳动收入份额的增加而增加，但是到了拐点以后劳动份额继续增加将导致 GDP 增长率下降，它的经济意义是劳动收入和资本收入应该保持适当比重，失衡的要素收入关系不利于经济增长。美国等六个国家的表现不符合倒"U"形曲线，但并不意味着劳资收入比重没有合理的区间。

模型二的回归结果见表 6-9。

表 6-9　　模型二回归结果

国家	β_1	β_2	β_3	β_4
日本	0.0558	1.8513	-0.0201	0.3254
美国	0.4189	-16.0724	0.1525	-0.1182
爱尔兰	0.1581	-2.7834	0.0292	-0.1245
奥地利	-0.2122	3.2834	-0.0358	0.6157
澳大利亚	-0.0652	1.1234	-0.0118	0.2977
比利时	-0.1780	-4.6521	0.0416	0.3853

续表

国家	β_1	β_2	β_3	β_4
丹麦	-0.1755	24.8696	-0.2523	0.1827
德国	-0.0499	-1.6188	0.0151	0.4817
法国	0.4558	-7.8913	0.0759	-0.1309
芬兰	0.1418	5.5125	-0.0597	0.3359
荷兰	-0.1046	-2.1116	0.0175	0.8343
加拿大	0.2618	12.9209	-0.1255	0.1616
卢森堡	-0.0567	11.3224	-0.1031	0.2247
挪威	0.5889	0.6414	-0.0072	0.0522
葡萄牙	0.1539	-7.2357	0.0662	0.5589
瑞典	-0.1068	-11.0086	0.1079	0.3226
瑞士	0.2562	4.5382	-0.0495	-0.2077
西班牙	0.4781	2.0921	-0.0254	0.1365
英国	-0.0797	1.5683	-0.0188	0.4975
R^2：0.4253	修正后 R^2：0.3560	F 值：61.33	p 值：0.00	dw 值：1.69

表 6-9 中 $\beta_2>0$，$\beta_3<0$ 的国家有日本、奥地利、澳大利亚、丹麦、芬兰、加拿大、挪威、卢森堡、瑞士、西班牙、英国等 12 个国家，美国、爱尔兰、比利时、德国、法国、葡萄牙、瑞典等剩下 7 个国家的情况与此相反，表明多数发达国家的 GDP 在拐点以前随家庭收入份额的增加而增加，超过拐点则相反；实证结果同样说明家庭、企业与政府收入应该保持合理比重，某一方收入太大或太小都不利于经济增长。

二、分阶段收入分配格局的经济增长效应实证分析

第一节考察了发达国家 1970～2016 年要素收入格局与主体收入格局的历史演变，表 6-1 和表 6-2 分三个阶段 1970～1985 年、1986～2000 年、2001～2016 年，更细致地分析收入格局的变化。本书发现这三个阶段发达国家的劳动收入份额与家庭收入份额是递减的，2000 年以后劳动份额与家庭份额分别下降到临界点 56% 和 50% 以下，而巧合的是，2000 年以后发达国家的 GDP 增长率开

始显著下降，从1986～2000年的3.16%下到2001～2016年的1.66%，下降幅度几乎达到一半，据此，本书认为劳动份额与经济增长有紧密的联系。为了进一步研究两者的关系，本节建立面板数据模型，实证分析它们的数量关系。与前面分析一致，本书使用19个发达国家的面板数据，分为三个时间段：1970～1985年、1986～2000年、2001～2016年，分别考察劳动份额、家庭份额对GDP增长率的作用大小。简单起见，建立以GDP增长率为被解释变量、GDP增长率一阶滞后变量、劳动份额和家庭份额为解释变量的面板模型，分别为模型三与模型四：

模型三：$GDP_{it} = C + \theta_1 GDP_{it-1} + \theta_2 LR_{it} + \varepsilon_{it}$ （6－3）

模型四：$GDP_{it} = C + \lambda_1 GDP_{it-1} + \lambda_2 LR_{it} + \varepsilon_{it}$ （6－4）

经过单位根检验、协整检验，发现各变量均为平稳变量，模型三和模型四变量之间具有协整关系；同时使用Hausman检验法和F值法确定面板模型形式，具体过程不再赘述，最终模型三和模型四确定为具有固定效应不变结构模型。表6－10给出回归结果。

表6－10　　模型三和模型四的回归结果

	解释变量系数	1970～1985年	1986～2000年	2001～2016年
模型三	θ_1	0.3230*** (5.5388)	0.6793*** (7.3757)	0.4665*** (8.7739)
	θ_2	0.0313*** (8.6776)	0.0192*** (2.6567)	0.0163*** (5.4177)
	AR（2）	－0.1865*** (－2.9672)	0.0511 (0.5357)	－0.2551*** (－3.385)
		R^2 = 0.3658, DW = 2.32	R^2 = 0.3898, DW = 2.01	R^2 = 0.2273, DW = 2.17
模型四	λ_1	0.3178*** (2.1750)	0.6673*** (7.2854)	0.4488*** (2.6654)
	λ_2	0.0347** (4.1568)*	0.0222*** (2.7333)	0.0194* (1.9237)
	AR（2）	－0.1886 (－1.6059)	0.0503 (0.6180)	－0.2545 (－1.5952)
		R^2 = 0.2705 DW = 2.37	R^2 = 0.3940 DW = 2.00	R^2 = 0.2381 DW = 2.15

注：*、**、***分别表示10%、5%和1%显著性水平，括号内是t统计量值。

首先，分析模型三的回归结果。解释变量 GDP 的一阶滞后变量和劳动收入份额的系数 θ_1 和 θ_2 都通过了 1% 显著性水平检验。三个阶段劳动收入份额系数 θ_2 的值是依次递减的，这与三个阶段劳动份额递减趋势是对应的，说明发达国家从 1970 开始的劳动收入份额的下降阻碍了经济增长。特别地，2001 年以后发达国家劳动收入份额低于 56% 的水平后 GDP 增长率加速下滑，说明保持合理水平的劳动收入份额是 GDP 正常增长的必要前提。其次，分析模型四的回归结果。三个阶段家庭收入份额系数 λ_2 分别通过了 5%、1% 和 10% 的显著性水平检验，并且该值也是逐渐降低的，说明三个阶段家庭收入对经济增长的拉动作用是递减的，保持合理的家庭收入份额也是 GDP 正常增长的必要前提。

第三节

美国和日本收入分配格局与经济增长关系考察

第二节考察了发达国家和发展中国家的收入分配格局演变及其经济效应，得出了收入分配格局演变趋势和规律，但至此分析还不够全面，还应该分析一些典型国家的收入分配格局演变。正如马克思主义哲学中矛盾的普遍性和特殊性的关系一样，普遍性寓于特殊性之中，并通过特殊性表现出来。通过解剖典型国家的分配格局演变及其作用，为我们提供鲜活的发展案例，从更具体层面分析收入分配格局的变化规律，为普遍性规律提供事实支撑；同时可以分析导致收入分配格局变化的原因和后果。本节选择两个典型发达国家美国和日本做案例分析，尽管两者都是发达的资本主义国家，但是两国在收入分配制度、经济发展政策等方面存在很大差异，值得我们深入研究。

一、美国收入分配格局与经济增长关系考察

（一）美国要素收入分配历史演变

美国是世界上最发达的资本主义国家，它的统计资料比较完备，能够提供长

周期的收入分配变化趋势。美国要素收入分配长期演进的路径和动态趋势得到众多著名经济学家的特别关注，学术研究成果很多，但结论分歧也很大。[①] 1928 年柯布和道格拉斯根据美国制造业 1899 ~ 1922 年的数据推算出该行业的生产函数，即 $F = Ak^{1/4}L^{3/4}$，指出劳动收入比重为总收入的 3/4。此后凯恩斯、Tripp、Johnson、索洛、卡尔多等经济学家的研究都表明美国的劳动收入比重基本保持稳定，与经济周期和产出水平无关。卡尔多将资本主义发展过程中的要素收入相对份额的稳定性作为“程式化事实”之一。要素收入份额真实保持稳定吗？美国经济学家库兹涅茨在 1959 年一篇文章否定了劳动收入份额稳定的假说，从统计上分析得到结论“具有较高人均收入的国家中雇员报酬占总收入的份额较高，而在欠发达国家中则较低”，这一结论同样适用于美国，即具有较高人均收入的州往往雇员报酬的份额也较高，反之则较低。以后的研究也证明劳动收入份额是不稳定的，与经济发展情况密切相关。Young（2004）研究了美国 1959 ~ 2000 年的劳动份额的波动，认为劳动份额的变动具有反经济周期的特征，Buchele 和 Christiansen（2007）基于美国等主要资本主义国家的统计数据，指出劳动份额具有下降的趋势。

由于不同的研究采用的数据源以及测算口径和方法的差异，导致对要素收入份额测算结论相差很大，对研究结论造成一定的影响。本书根据美国商务部经济分析局提供 1929 ~ 2016 年的数据，使用相同的测算方法计算劳动份额，因而结论具有较强的可比性。表 6 - 11 给出了美国的劳动收入份额测算数据，图 6 - 21 是美国劳动收入份额与经济增长率走势，劳动收入份额测算方法见本章第一节。

表 6 - 11　　　　美国劳动收入份额变化（1929 ~ 2016 年）

年份	1929	1930	1931	1932	1933	1934	1935	1936	1937	1938	1939
劳动收入	53.0	55.1	57.3	59.5	59.8	58.9	56.7	57.6	57.5	58.4	58.5
年份	1940	1941	1942	1943	1944	1945	1946	1947	1948	1949	1950
劳动收入	57.3	56.1	56.7	58.6	59.8	60.5	58.4	57.8	56.6	57.7	57.4

① 曹静：《劳动收入份额稳定性之争：分歧与解读》，《江西财经大学学报》，2013 年第 1 期。

续表

年份	1951	1952	1953	1954	1955	1956	1957	1958	1959	1960	1961
劳动收入	58.3	59.5	60.3	59.6	58.9	59.7	60.0	59.8	59.5	60.5	60.2
年份	1962	1963	1964	1965	1966	1967	1968	1969	1970	1971	1972
劳动收入	60.0	59.9	60.0	59.6	60.3	61.1	61.6	62.6	63.8	63.1	62.8
年份	1973	1974	1975	1976	1977	1978	1979	1980	1981	1982	1983
劳动收入	62.4	62.9	61.7	61.5	61.3	61.1	61.5	62.1	61.1	61.2	60.6
年份	1984	1985	1986	1987	1988	1989	1990	1991	1992	1993	1994
劳动收入	59.7	59.9	60.8	60.8	60.5	60.5	61.2	61.4	61.8	61.5	60.6
年份	1995	1996	1997	1998	1999	2000	2001	2002	2003	2004	2005
劳动收入	59.9	59.3	59.1	59.7	60.0	60.6	60.5	59.8	59.5	59.0	58.2
年份	2006	2007	2008	2009	2010	2011	2012	2013	2014	2015	2016
劳动收入	57.4	58.9	59.5	58.6	57.5	57.3	56.6	56.6	56.4	56.8	57.1

资料来源：根据美国商务部经济分析局（https：//www.bea.gov）网站中的历年雇佣报酬、总营业盈余和总混合收入和税收减去生产和进口补贴数据计算而成。

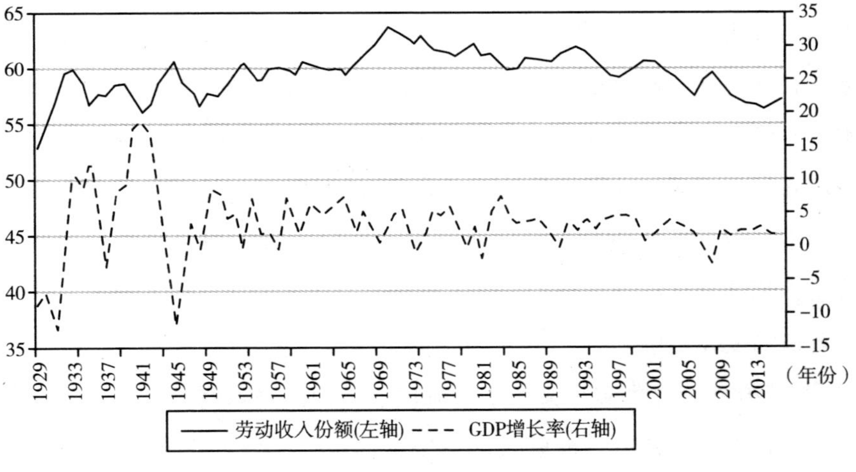

图 6－21　美国劳动收入份额与经济增长率走势（1929～2016 年）

根据表 6－11 和图 6－21，总体来看，1929 年以来美国劳动收入份额分为两个大阶段：1929～1970 年约 40 年间处于上升期，1970 年至今处于下降期。如果细分的话，可以把劳动收入份额变化分为三个阶段：第一阶段是 1929～1949 年，时间涵盖了从大萧条至第二次世界大战结束长约 20 年，该阶段由于经济危机和战争巨大冲击，是发展的非正常时期，美国经济指标的波动性非常大，劳动收入份额波动幅度从52.9%到60.5%，1945年达到最大值60.5%，劳动份额总体是增加的，经济增长率从-12.9%到18.9%，该阶段劳动份额与经济增长率的关系不太明晰。第二阶段是1950~1980年，这个阶段美国进入中高速发展阶段，该阶段美国政府在凯恩斯主义的指导下大力发展经济，经历从工业化中后期到后工业化时代的历程，经济增长平均速度达到3.7%，是1929年以后美国发展最快的黄金时代，该阶段劳动收入份额一直处于上升势头，从1949年的57.7%增加到1970年的63.8%，增长6.1个百分点。第三阶段是1981年至今，该阶段美国经济发展指导思想从凯恩斯主义转变到新自由主义，经济增长的波动性增大，平均增速下降到2.7%。这个阶段美国的劳动收入份额大幅下降，从1980年的62.1%下降到2014年的56.4%，下降幅度近6个百分点，处于1950年以来的最低水平。

（二）劳动收入份额、劳动生产率与经济增长的关系

前面的分析表明，美国的劳动收入份额的确是不稳定的，它受发展阶段、发展政策、技术进步、产业结构、全球化等诸多方面的影响；反过来，劳动收入份额的水平与演变趋势对投资、消费、产业结构、就业结构、人力资本、技术进步等经济增长因素造成较大影响。对美国劳动份额、劳动生产率与经济增长关系演变分析，本书将进一步表明一个观点：即不同的发展阶段劳动收入份额是变化的，劳动份额的变化应该反映劳动生产率的变化，理论上不同发展阶段劳动收入份额有合适的变化范围。

20世纪20年代是资本主义大繁荣阶段，美国经济取得了巨大成就，但是美国的收入差距却越拉越大，根据Stuart chase的统计，1920~1929年美国1%最富有的人享受着75%的收入份额，城市总人口71%的工人的工资收入仅占总收入的38%，而企业主阶层却获得国民收入41%，美国0.1%最富有家庭的收入相当于42%最贫困家庭收入。[①] 根据恩格尔曼·高尔曼的计算，美国的基尼系数从

① 刘巍、李杰：《美国大萧条的逻辑起点：收入分配不公（1919~1929年）》，《国际经济贸易》，2014年第12期。

1919 年的 0.48 增加到 1930 年的 0.589，贫困率从 1919 年的 51.6% 增加到了 65.8%。[①] 巨大的贫困差距导致有效需求严重不足，经济危机在所难免，1929 年美国股市崩盘只是大萧条的导火索。凯恩斯将大萧条的发生归咎为有效需求不足是有道理的。严酷的现实使美国的当权者认识到必须调节劳资分配关系，不解决广大工人阶级的贫困问题就无法走出衰退阴影，大萧条成为美国收入分配格局的转折点。1933 以后富兰克林·罗斯福总统大刀阔斧地实施了一系列旨在提高工人收入、有利于劳动者就业的政策。1935 年出台的《国家劳资关系法》是美国最重要的劳动立法，该法规定工人有权参加工会组织，进行集体协议和统一行动；通过的《社会保障法案》使退休工人可以获得养老金，失业者可以得到保险金；1938 年通过了《公平劳动标准法案》，该法规定了美国的最低工资标准、最高工作时间，1940～1970 年，美国工人劳动时数下降了 13%，但实际收入却上升了 73%；[②] 通过了《农业调整法》，提高农产品的价格、增加对农民补贴、提高了农民收入；罗斯福政府加大了税收调节收入差距的力度，如增加了遗产税和个人所得税，对 5 万美元纯收入和 4 万美元遗产税税率为 31%，500 万美元以上的遗产税收提高到 75%；个人所得税占联邦税收总额从 1932 年的 22.3% 增加到 1950 年的 44.7%；美国政府还十分注重对教育的投资，据 Schultz（1962）测算，1929～1957 年美国教育资本的增长率比有形资本高 2～3 倍，而教育资本具有更高的收益率。[③] 在政府一系列政策的推动下，美国收入分配格局呈现出有利于劳动阶层的局面，对走出经济危机影响功不可没。当然，美国在其制度限度内对收入分配关系的调整有利于资本主义的发展，不会威胁到资本主义制度和资本家的利益，政府作为"资本家""管理资产阶级的共同事务委员会"，变革分配制度既要维护资本家集团的既得利益，又要为了最大化政治支持，调节劳资关系，健全社会保障，实现社会公平。[④] 该阶段劳动收入比重从 1929 年的 53% 提高到 1945 年的 60.5%，劳资收入比重平均约为 58∶42，劳动收入比重的大幅提高缓解了资本主义的阶级矛盾，培养了一大批中产阶级，增加了社会总需求，提

① 恩格尔曼·高尔曼：《剑桥美国经济史》，中国人民大学出版社 2008 年版，第 208－210 页。
② 董全瑞：《1870～2009 年年美国的功能收入分配及启示》，《现代经济探讨》，2011 年第 1 期。
③ 张车伟、赵文：《中国劳动报酬份额问题》，中国社会科学出版社 2016 年版，第 135 页。
④ 韩保江：《当代资本主义收入分配制度创新的内在机制》，《中共中央党校学报》，2001 年第 3 期。

高了人力资本存量，有利于加快城镇化和工业化进程，为战后美国经济和社会繁荣发展奠定了良好的基础。

得益于罗斯福新政的成果，第二次世界大战结束后30年美国经济总体形势良好，同时社会收入差距有所减小，最富有的20%家庭收入占全国总收入比重从1950年的43%下降到1970年的41%，同时期基尼系数从0.431下降到0.396。这一时期美国政府继续实施有利于劳动阶层的政策：一是继续提高最低工资标准，杜鲁门总统时期两次提高最低工资标准；1966年9月，美国国会再次修订了《公平劳工标准法案》，继续提高最低工资标准。在社会保障制度方面，约翰逊总统提出了向贫困宣战的“伟大社会”福利计划，出台了《医疗照顾法案》，在一定程度上解决了老人的治病问题；通过了《医疗援助法案》，规定联邦政府和州政府有义务向低收入家庭和无力救治的家庭提供医疗资助；在联邦政府的推动下，各州政府还实行了盲人补助、残废补助和老人补助等措施；在教育方面，1965年通过的《高等教育法》是向贫困大学生提供联邦奖学金和低息贷款的法律，同年还通过了《中小学教育法》，它是美国第一个由联邦政府对中小学进行普遍援助的法律，在约翰逊任内，国会共通过60多项教育法案，大大促进了美国的教育发展，提高了穷人和黑人子女的教育水平，培养了大批合格的劳动力和高级专门人才；在住房方面，颁布《住房和城市发展法》和《住宅法》，这些法案规定政府拨款建造低租公共住房，对家庭购房所付抵押贷款进行贴息，以满足中低收入者对住房的需要①；在税收方面，1964年通过了《减税法案》，该法案规定在1964年和1965年两年间削减公司税25.5亿美元，削减个人所得税110亿美元，有力地刺激了居民消费和私人投资，提高了经济增长率，据统计1961～1968年美国经济增长率年均高达5%。“伟大计划”对美国国民收入进行了一定程度的再分配，缓和了社会矛盾和阶级矛盾，实际上提高了居民的可支配收入，美国劳动收入份额在20世纪50年代后期超过60%。根据表6－12，1948～1960年劳动生产率与实际工资增长率保持同步上涨，1960～1970年的劳动生产率继续上升，实际工资率有所下降，1948～1970年美国劳动生产率和工资增长率是第二次世界大战以后的最好表现，这

① 杨鹏飞：《林登·约翰逊的“伟大社会”与美国工业社会的成熟》，《史学月刊》，2006年第11期。

个阶段工资上涨、劳动收入份额提高是建立在较高的生产率基础上的。

表 6－12　美国的劳动生产率、工资增长率与劳动份额变化：1948～2016 年

时间区间	劳动生产率增长率	实际工资增长率	劳动报酬
1948～1960	2.67	2.96	59.1
1961～1970	2.8	2.23	60.1
1971～1980	1.76	1.07	62.0
1981～1990	1.66	0.85	60.6
1991～2000	2.2	1.53	60.4
2000～2007	2.6	1.4	59.26
2007～2016	1.2	0.55	57.53

注：这里的劳动生产率和实际工资增长率是指非农生产部门，数据来源：美国劳工部网站，https：//www.bls.gov/lpc/#tables。

1970～1980 年劳资收入比重平均约为 62：38，劳动收入比重比 20 世纪 50 年代以前提高 4 个百分点，国民收入进一步向劳动倾斜，资本收入比重下降。但是物极必反，从国家经济发展来看，劳动收入并不是越高越好，没有生产率提高的工资上涨可能带来物价上涨、成本提高、生产供给减少。数据显示，1968 年劳动成本提高 4%，1969～1970 年提高到 6%，1965～1970 年美国的通胀率已经明显提高。根据表 6－12，1971～1980 年劳动生产率下降到 1.76，工资增长率有所下降，但是劳动收入上升到 62%；另外，到 70 年代第一次石油危机时，美国生产率的增长率已经低于过去 20 年平均值 1 个多百分点，但实际工资并未显著下降，正是实际工资率高于均衡水平，抑制了供给，导致了大量失业。① 这个阶段美国政府信奉凯恩斯主义宏观调控理论，对社会保障、就业、减税等方面慷慨投入极大地加重了财政负担，肯尼迪和约翰逊两任总统都实施积极的财政政策，1969 年政府预算支出创纪录地骤升到 1860 亿美元，加上越南战争的直接费用达到 1406 亿美元，财政赤字高达 252 亿美元。劳动成本上升、劳动生产率降低、财政赤字高企等负面影响，加上两次石油危机的冲击，最终导致到了美国 70 年代经济发展的“滞涨”困境。

① 张晓晶：《滞胀成因的重新审视与中国的滞胀风险》，《经济学动态》，2011 年第 7 期。

面对“滞涨”困局，美国政府一筹莫展，其奉行的凯恩斯主义理论备受指责，货币学派、理性预期学派、供给学派、新制度学派等新自由主义经济学理论趁机开始登堂入室，它们反对政府干预市场，推崇自由放任的发展理念。1981年里根总统上台以后果断抛弃凯恩斯国家干预政策，采用供给学派和货币学派的理论主张，财政政策上通过大规模减少个人所得税和企业税以刺激投资，减税的真正受益者是富人阶层，税改的结果是“劫贫济富”，居民收入差距急剧扩大；在劳动力市场上，里根对工会运动采用了“不顾一切”的强硬态度，工人工资制度由“集体谈判时期”进入“让步谈判”时期，美国工人在里根执政的8年中工资几乎没有增长。[①] 但是，在大规模减税的同时政府财政支出并没有减少，导致财政赤字急剧增加，至1986年高达2207亿美元。克林顿依靠“经济变革”竞选理念登上总统座位，他提出通过增税和减少福利开支等措施降低政府赤字，并将富人作为主要增税对象；对于日益增加的福利支出，克林顿提出要进行以结构调整和节约开支为主要目标的福利制度改革，大幅度降低和削减低收入者的福利待遇。到了小布什总统执政时期，他继续推行保守主义政策，放松对企业的行政干预和限制，削弱市场垄断，实行有利于资本收入减税政策，他第一个任期内推动通过了三个减税法案，大大降低了资本收益税、红利税，取消了遗产税，该阶段美国的减税和增税政策交替进行，但是降低福利开支是一贯的，相对于富裕阶层，劳动阶层的收入份额降低了。该阶段劳资份额比降低为59∶41，资本收入较前阶段增加3个百分点，因此对应的是，美国的收入差距前所未有地扩大了，1980~2013年最富有的1%实际收入增长了142%，他们在国民收入中所占的比重已经翻番，占比从10%增加到20%，占人口0.1%最高收入阶层的收入在国民收入中所占的比重已经翻了3倍，占比从3.4%增加到9.5%，而中等收入家庭的收入1989~2013年实际上缩水了0.9%，美国已经变成全球发达经济体中最不平等的国家。[②] 从劳动生产率来看，1991~2000年、2000~2007年美国劳动生产率增长率大幅提高到2.2和2.6，但实际工资增长率远低于劳动生产率，美国实际工资率从1980年以后始终大幅低于劳动生产率，因而在金融危机前夕，美国

① 张伟：《里根经济学的真相》，《海派经济学》，2015年第1期。

② 斯蒂格利茨：《不平等与经济增长》，周建军、张晔译，《经济社会体制比较》，2017年第1期。

劳动收入比重下降、收入差距扩大已经非常显著。

1980 年以后，在劳动收入比重下降的同时，美国的经济结构发生了重大变化（见表 6－13）。首先，从产业结构变化来看，具有资本优势的美国在全球产业布局中将本国制造业转移至国外，产业链中的低端产业和低附加值产业转移至发展中国家，而将附加值较高的研发和销售保留在国内，这一产业分工被称为“微笑曲线”，产业结构的调整为资本带来丰厚的收益，但也导致国内产业“空心化”。美国 1980～2010 年工业比重从 33.5% 下降到 2010 年的 20.4%，服务业从 63.6% 上升到 78.4%，产业结构变化反映了美国的实体经济虚拟化。产业结构的变化导致就业结构相应变化，1980 年劳动者在工业和服务业行业就业比重分别为 30.8% 和 65.7%，到 2010 年变为 19.9% 和 78.6%。产业“空心化”导致中产阶级的衰落，并导致服务业内不同阶层收入分化，具有较高人力资本的高素质人才分享了更多的劳动成果和资本收益，他们更有机会进入管理层，通过“职工持股计划”、高额的年薪和分红，拉大了同普通劳动者的差距。

表 6－13　　美国收入比重与就业、产业结构变化

年份		1980	1990	2000	2010
劳动收入比重		62.11	61.21	60.62	57.48
产业结构	工业	33.50	27.90	23.40	20.40
	服务业	63.60	70.10	75.40	78.40
就业结构	工业	30.80	26.40	23.20	19.90
	服务业	65.70	70.70	74.30	78.60

资料来源：世界银行，world development indicators，2011.

2008 年美国金融（次贷）危机爆发，世界经济遭受重创。对于金融危机爆发的原因，国内外学者众所纷纭，有过度消费论、监管失效论、结构失衡论、经济周期论等各种观点，以保罗·克鲁格曼为代表的新凯恩斯主义经济学派认为金融危机的根源是美国政府近 30 年来奉行新自由主义政策的结果：一是解除对金融业的管制，二是美国社会贫富分化日益严重。[①] 尽管这些观点都有一定的解释

① 保罗·克鲁格曼：《萧条经济学的回归和 2008 年经济危机》，中信出版社 2009 年版。

力，但是如果从制度上分析，马克思经济危机理论更有说服力，本次金融危机是一场因贫富差距过大导致社会整体消费能力不足引发的危机，根本原因是不受制约的资本追求剩余价值的冲动，以及资产阶级与工人阶级的阶级地位决定的。马克思主义经济学关于资本主义经济的基本矛盾及其衍生的资本金融化、虚拟化及金融市场中投机、赌博和欺诈盛行的论述，对于解释当前危机具有根本的指导意义。[①] 马克思主义经济学家大卫·科茨认为此次金融危机的根本原因是新自由主义的资本主义，在新自由主义条件下，工人和工会在与资本的博弈中处于弱势地位，导致工资不升反降，而利润却不断上涨。[②]

（三）劳动收入比重与收入差距的关系

下面给出 1967～2016 年美国劳动收入比重与收入差距（用基尼系数表示）的散点图（见图 6－22），可以清楚地看到两者总体呈负相关关系，高劳动收入比重意味着低收入差距、低劳动收入比重意味着高收入差距，即功能性收入分配

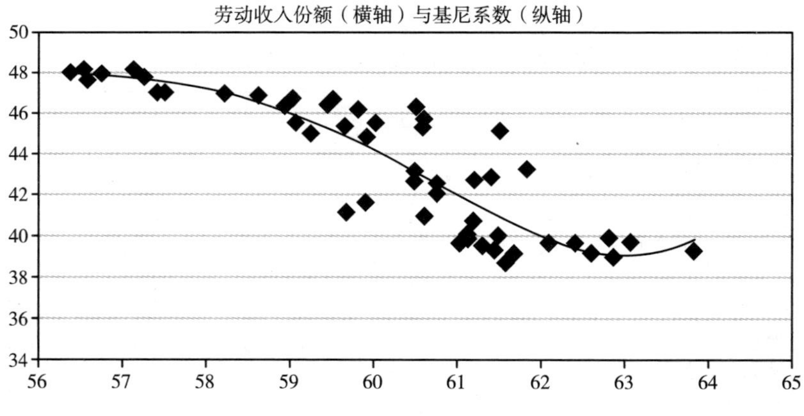

图 6－22　美国劳动收入份额与基尼系数的散点图

注：劳动收入份额数据来自表 6－11，1967～2014 年基尼系数数据来自美国普查局网站，http：//www. census. gov/hhes/income/inequality：1967 to 2014，2015～2016 年来自互联网数据。

---

① 徐春生：《近期理论界围绕金融危机有关问题研究讨论情况的综述》，《红旗文稿》，2009 年第 19 期。

② 大卫·科茨：《美国此次金融危机的根本原因是新自由主义的资本主义》，《红旗文稿》，2008 年第 13 期。

决定规模性收入分配。由于功能性收入分配反映分配效率，规模性收入分配反映分配公平，图 6－22 表明效率和公平不可兼得，只能寻求两者的相对均衡，而美国的发展事实表明经济要保持稳定均衡发展必须兼顾效率和公平，过度追求效率或公平必然导致经济发展失衡，如危机和滞涨。

（四）结论与启示

以上对美国收入分配与经济增长关系的简单回顾，我们发现要素收入分配格局的调整对美国经济增长影响的逻辑：收入分配格局趋势性调整必然导致经济增长的变化。20 世纪 30～50 年代劳动收入份额的增加扭转了大萧条前劳资分配严重失衡，劳资分配关系较为合理，奠定了第二次世界大战结束后美国 30 年的稳定发展；20 世纪 50～70 年代劳动收入和社会福利增长过快，资本收入显著减少，是 70 年代发生“滞涨”的重要原因；20 世纪 80 年代到 21 世纪头 10 年劳动收入比重大幅下降、收入差距悬殊是美国次贷危机的根本原因。当然，根据马克思主义的观点，经济发展情况决定收入分配关系，用辩证观点分析，收入分配与经济增长是相互影响的，不能孤立地谈分配或谈增长。

美国经济发展历史表明：首先，劳动收入比重应该与劳动生产率增长保持同步，劳动收入比重长期低于劳动生产率将导致居民收入增长缓慢、内需不足，反之，将导致通货膨胀。其次，劳动收入和资本收入应该保持合理比例，两者的比例长期失衡将导致经济陷入困境。再次，工业化中后期政府应该重视建立普通劳动者利益保护制度，如美国先后出台《克莱顿法》《国家劳资关系法》《公平劳动法案》等法律，从制度上保障劳动者利益；在收入再分配方面，通过税收、社会保障、反贫困政策减少收入差距，并重视发展教育在解决长期不平等的作用。事实上“大萧条”以后，美国政府曾长期对收入分配强势干预，利用法律、税收、社保甚至直接的行政干预手段调节收入关系，并没有放任市场自由发挥作用，政府也会有意识地提高工人阶级的生活条件和教育水平，增强普通劳动者生产技能和创造力，收入差距保持在合理范围。最后，对政府对收入分配方面要始终关注公平问题，让市场机制只会导致富者愈富、穷者愈穷，20 世纪 70 年代以后美国信奉新自由主义理念，放松对资本的管制和收入差距的调节，致使劳资分配失调、消费能力不足、劳动者大量借贷超前消费等原因造成金融危机。从制度上看，美国统治者代表资产阶级的利益，他们根本不想解决劳动和资本收入失衡矛盾，导致美国劳资分配多数时期处于失衡状态，美国经济的长期稳定发展缺少制度保障。

二、日本收入分配格局与经济增长关系考察

（一）日本要素收入分配历史演变

日本是当今世界第三大经济强国，第二次世界大战结束后仅仅二三十年就成功跨入高收入国家行列，它的很多做法值得我们学习和研究。明治维新开启了日本的工业化进程，20 世纪 30 年代中期迎来了战前工业化的高峰，期间日本始终保持了高经济增长率，1913～1938 年日本 GDP 增长率为 4.6%，居主要资本主义国家第一位。同期日本劳动收入比重急剧下降、收入差距迅速扩大，1938 年劳动报酬比重只有 48.1，比 1920 年下降 8.8 个百分点，[①] 1940 年日本的基尼系数高达 0.64，战前日本实际上是高度不平等的国家。[②]战后 20 多年日本经济走上高速发展道路，20 世纪 70 年代完成了工业化，成为资本主义世界第二大经济强国。图 6－23 描述了 1955～2015 年日本劳动收入比重和 GDP 增长率的变化趋势。1950～1970 年是日本经济高速发展时期，年均经济增长率约 10%，该阶段劳动收入比重并不高，平均仅为 45%，但是经过 60 年代的“国民收入倍增计划”以后，到 70 年代劳动收入比重迅速增加到 50% 以上，1975～2000 年稳定在 58%～62%，但 80 年代中后期以后经济增长率迅速下降，1985～2000 年 GDP 年均增长率仅为 2.5%。2000 年以后劳动收入比重呈下降趋势，2015 年仅为 53.9%，比最高值下降 9 个百分点，同期 GDP 增长率均值进一步减少到 0.77%，表现为明显的“双下降”特征。

---

① 张士斌：《工业化过程中劳动报酬比重变动的国际比较》，《经济社会体制比较》，2012 年第 6 期。

② 莽景石：《经济增长制度变迁与收入分配：日本百年工业化过程的经验观察》，《日本学刊》，2006 年第 4 期。

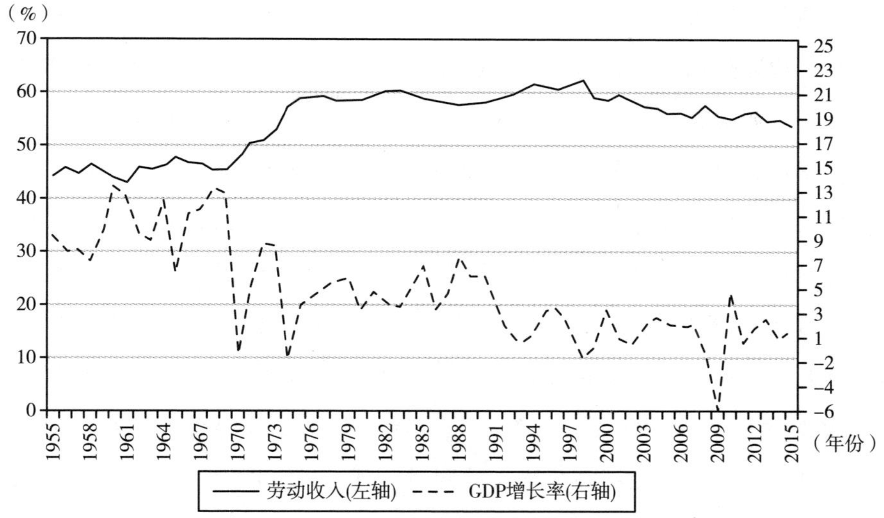

图 6－23　战后日本劳动收入比重和 GDP 增长率趋势

注：GDP 增长率数据来自世界银行 World Development Indicators 数据库，劳动收入比重根据日本总务省统计局网站 http：//www. stat. go. jp/data 国民所得・国民可处分所得の分配相关数据计算而成。

（二）劳动收入份额、劳动生产率与经济增长关系

第二次世界大战结束后日本在美国的主导下开始一系列经济民主化改造，通过解散财阀、农地改革、劳动民主化、税制改革以及教育机会均等化改革，战前以寄生地主制和财阀阶级为特征而形成的不平等的分配体制迅速解体，社会流动性增强，农民阶层开始向专业户形态转变，中间阶层逐渐增加，贫困阶层大量减少，逐步形成了机会均等化的发展态势，为 20 世纪 50 年代中期以后的高速经济增长朝着大众消费的方向发展铺垫了道路。[①] 但是，战后 10 年日本也存在经济社会发展不平衡和不可持续的突出问题，主要表现在内需不足、产能过剩、居民收入低、收入差距大、工人失业率高、劳资关系紧张等方面，这些问题突出表现为收入分配失衡对经济社会发展的制约。20 世纪 50 年代中期至 70 年代中期是日本高速经济增长时期，日本在美国援助下开始高度集成的赶超发展模式，政府采取一系列的收入分配制度改革，逐渐提高居民收入水平，大幅减少收入差距，形

① 徐平：《苦涩的日本——从“赶超”时代到“后赶超”时代》，北京大学出版社 2012 年版，第 70 页。

成较为合理的收入分配格局。政府的主要措施有：鼓励日本有实力的大公司将终身雇佣与年功序列制度化，稳定员工就业，提高收入水平；政府允许日本中小企业组成卡特尔，提高中小企业工人工资水平；促进农业的兼业化发展，鼓励家庭妇女参加就业，提高农民收入水平；1959 年，日本制定了《最低工资法》，规定每小时最低工资以时薪，1960 年日本政府制定“国民收入倍增计划”，此后 10 多年坚持推行该计划。到 1970 年，从国民生产总值和国民收入来看，两者年增长率分别达到 11.6% 和 11.5%，倍增的目标在 1967 年已经完成。[①] 在税收方面，日本对所得税采取高累进制税率，对超高收入者征收富人税；在社会保障方面，1961 年日本就形成了“全民皆保险，全民皆年金”的社会保障体系。通过一系列的制度设计，日本在经济高速增长的同时实现了社会财富的平等分配，最终成为 1 亿国民皆中产的均等社会，形成了一个庞大的中产阶级阶层。[②] 庞大的中产阶级队伍极大提高了日本的消费能力，促进产业结构升级，提高了制造业水平，增强了日本工业与其他发达国家的竞争力，为日本的制造业强国和出口导向型战略奠定了坚实的基础。到 1970 年，日本基本完成了工业化进程，一举成为西方的世界第二经济强国。战后 20 年日本实现了经济与劳动收入同步增长良好局面，劳动收入比重从 1955 年的 44.55 增加到 1971 年的 58.78，增长了 14 个百分点，而基尼系数 1950～1984 年的 30 多年间，4 种调查统计的 5 个基尼系数都保持在较低水平，变动范围稳定在 0.25～0.4 的区间之内。[③] 从劳动收入与劳动生产率关系来看（见图 6－24），劳动生产率保持高速增长态势，劳动收入比重与劳动生产率同时提高。日本的经验表明，工业化发展阶段并不总是出现收入差距扩大问题，只要制度设计合理，收入差距问题是可以避免的。

20 世纪 70 年代以后日本进入后工业化时代，至 90 年代经历了两次石油危机的冲击，80 年代以后受西方新自由主义政策的影响，其经济进入中低速增长时期，原有比较合理的收入分配格局逐渐走向失衡。首先，70 年代两次石油危机以后石油价格暴涨、失业率上升，同时日本改变了税收制度，最高收入阶层的累

---

① 张车伟等：《日本“国民收入倍增计划”及其对中国的启示》，《经济学动态》，2010 年第 10 期。

② 王婉郦：《日本平成时期收入差距变动研究》，辽宁大学博士论文，2017 年，第 48 页。

③ 王婉郦：《日本平成时期收入差距变动研究》，辽宁大学博士论文，2017 年，第 28－29 页。

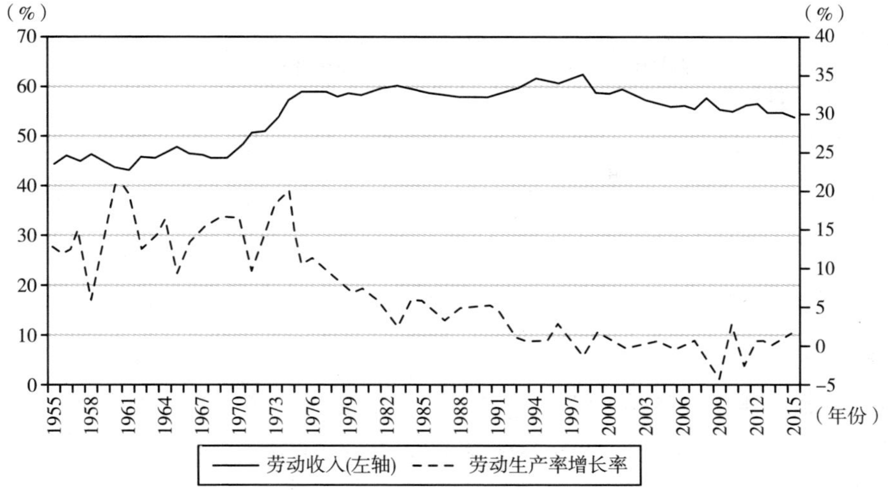

图 6-24 战后日本劳动收入比重与劳动生产率关系

注：劳动生产率数据由日本统计年鉴相关数据计算而成，日本统计年鉴参见网站 http://www.stat.go.jp/data/chouki/mokuji.htm 和 www.stat.go.jp/english/data/nenkan/index.htm。

进税率从 1974 年的 75% 降低至 1989 年的 50%；其次，20 世纪 80 年代日本开始效仿西方实施新自由主义政策，大幅削减普通居民的社会福利水平，消费税征收对低收入税负的加重，以及社会保障制度托底效应的限制，废除 70 岁以上老人免费医疗，实行个人负担医疗费用 10% 制度，基础年金年限由缴费满 32 年上调至缴费满 40 年；最后，由于日本对美国巨大的贸易顺差，美国通过“广场协议”迫使日元大幅上升，日元兑美元由“广场协议”前的 242 上升到了 1988 年的 120，导致日本制造业成本剧增，机械、汽车、电子等出口行业备受煎熬，纷纷将产业转移至海外，日本实体经济的“空洞化”已经日益显现。同时，日本资产泡沫膨胀，地产、股市等资产价格上升无法得到实业的支撑，股市市场的崩溃，实体经济开始走下坡路，失业率剧增、消费下降、国内市场疲软。同期，劳动收入比重增加到 62%，比 1955~1970 年增加了 17 个百分点，但是经济增长率均值下降到 3% 以下。该阶段日本劳动收入比重与美国 1960~1980 年的劳动收入比重基本相同，表现为明显的劳动收入比重增长、资本收入比重减少，劳动力成本上升、企业负担加重，导致企业盈利能力下降，实体经济发展受限，而过剩资本要寻找获利渠道，部分资产向国外转移，国内出现产业“空心化”的现象；

部分资产冲向虚拟经济领域，造成股市、汇市、房产等资产价格膨胀，经济金融风险累积，这就是日本经济20世纪90年代以后的真实写照。经济泡沫破灭以后就是长时期痛苦的调整过程，造成日本“失去的20年”。从劳动生产率变化方面观察（见图6－24），20世纪70年代中后期开始大幅降低，该趋势直到当今没有任何改善。据日本劳动生产性本部发布的《劳动生产率国际比较2011年版》显示，2010年日本劳动生产率在34个OECD国家中位居第20名，在G7国家中连续17年垫底。[①] 因而，日本劳动收入比重从20世纪70年代到20世纪末保持在60%高位没有劳动生产率的支撑，显然这是不能长久的。再看经济结构变化，1980年以后日本的经济结构变化与美国有一定的相似性，工业比重从40.7%下降到2010年的26.7%，服务业增加到2010年的71.9%，工业部门的就业率从35.3%下降到27.3%，服务业从54%上升到67.3%，日本同样面临产业“空心化”问题（见表6－14）。

表6－14　　日本劳动收入与就业、产业结构变化

年份		1980	1990	2000	2010
劳动收入比重		58.41	57.90	58.54	54.99
产业结构	工业	40.7	39.1	32.4	26.7
	服务业	55.7	58.4	65.8	71.9
就业结构	工业	35.3	34.1	31.2	27.3
	服务业	54.0	58.2	63.1	67.3

资料来源：世界银行，world development indicators，2011。

20世纪90年代以后，日本收入差距开始扩大，可能的解释包括人口老龄化、泡沫经济及其破灭、长期萧条导致资产分配差距扩大、经济转型以及体制变迁导致激励机制发生变化等[②]；同时，西方新自由主义的思潮对日本有重大影响，政府管制弱化、国企私有化、贸易自由化、金融自由化程度逐渐加深，对内资本更多地投入技术与资本密集型产业，房市、股市炒作问题严重，富裕阶层的资本收

① 资料来源：人民网日本频道，http：//japan. people. com. cn/35463/7762941. html。

② 莽景石：《经济增长制度变迁与收入分配：日本百年工业化过程的经验观察》，《日本学刊》，2006年第4期。

益显著增加；而对外更多地投入劳动与资源密集型产业，使国内对技能工人需求不断增加，其工资待遇逐渐提高，而对非技能工人需求减少，其工资待遇逐渐降低，工人阶层的收入差距也在拉大。[①] 在要素收入方面，2000 年以后的 15 年劳动收入比重逐渐下降，2015 年比 2000 年下降了 5 个百分点；从再次分配的基尼系数变动来看，日本 1985 年的 0.30 上升至 2012 年的 0.33，列 OECD 34 国中第 15 位。伴随着收入差距的扩大，导致日本平均消费倾向降低，国内消费持续低迷，日本陷入长期的通货紧缩，资本的投资意愿不强，即使实行负利率政策刺激也没有使投资显著提高。至今日本经济仍然不见起色，21 世纪以来经济平均增速不到 1%，当然原因是复杂的，但收入差距扩大是重要的一环。

（三）结论与启示

第二次世界大战结束后日本劳动收入与经济增长在三个时期表现为不同的特征：第一个时期是 1950～1970 年，期间劳动收入小幅度逐渐上升，战前劳动和资本收入失衡的状况得到根本改善，对扩大国内投资和消费至关重要，保障了 20 年经济高速增长，完成了工业化进程，这个时期表现为劳动收入上升、劳动生产率提高、经济高速增长的"三增长"特征。第二个时期是 1970～2000 年，日本进入后工业化阶段，该阶段劳动收入比重继续攀升，最高达到 62.28%，升幅超过 1971 年 10 个百分点，国内劳动力成本上涨，实体经济走弱，经济"脱实向虚"趋势明显，积累的资产泡沫最终破裂，经济开始陷入长期低迷，这个时期表现为劳动收入比重高位运行、劳动生产率下降、经济震荡下行的"一高二降"特征。第三个阶段是 2000 年以后，劳动收入显著下降，收入差距扩大，内需不振、通货紧缩，经济持续低迷，表现为劳动收入、劳动生产率与经济增长的"三下降"特征。

日本的经验表明：一是工业化道路上只要制度设计合理，及时制定劳动者保护、社会保障、税收等政策，可以实现劳动报酬与经济增长同时增长；二是工业化后期至后工业化时代国内基础设施建设已经完成，资本在国内投资渠道减少，仍然要发展实体经济，严格控制虚拟经济过度膨胀；三是通过人力资本和技术创

① 王婉郦：《日本平成时期收入差距变动研究》，辽宁大学博士论文，2017 年，第 112－125 页。

新提高劳动生产率。

当前我国多数地区仍处在工业化中后期阶段，工业化进程相当于20世纪70年代的日本，此时日本劳动收入比重比60年代增长了10%左右，收入差距减少，投资消费协调发展。而长期以来我国劳动收入比重不增反降，收入差距居高不下，尽管经济增速较快，经济失衡问题比较严重，最终高速增长难以持续下去。80年代日本进入后工业化时代，国内投资成本上升，实体经济很难获利；日本实行新自由主义保守政策，推动私有化、自由化进程，放松资本监管，过剩的资本严重冲击经济运行，导致经济虚拟化泡沫化严重，经济运行失去活力、长期保持低迷状态。尽管我国整体上还没有到后工业化时代，但是经济运行很多特征同日本当年有很多相似点，应该吸取日本的教训，避免经济陷入长期停滞状态。

第七章

新时代我国国民收入分配格局优化的对策建议

第五章实证分析了我国国民收入分配对经济增长的作用，表明国民收入分配格局对经济总量增长、全要素生产率、经济结构变化以及收入差距等都有重要影响。第六章分析了国际国民收入分配的变化规律以及经济增长效应，表明国民收入分配必须保持合理的比例关系才能促进经济增长。这两章的实证分析结论为评价我国国民收入分配格局的合理性提供了参照系和客观标准。本章试图评价改革开放以来我国不同阶段国民收入分配格局的合理性，提出新时代国民收入分配调整的意义、方向目标和对策建议。

第一节 我国国民收入分配格局的总体评价

对收入分配格局合理性的评价要有客观科学的评价标准，首先这个标准在理论逻辑上应该成立，其次在实践中应该经得起验证。本节总结前面对分配格局合理性的理论分析和各国的实践经验，然后对我国收入分配格局做出总体性评价。

一、国民收入分配格局的合理性分析

（一）国民收入分配保持合理性的理论逻辑

前面相关章节分析表明，无论是从理论上还是实践上国民收入分配都应该保持合理格局。第二章我们分析了马克思关于社会资本扩大再生产的实现条件，表明扩

大再生产要求实现“两个补偿”，必须保持两大部类不变资本 C、可变资本 V、剩余价值 M 之间的比例关系；第三章进一步证明了社会资本扩大再生产均衡运行时，经济增长率与不变资本、可变资本和剩余价值增长率必须保持相等，经济平衡发展客观规律要求劳动收入和资本收入保持合适比例。当然，这些比例不是固定不变的，在不同国家、不同发展阶段是不同的。马克思指出，资本主义生产方式的本质是剩余价值生产，追求最大的剩余价值是资本家的本性，在劳动力无限供给情况下，工人阶级只能获得不高于生存工资的收入水平，无法分享劳动产生的生产剩余，劳动收入与资本收入严重失衡。资本主义劳资分配偏向资本是制度性规定，它一方面通过加大剥削工人程度、股份制、银行信用等渠道在短时间内聚集巨额资本，扩大了社会投资、增加了生产能力、提高了生产效率，使资产阶级在不到一百年的时间内所创造的生产力，比过去创造的全部生产力还要大；另一方面制造了庞大的失业队伍，造成了工人阶级的整体贫困，因而在经济运行必然陷入经常性生产过剩，最终只有通过周期性经济危机的强制性和破坏性机制修正不合理的分配格局，同时通过对外进行野蛮的侵略扩张、打开国外市场倾销相对过剩国内商品。马克思恩格斯等经典作家还指出只有彻底消灭私有制，实行生产资料共同占有的联合生产方式，才能消除资本主义私有制下生产与分配、资本与劳动的对立性矛盾。

西方经济学理论同样表明国民收入分配格局要保持在合理范围内。从供给方面看，劳动收入的价格是工资率，初始阶段劳动供给随工资率的增长而增加，但是工资率上升到一定值后，劳动供给量不升反降，进而生产总量下降、劳动生产率降低；同时劳动成本是重要的生产成本，劳动成本越高生产利润越低，企业投资意愿越小，不利于增加供给水平；从需求方面看，随着工资率增加、购买能力增强，提高了社会总需求，在总供给一定的情况下，社会总物价水平必然不断攀升，引发需求拉动型通货膨胀。因而从供求关系综合分析，劳动收入比重并不是越高越好，这个结论同样适用于资本收入。如果劳资收入关系严重失衡，将导致经济运行失调，如投资与消费结构失衡、产业结构失衡、通货膨胀或通货紧缩、失业与经济金融危机等问题。

家庭、企业和政府是市场经济的三大主体，它们通过为社会提供产品或服务获取各自收入，家庭、企业和政府只有各司其职，社会才能够正常运行。家庭提供劳动力和储蓄获得家庭收入，企业提供产品和服务获得企业利润，政府提供公共服务获得政府收入。与要素收入一样，三大主体收入同样应该保持合理比重，家庭收入比重太低就不能进行必要的消费，无法完成劳动力的恢复，不能为下一代提供足够的人力资本投资，致使社会的消费能力低下，劳动供给质量不能保障，经济发展动能不足；企业收入比重太低，无法积累扩大再生产所需的资本，无力进行技术研发和创新投资，社会生产能力和供给质量无法提高；政府收入比重太低，政府提供公共产品和公共服务的就会短缺，必然加大全社会的运行成本，降低运行效率。当然，无论是家庭、政府还是企业，如果某一方收入比重太高，必然挤占其他主体的收入比重，经济同样不可持续健康发展。

本书第二章曾讨论了收入分配格局合理化的基本原则，收入分配关系是否合理可以从四个方面衡量：一是有利于劳动生产率提高与经济增长原则，这是生产力标准，也是马克思唯物论最基本的标准，没有生产力的持续提高，无论怎样的收入分配格局都是不合理的；二是适度差距（公平）原则，按劳分配原则和按要素分配原则都认为多劳多得，都承认初次分配之间存在收入差距，关键的问题是政府能否制定政策减少收入差距程度，使之保持在相对合理的范围内。无论哪个社会形态，收入差距悬殊都不利于社会稳定和经济增长，甚至对国家政权稳定造成极大威胁，适度差距原则是经济持续增长的必要条件；三是劳动者分享生产剩余原则，生产剩余是企业的净利润，它是由劳动、资本、技术、管理等要素共同创造的，并且人的因素在其中起决定性作用，因而从事生产劳动的人应该分享生产剩余；四是兼顾各方利益原则，无论资本还是劳动，抑或是家庭、企业和政府，它们都是经济社会发展不可或缺的组成部分，收入分配必须统筹兼顾，过分强调任何一方利益都有损社会全体的利益和长远发展。党的十九大报告提出“坚持按劳分配原则，完善按要素分配的体制机制，”“坚持在经济增长的同时实现居民收入同步增长、在劳动生产率提高的同时实现劳动报酬同步提高”，以及扩大中等收入群体，增加低收入者收入，调节过高收入，缩小收入差距等关于收入分配的表述，都反映了收入分配合理化的原则。

（二）国民收入分配合理性的国际实践

国民收入分配格局应该保持怎样状态，有没有规律可循？我们认为没有适合于所有国家、所有发展阶段固定不变的比例关系，收入分配关系总是根据生产力发展情况变化的，以适应生产力发展要求。然而需要指出，也不能因此就说收入分配关系毫无规律可循，在某一发展阶段分配关系表现出一定的规律性。例如，有研究表明主要发达国家工业化初期劳动报酬是下降的，因为这个阶段处在二元经济时期，劳动力无限供给而资本比较稀缺，资本既是增长的“必需品”，更是“稀缺品”，在收入分配中处于强势地位。进入工业化中后期，随着二元经济程度改善，劳动力供给不再丰裕，资本呈现边际收益递减，劳动和资本的博弈形势开始发生向有利于劳动的方向改变，劳动者的地位上升，工资率上涨，劳资分配关系向劳动方面倾斜，社会已经具备了通过再分配制度调整收入关系的政治基础，政府开始从制度上重视劳动者的利益，这个阶段劳动收入份额是逐渐上升的。[①] 20 世纪 70 年代以后，发达国家进入后工业化时期，随着全球化进程加快，资源要素在全球范围内配置，分配关系再一次发生改变。不少发达国家，如美国、英国、法国、德国等国的劳动收入比重显著下降，收入不平等程度提高。但是，并不是所有发达国家都发生如此的变化，如北欧国家，瑞典和挪威等国国民收入分配基本保持稳定，本书根据 OECD 国家统计数据计算，1970 年这两个国家劳动收入比重分别为 60.18% 和 54.39%，而 2016 年这两个国家数值分别为 59.18% 和 54.37%，不难看出它们保持了很强的稳定性。不仅如此，这两个国家的经济平均增长率和人均收入并不比其他发达国家低，根据世界银行数据库数据计算，瑞典和挪威 1970 ~ 2016 年平均经济增速分别为 2.23% 和 2.93%，而同期美国增速为 2.78%，英国为 2.34%，德国为 2.02%。因而，从生产力标准看，收入差距较大的国家并不比收入较为平均的国家表现得好。

二、我国国民收入分配格局合理性评估

改革开放 40 年以来，我国国民收入分配格局大致经历了三个阶段：第一个阶段是 1978 ~ 1991 年，该阶段劳动收入份额小幅平稳上升；第二阶段是 1992 ~

① 张车伟、赵文：《中国劳动报酬份额问题》，中国社会科学出版社 2016 年版，第 115 - 130 页。

2007 年，劳动收入份额大幅下降阶段；第三阶段是 2008 年至今，劳动收入份额显著回升阶段，劳动收入份额总体呈现先下降后升的特征。以下根据前面评估分配格局的几个标准，对我国国民收入分配格局作总体评估。

首先，根据生产力标准，劳动收入份额应该与劳动生产率同步变化。1978～1988 年（见图 7-1）劳动收入份额与劳动生产率基本保持同步提高，劳动收入份额均值为 60%；由于特殊原因，1989～1991 年两个指标波动很大；1992～1998 年劳动收入份额与劳动生产率走势呈现同步下降特征；1998～2007 年劳动生产率是显著提高的，但是劳动收入份额却大幅降低的，到 2007 年仅为 46.65%，两个指标的表现背道而驰；2008 年以后劳动生产率大幅下降，而劳动收入份额却明显上升，到 2016 年为 55.31%。因此，根据生产力标准，1978～1988 年与 1992～1998 年两个阶段的收入分配格局是合理的。但是，鉴于 1998～2007 年劳动生产率提高而劳动收入份额大幅下降，2008 年以后劳动收入份额回升不过是前一阶段收入失调的修复和补偿，并不能认为是不合理的。但是，如果未来我国劳动生产率继续下行，劳动收入报酬上升势头不可能持续。

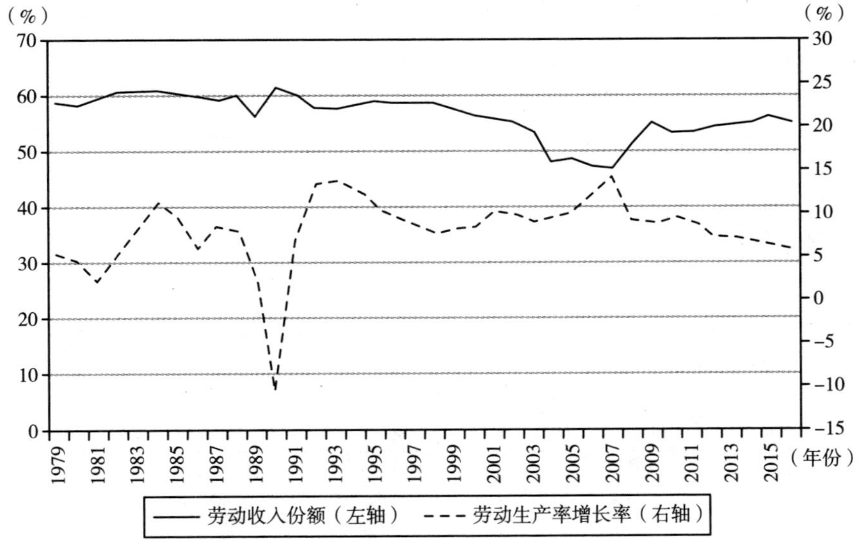

图 7-1　我国的劳动收入份额与劳动生产率趋势

党的十八大报告提出收入的“两个同步提高”：第一，劳动报酬与劳动生产率保持同步，前面已经分析过；第二，居民收入增长和经济发展保持同步，下面分析第二个同步发展情况（见图7－2），本书用城乡居民收入增长率（实际增长率）与经济增长率衡量第二个同步。根据图7－2三个指标走势分析，1978～1983年改革开放从农村起步，农民人均纯收入增长率高于GDP增长率，城镇居民可支配收入增长率低于农村人均纯收入增长率；1984年至今城乡居民收入增长率与GDP增长率趋势大致保持一致。但是需要关注的是：第一，1984～2010年，除了个别年份如1986年、1996年、2002年外，GDP增长率都是高于城乡居民收入增长率的；2010年以后，在国家一系列增加居民收入政策和收入分配制度改革的推动下，居民收入增长率跑赢了经济增长率，农村居民收入增长率高于GDP增长率，城镇居民收入增长率基本与GDP增长率相等。第二，1984～2009年城镇居民收入增长率基本都高于农村居民收入增长率，这也解释了该时期城乡收入差距不断扩大的现象。第三，2010年以后农民收入增速超过城镇居民，城乡收入差距有所降低。2017年10月召开的党的十九大延续了收入的“两个同步提高”提法，提出要拓宽居民收入渠道，履行好政府再分配调节职能，推进基本公共服务均等化，缩小居民收入差距。可以预期，在相关政策的推动下，居民收入会继续提高、收入差距继续降低。

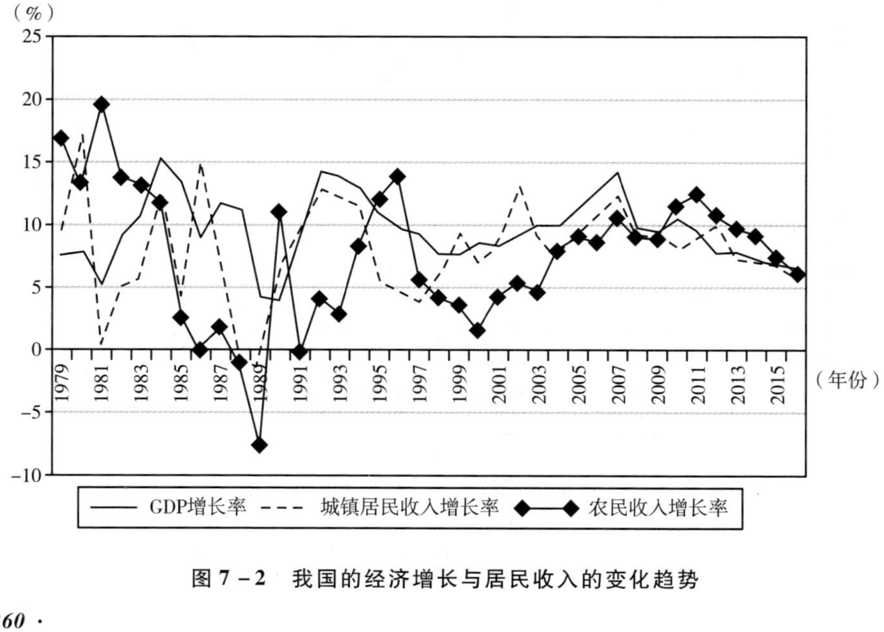

图7－2 我国的经济增长与居民收入的变化趋势

其次，从适度差距原则分析。表 7 – 1 是我国 1981 ~ 2016 年的全国居民收入基尼系数变化情况，1986 年以前的基尼系数在 0. 3 以下，处于收入比较平均的阶段；1987 ~ 1993 年基尼系数在 0. 3 ~ 0. 4，处于收入差距相对合理阶段；1994 年以后，除了 1999 年以外，基尼系数都在 0. 4 以上；2003 ~ 2013 年基尼系数超过了 0. 47，已经处于收入差距较大阶段；2008 年后基尼系数逐步降低，目前收入差距依然较大。通过比较劳动收入份额与基尼系数变化情况，发现它们关系是负相关的。20 世纪 80 ~ 90 年代中期我国劳动收入份额比价高，这时基尼系数较低；1997 ~ 2007 年是劳动收入份额急剧下降的时期，也是基尼系数不断提高的时期；2008 年以后劳动收入份额逐步提高，基尼系数也慢慢降低。因此，从收入适度差距原则来看，我国 20 世纪 80 ~ 90 年代中期的收入格局是合理的，1997 ~ 2007 年收入格局是失衡的，2008 年后收入格局朝着改善的方向发展，这与生产力标准的分析结论基本一致。

表 7 – 1　　我国居民收入的基尼系数

年份	1981	1982	1983	1984	1985	1986	1987	1988	1989	1990	1991	1992
基尼系数	0. 288	0. 249	0. 264	0. 297	0. 266	0. 297	0. 305	0. 382	0. 349	0. 343	0. 324	0. 376
年份	1993	1994	1995	1996	1997	1998	1999	2000	2001	2002	2003	2004
基尼系数	0. 359	0. 436	0. 445	0. 485	0. 403	0. 403	0. 397	0. 417	0. 490	0. 454	0. 479	0. 473
年份	2005	2006	2007	2008	2009	2010	2011	2012	2013	2014	2015	2016
基尼系数	0. 485	0. 487	0. 484	0. 491	0. 490	0. 481	0. 477	0. 474	0. 473	0. 469	0. 462	0. 465

最后，兼顾各方利益标准。本书第四章列出了 1992 ~ 2015 年国民收入在家庭、企业和政府之间的初次分配和再分配比例（见表 4 – 6），我们发现 1992 ~ 2008 年，家庭收入无论是初次分配还是再分配比重都在下降，家庭可支配收入从 1992 年的 68. 7% 下降到 2008 年的 57. 2%，下降幅度为 11. 5 个百分点；政府收入初次分配比重下降而再分配比重上升，但是在总收入的比重经历了先降低后上升的过程；企业初次分配和再分配比重都是上升的，可支配收入比重从 1992

年的13.4%提高到2008年的24.8%，上涨幅度达到11.6个百分点。因此，1992～2008年国民收入向企业倾斜而对家庭不利，家庭份额降低的幅度与企业份额增加的幅度基本持平。2008～2015年我国的收入分配格局较之前发生了显著变化，家庭收入份额不仅停止了下跌，而且在7年时间可支配收入增加了4.4个百分点，政府收入比重略有上升，企业收入比重下降4.7个百分点，企业收入下降的幅度与家庭收入增加的幅度几乎相等，这说明2008年以后收入分配向家庭倾斜。国民收入分配格局的趋势性变化实际上是各方利益的调整，它对我国经济发展的作用如何？本书第五章实证分析了我国收入分配格局的经济增长效应，分析认为2008年以后劳动收入和家庭收入对经济总量拉动作用显著上升，资本收入与企业收入的作用是下降的。劳动收入对全要素生产率TFP推动作用尽管低于资本收入，但是从趋势上看，劳动收入作用是不断提高的；家庭收入对TFP的作用大于企业收入和政府收入。从经济结构调整效果来看，增加劳动收入与家庭收入有利于产业结构优化升级，有利于增加居民消费，促进了消费结构升级。从收入差距分析，劳动收入比重上升有利于降低居民收入差距。因此，从经济增长角度看，2008年以来我国国民收入分配格局调整的作用是积极的。

那么，这种趋势性变化调整到位了吗？本书在第六章将我国国民收入分配格局与发达国家进行比较，指出从发展阶段来看，当前我国部分东部地区处于工业化后期向后工业转变时期，中西部地区处于工业化中期向后期转变过程中；从人均GDP看，2017年我国已经超过人均8000美元，相当于与发达国家20世纪70年代水平。因此，当前我国收入分配格局应该同发达国家20世纪70年代收入分配状况具有可比性，结论是劳动收入份额比它们低了4.6个百分点，家庭收入份额低6.9个百分点，如果按照它们的标准，我国收入分配关系还有调整的空间。发达国家经验表明，劳动收入比重、家庭收入比重与GDP增长率之间呈倒“U”形曲线关系，本书认为我国劳动收入与家庭收入比重还处在倒“U”形曲线左侧，距离最优收入比重还有差距。当然，本书认为发达国家的经验我们只能参考，由于我国与西方国家在社会制度、发展理念、文化背景、发展阶段等诸多方面存在较大差异，有些还是根本性制度差异，因此我们不能照搬西方经验，应该根据我国国情制定自己的发展战略。我国是社会主义国家，人民的全面自由发展和共同富裕是我们党和政府发展目标，党的十九大报告指出“必须坚持以人民为中心的发展思想，不断促进人的全面发展、全体人民共同富裕”。因此，应该以增进人民福祉为中心，统筹考虑长期利益与短期利益、整体利益与局部利益，防止激进片面地增加某一方利益而忽视其他方面的利益。从改革开放四十年的发展来看，1978 年至 20 世纪 80 年代中期是我国居民收入增长最快的时期；20 世纪 90 年代至 21 世纪前 10 年居民收入明显低于经济增长，收入差距快速拉大，资本收入比重、财产性收入比重快速增长，部分人和部分地区的收入收益远大于其他人和地区，显然不符合共同富裕的发展理念；党的十八大以后党和政府采取积极有力的措施扭转了这一趋势，收入分配格局正在朝有利于普通居民的方向改变。本书认为，在未来一段时期这一趋势还应该继续下去。当然，劳动报酬和家庭收入比重不能过度提高，否则矫枉过正必将影响社会资本的投资积极性和企业家的创造性，劳动生产率和经济增长无法保持持续增长，那种“打土豪分田地”的心态是要不得的，不能无限地吊高和迎合部分人的胃口。要打破收入分配“零和博弈”的传统思维，要实现在“做大蛋糕的过程中分好蛋糕”，实现包容性增长，各方能够共享发展成果。总之，本书认为鉴于 20 世纪 90 年代至 21 世纪前十年收入分配格局的严重失衡，党的十八大以后的收入分配关系正在改善，但是当前收入分配仍然处在失衡状态，调整的进程还没有结束。

第二节

我国国民收入分配格局失衡原因分析

前面章节的分析表明我国国民收入分配格局现在仍处于失衡状态，从要素分配格局看表现为劳动收入比重偏低、资本收入比重较高；从主体分配格局看，初次分配向企业倾斜、再次分配向政府倾斜，初次分配和再分配家庭收入比重都明显偏低。关于我国国民收入分配格局失衡的原因，很多学者都有深入的研究，本书在导论部分有详细介绍，在此不再赘述。党的十八届三中全会明确指出经济体制改革是全面深化改革的重点，核心问题是处理好政府和市场的关系，使市场在资源配置中起决定性作用和更好发挥政府作用；会议同时指出，政府的职责和作用主要是保持宏观经济稳定，加强和优化公共服务，保障公平竞争，加强市场监管，维护市场秩序，推动可持续发展，促进共同富裕，弥补“市场失灵”。本书认为我国国民收入分配格局失衡的重要原因是没有正确处理好市场与政府的关系，以下尝试从政府和市场关系的角度分析我国收入分配格局失衡的原因。

一、市场机制“失灵”导致的分配格局失衡

首先，市场机制不能保证劳动报酬与劳动生产率保持同步增长。按劳分配与按要素分配都要求按照劳动者在生产中的贡献获取相应报酬，劳动贡献越大、劳动报酬就越高，两者是正比例增长关系，这是市场机制的作用。劳动贡献的衡量依据是劳动生产率，劳动生产率高于劳动报酬增长率，劳动者激励不够，劳动供给不足；反之，劳动报酬增长率高于劳动生产率，就会有人不劳而获，最终劳动成果无法满足分配的增长。正如本书前面所述，根据生产力标准，劳动收入份额应该与劳动生产率同步变化。但是我国 20 世纪 90 年代中期到 2007 年左右劳动报酬和劳动生产率有明显的“剪刀差”，劳动生产率增长率远高于劳动报酬增长率，这个阶段市场机制显然“失灵”。金融危机以后，随着我国劳动力供求状况的转变，劳动报酬增长率才逐渐提高上来，与劳动生产率保持同步发展，劳动报酬与资本报酬的差距得到缓解。

其次，由于市场机制的不健全，导致家庭在财产性收入方面差距越拉越大。近年来，城乡之间、行业之间、地区之间的收入差距最大的是财产性收入。家庭收入由工资收入、经营性收入、财产收入和转移收入构成，财产性收入由居民储蓄的利息、股息、财产增值等收入构成。近年来我国城镇化进程加快，房地产市场价格一路走高，然而房地产市场并不是公平公正的市场，购房条件、购房机会并不是对每一个家庭都一样，享受到房产增值好处的主要是城市居民和城郊居民，特别是城市高收入阶层和对房地产商有管理职能的公务部门员工。我国的土地市场管理是明显的城乡分割格局，农村土地与城市土地价格相差悬殊，土地被征收以后，农民并没有享受到土地增值的好处。股票市场更加混乱，上市公司长期不分红，信息严重不对称，内幕交易猖獗，股市监管松散，股市市场赌博风气

弥漫，散户利益无法得到保证。

最后，由于市场机制不健全，不同所有制企业、不同行业之间、企业内部的劳动报酬差距越拉越大。由于土地、资金、水电气等重要资源市场化程度不高，国有企业与民营企业相比，在资金、土地、能源等生产要素供给方面有显著优势，因此国有企业生产成本较低，国有企业员工劳动报酬普遍高于民营企业；自然垄断行业和行政垄断行业，如供电、天然气、银行、证券、航空等行业的收入远高于完全竞争行业。据报道，2016 年 25 家上市银行的利润占 A 股 3000 家上市公司总利润的比重接近 46%。如果加上上市的保险公司、证券公司和其他金融机构，这一利润占比一定会突破 50%。[①] 在 15 家上市银行中，2016 年员工薪资最低的银行人均年薪为 19.84 万元，共有 4 家银行员工平均工资在 40 万元以上，而 2016 年全国居民人均可支配收入仅为 23821 元。在企业内部，由于劳资关系地位不同，劳动者在工资和福利谈判中处于弱势地位，资方和管理层收入是普通员工收入的数十倍甚至数百倍。

二、政府作用发挥不到位导致的收入分配格局失衡

首先，在初次分配领域政府补贴的异化，导致国民收入不合理地转移到企业。为了支持产业发展，出台产业扶持政策是我国政府经常采用的手段，应该说支持高新技术产业发展、战略性新兴产业和关系国民经济命脉的产业发展有助于这些产业迅速发展壮大，有利于产业升级。但是，在以 GDP 为“指挥棒”的考核体系下，很多地方政府对企业发展给予大量补贴，补贴主要流向地方国有企业，尽管很多国有企业亏损严重，甚至是产能过剩企业；还有不少补贴流向上市企业，从公开披露信息的上市公司获得政府补贴的情况看，上市公司获得政府补贴具有普遍性。据公开报道，很多上市企业尽管连年亏损，政府补贴成为多家上市公司业绩的“隐形”支撑。Wind 资讯显示，2016 上半年，共 2670 家上市公司拿到了政府的“现金红包”，总计获得政府补贴 476.94 亿元，这也意味着仅

---

① 新浪财经：《25 家上市银行占 A 股上市公司总利润近 46%》，［EB/OL］http：//finance.sina.com.cn/roll/2017-09-25/doc-ifymenmt6886251.shtml。

240家上市公司未获得政府红包。[①] 除了补贴以外，为了招商引资，地方政府往往会给企业以土地、税收、水电气等方面的支持政策，零地价、税收减免、水电气价优惠等。由于不当的政府作用，将大量的财政收入转移到了企业手中，企业获得了大量经营外收入，相当于降低了劳动者的收入，造成企业收入与家庭收入的失衡。

其次，再分配领域由于政府税收政策不合理，导致劳动收入的高税负与财产收入的低税负并存。个人所得税是政府调价过高收入、降低收入差距的重要工具，但是由于税收基数过低、征收漏洞等问题，导致大部分所得税负由中等收入者承担，而高收入阶层通过各种避税和漏税方式，缴纳的所得税与其收入明显不符。我国工薪阶层所缴纳的个税占个税缴纳总额的70%左右，[②] 个人所得税不仅没能缩小贫富差距，反而拉大了差距。我国财产性收入差距较大，房产增值是重要财产收入来源，目前国家并没有对居民征收房产税和城镇土地使用税，国外遗产税、赠与税等常见的税收种类在我国并没有开征。因此，税收在调节居民收入方面调节作用极其有限，甚至存在"逆调节"的情形。

再次，政府在执行劳动法律法规力度上对劳动者保护不够，导致劳动者合法收入无法保证。长期以来，出于发展经济、招商引资的需要，政府对企业利益的保护力度很大，而对企业侵犯职工利益的做法睁一只眼闭一只眼。政府对于企业违反《劳动法》《劳动合同法》的现象执法不严。企业强迫员工无偿加班现象十分普遍；根据《劳动法》及配套法规的规定，劳动者在法定节假日加班，用人单位应向在此期间加班的劳动者支付不低于劳动者本人日或小时工资的300%加班工资，这项规定没有几家企业严格执行，并没有受到政府相关部门的处罚，导致员工为企业无偿加班现象普遍发生；一些企业用工不与员工签订用工合同，不为员工缴基本保险；同时，拖欠农民工工资现象仍时有发生。我国工会组织没有发挥应有的职能，有些工会形同虚设，在与企业工资谈判中、争取政策福利待遇中不能有效地维护工人利益。

---

① 和讯网：《政府补助成"救命稻草"哪些上市公司榜上有名?》，［EB/OL］http：//stock.hexun.com/2016－09－01/185827373.html。

② 新浪财经：《个税改革重点地带的内容重构与节奏把控》：［EB/OL］，http：//finance.sina.com.cn/stock/t/2016－11－15/doc－ifxxsmuu5661172.shtml? cre＝sinapc&mod＝g。

最后，政府在基本公共服务上投入不够，导致居民实际收入的降低。我国财政支出结构偏向于经济建设支出，对教育、医疗和社会保障的基本公共服务支出力度不够；同时城乡二元结构导致基本公共支出偏向城市居民。由于基本公共服务水平较低，农村地区、偏远地区的优质教育资源稀缺，这些地区的孩子不能接受良好的教育，职工无法获得必要的职业技能培训；城市居民为了获得优质教育资源，需要一笔巨大开支购买学区房或择校，降低了居民实际收入。人力资本要依靠长期的教育投入和积累，人力资本缺失是劳动力竞争力不足的根本原因，也是收入差距扩大的重要原因。国家对医疗服务投资不够，现有的医疗资源总量不足，医疗服务价格昂贵，一些居民因病致贫、因病返贫问题突出。社会保障是居民生活的安全阀，尽管我国已经建立了城乡基本社会保障制度，但是全国不同区域社会保障水平差距很大，城乡差距明显，城镇机关事业单位职工保障水平较高，企业职工保障水平较低，农民居民保障程度较低，不能有效地扭转收入差距。这几个方面都存在着社会保障逆向转移的问题。

以上分析表明，在国民收入分配上需要正确处理政府与市场的关系，既不能完全依靠市场机制，也不能由政府过度干预。完全依靠市场机制必然带来收入差距扩大，政府深度干预收入分配也会造成收入分配扭曲。市场在资源配置中发挥决定性作用的前提是市场机制非常完善，我国劳动力市场、资本市场、土地市场、房地产市场等重要市场并不完善，市场分割、市场垄断等问题十分严重，因而市场在收入分配领域无法有效发挥决定性作用，这些市场中劳动与资本的地位是不平等的，资本依靠强势地位在收入分配中获得非对称收入。即使在发达的资本主义国家，它们的市场机制比较完善，但劳动收入比重下降也是十分明显的，可见完全依靠市场机制并不能保证分配公平，政府需要规范市场秩序、加强市场监管、严格保护劳动者合法利益。作为经济体系的三大主体的家庭、企业和政府，从国民收入初次分配领域，主要应该体现效率原则，根据要素贡献程度获得相应的收入，体现按劳分配与按要素贡献分配相结合的原则，市场机制应该发挥决定性作用。尽管初次分配要体现效率原则，但是仅仅依靠市场机制必然会拉大收入差距，不利于经济增长，最终会损害经济效率。因此，初次分配领域政府必须发挥应有的作用，如制定公平的市场规则、保持正常的市场秩序等，这也是市场发挥作用的前提条件。国民收入再分配领域，主要体现公平原则，政府调控起决定性作用，对于初次分配的失衡状态，通过税收、转移支付等手段，把初次分配过大的收入差距降低到适当的水平，使社会财富在家庭、政府和企业之间合理分配，保证各方正常运转，这个环节市场机制是不起作用的。可见，国民收入分配在初次分配和再分配领域都需要发挥政府作用，仅仅依靠市场机制无法兼顾效率和公平。我国国民收入分配格局失衡既有市场作用“失灵”的问题，也有政府作用不到位的问题。

第三节

新时代我国国民收入分配格局优化的对策建议

党的十九大的召开标志着中国特色社会主义进入新时代，新时代是全国各族人民团结奋斗、不断创造美好生活、逐步实现全体人民共同富裕的时代。在收入分配方面，党的十九大指出我国收入分配差距依然较大，提出到2050年“全体人民共同富裕基本实现，我国人民将享有更加幸福安康的生活”，要“坚持按劳分配原则，完善按要素分配的体制机制，促进收入分配更合理、更有序”，拓宽居民劳动收入和财产性收入渠道，继续保持收入的“两个同步提高”，履行好政府再分配调节职能，减少收入差距。可见，中央深刻地认识到解决收入分配问题是实现共同富裕的必要条件。当前我国收入差距问题依然比较突出，劳动收入比重低、家庭收入比重低的“双低”问题仍然是制约我国发展的重要症结，必须继续深化收入分配制度改革。

一、新时代国民收入分配格局调整的意义

党的十九大报告指出中国特色社会主义进入新时代，新时代我国经济已由高速增长阶段转向高质量发展阶段，当前正处在转变发展方式、优化经济结构、转换增长动力关键期，建立现代化经济体系是跨越关口的迫切要求和我国发展的战略目标。以供给侧结构性改革为主线，实现发展的质量变革、效率变革、动力变

革，提高全要素生产率。党的十九大报告指出了我国经济发展未来几十年的奋斗目标和发展路径，是完全符合我国国情、具有中国特色社会主义的马克思主义纲领性文献。本书认为调整收入分配关系，构建合理有序的收入分配格局有利于更好地实现我国的发展目标。

第一，调整收入分配格局有利于转变发展方式。我国过去走了一条粗放式发展道路，依靠高投入、高消耗、高污染和低廉的要素成本保持了经济的高速增长，如今资源与环境约束加剧、要素的低成本时期已经过去了，迫使国家必须转变发展方式，需要改变单纯注重资源和资本投入的增长模式，将增长转变到依靠科技进步的轨道上来。近年来我国劳动力成本逐年增加，有助于提高劳动收入和家庭收入，客观上挤压了企业利润，这是我国劳动力从供过于求到供不应求的格局转变导致的，符合经济发展规律；同时，劳动者报酬上升也是对过去劳动力报酬长期偏低的补偿，应该给予支持。劳动力成本的上升迫使企业通过技术进步和产品创新来获得正常利润，过去那种依靠压低工人工资增加利润的做法不再可行。只有那些重视节能环保、崇尚绿色发展、通过技术创新降低成本的企业才能赢得市场。

第二，增加劳动报酬和家庭收入有利于优化经济结构，有利于转换增长动力。优化产业结构需要消费热点来支撑，投资和消费热点决定产业结构调整的方向，实际上21世纪以来汽车、住房、旅游等消费热点不断推进经济增长。但是由于我国的收入差距很大，只能少部分富人能够消费高品质的产品和服务，多数中低收入者被住房、教育等支出所困，无力进行更多的消费，中高端的产品和服务市场需求空间小，不利于产业结构升级。在发展动力上，过去我国居民收入水平低，消费需求不足，只能依靠投资和出口拉动经济增长，近几年居民收入与经济同步增长，居民消费能力提高了，消费对经济增长贡献超过了投资，已经成为拉动经济增长的最大动力。

第三，收入分配结构调整有利于提高全要素生产率。提高全要素生产率最终要依靠高技能的人才，一个没有受过高水平教育、没有经过专业技能培训的劳动者是无法进行技术创新的，也无法提高管理水平和生产效率。因此，提高全要素生产率最根本的方法是提高全体居民的教育水平，形成庞大的、高素质的人力资源队伍。在当前收入差距较大的情况下，高收入者后代可以享受高水平教育，中低收入者无法获得高水平教育资源，不但造成下一代素质差距扩大，造成阶层的代际传递，而且无法提高全体人民的素质，创新驱动、技术创新等发展战略无法落到实处，也无法持久提高全要素生产率。

第四，增加劳动收入份额有利于发展实体经济。近年来我国房地产价格一路飙升，资本市场剧烈震动，虚拟经济发展远超过实体经济，金融部门、房地产部门等收益增长幅度远高于实体经济，大量资源被吸引至虚拟经济领域，以至于原来不少以制造业起家的企业都投资了房地产和资本市场，导致经济杠杆率高企，资产泡沫膨胀，我国面临严重的系统性金融风险。实际上，这些市场的参与者多是高收入人群，他们通过投资（投机）活动拉高了资产价格，中低收入者被迫高价接受虚高的资产价格，通过投机和炒作转走了中低收入者的收入，加剧了收入差距，更加不利于中低收入者通过创业增加收入。只有严格控制不合理的资本收益，保障劳动收入份额持续提高，才能为实体经济发展留有正常的利润空间。

第五，提高居民收入、减少收入差距是社会和谐稳定的基础。当前我国很多社会冲突甚至犯罪问题高发都与收入差距太大有关，社会冲突的增加恶化了投资环境、增加了治理成本，增大了经济社会运行成本。因此，调整收入分配结构、降低收入差距对于维护社会稳定、营造优良的发展环境具有重要意义。

二、新时代国民收入分配格局调整的对策建议

（一）深刻认识经济发展中效率与公平的辩证关系

经济发展中要处理好生产效率与分配公平的关系。马克思认为生产决定分配，一定的生产关系决定一定的分配关系，更高的生产效率提供了更多的可供分配社会产品，为公平分配提供了前提和基础；另外，分配的公平有利于提高生产效率，多数研究都认为收入差距过大不利于经济增长。在分配领域中，经济效率和公平间的关系，从根本上说是统一的。[①] 我国是社会主义国家，实现共同富裕

① 卫兴华、侯为民：《在科学发展观下坚持效率和公平的统一》，《经济学家》，2008 年第 3 期。

是我国发展的目标，因而在发展中更应该兼顾效率和公平。在效率和公平的关系上我们党有一个认识不断深化的过程。改革开放以前实现平均主义的分配方式，历史证明它不利于发展生产力。改革开放打破了平均主义分配方式，党的十四大到十六大都坚持了“效率优先、兼顾公平”分配原则，更加强调效率，对公平重视不够，导致收入差距不断扩大。党的十七大及时对分配原则做了调整，提出“初次分配和再分配都要处理好效率和公平的关系，再分配更加注重公平，”党的十八大至十九大坚持收入的“两个同步提高”。事实证明党的十七大以后我国收入差距有所减小，劳动收入比重提高，经济发展质量进一步提升。因此，任何片面强调效率或公平的做法都是不利于长远发展和人民的根本利益。

（二）切实落实公有制为主体的基本经济制度和按劳分配为主体的分配制度

我国社会主义初级阶段坚持公有制为主体、多种所有制共同发展的基本经济制度，坚持按劳分配为主体、多种分配方式并存的分配制度，但要强调的是哪个为主、哪个为辅的问题，显然要以公有制和按劳分配为主体，这是毋庸置疑的。当前我国非公经济组织数量占市场主体的约90%，创造的产值占GDP的约60%，客观上说明我国公有经济的比重不断下降、国有经济的主导地位在弱化，应该高度重视和警惕这种趋势发展，不要被一些人所谓的国有企业效率低下的说辞所迷惑。习近平同志指出：“我国基本经济制度是中国特色社会主义制度的重要支柱，……，公有制主体地位不能动摇，国有经济主导地位不能动摇”，“国有企业不仅要，而且一定要办好，……，坚定不移把国有企业做强做优做大。”① 从收入分配制度上说，国有经济实行按劳分配程度较高，相应劳动报酬比重较高，收入水平较高，劳动者地位高；而非公企业中按劳分配程度较低，导致劳动比重较低，资本收入比重较高，劳动者地位也较低。我国改革的战略和政策措施必须体现基本经济制度和分配制度的要求，切实提高公有制和公有经济的主导地位和支配能力，这一点丝毫不能含糊。

① 中共中央文献研究室：《习近平关于社会主义经济建设论述摘编》，中央文献出版社2017年版，第63、69页。

（三）深化生产要素市场化改革，降低市场扭曲程度

党的十九大指出，坚持按劳分配原则，完善按要素分配的体制机制，促进收入分配更合理、更有序。我国收入分配关系失衡的重要原因是没有很好地坚持按劳分配原则，以及按要素分配的体制机制不完善。按劳分配要求按照提供劳动的数量和质量获得相应报酬，但是不少企业依仗地位上的优势，故意压低劳动者的工资，或强制劳动者无偿加班获得超额利润；一些影视明星主演一部作品就能获得千万甚至亿元收入，他们的报酬显然违背按劳分配原则。另外，我国要素市场价格没有完全市场化，重要的生产要素如土地、劳动、资金、水电气等受到政府和垄断企业的控制，导致不同企业获得要素成本价格相差很大，如政府部门为了招商引资对部分企业实行特殊优惠政策和税收返还，有些是低价甚至免费土地，有些是低于市场价格的水电气价，而劳动者并没有分享企业获得的超额利润。在产品市场上，一些垄断企业拥有产品定价能力，可以凭借价格加成定价而获得超额利润。劳动力市场流动问题也比较突出，一些用人单位在学历、性别、地域甚至家庭出身上设置重重障碍，如不同身份劳动者同工不同酬问题等。我国要素市场还没有形成要素自由流动、价格反应灵活、竞争公平有序的市场秩序，在不同程度上制约了劳动份额和居民收入的增加，必须减少政府的行政性干预，加快要素市场化改革，降低市场扭曲程度，为各市场主体提供公平的发展环境。

（四）在企业中推行利润分享制，让劳动者分享生产剩余

让劳动者分享生产利润是马克思主义分配理论的应有之义，我国著名的马克思主义学者李炳炎在《公有制分享经济理论》中论述了在我国市场经济下实现利润分享的理论和制度设计。西方关于利润分享的理论也有深入研究，如威茨曼的分享经济理论。在实践上，西方国家在 19 世纪末开始在企业管理中实行形式多样的分享制，如职工股份所有制计、纯利润分享、纯收入分享等，但这些分享制受益者多是公司高管和稀缺技能人才，普通劳动者收益不大。我国国有企业也推行过利润分享制，如放权让利承包经营责任制、股份合作制、职工持股计划、

年薪制和股票期权等。[①] 尽管存在不少问题，但是国有企业职工工资高于非公有制职工工资，国企内部收入差距也较小。当前国有企业存在主要问题是动力不强、效率不高、活力不足，主要问题还是在薪酬制度不健全，激励作用没有充分发挥，国企改革方向是发展混合所有制经济，推行员工持股计划，使劳动者直接占有部分股权，形成了劳动和资本的利益共同体。在非公企业中，一些较大规模的知名民企也有自觉实行股权激励计划，受益人主要是企业高管，中小企业实行利润分享制的积极性不高，员工收入主要是固定工资，奖金占总收入比重很低。为了让普通职工能够参与利润分享制，政府相关部门应该出台和完善相关政策，鼓励企业在更广范围、更大程度上推行不同形式的分享制，使劳动者能够分享发展成果，实现劳动者、企业和国家共同获利。

（五）提高劳动者的议价能力，建立职工工资正常增长机制

首先是政府相关部门严格执行《劳动法》《劳动合同法》《工会法》条款，保障劳动者的正当合法权益，保障企业和劳动者的市场平等地位和劳动合同关系；支持企业和职工通过平等集体协商，建立与企业经营状况挂钩的工资微观决定机制，确保职工工资与企业利润同步增长；发挥工会、党团组织的积极作用，从制度上解决劳资平等对话和劳动者利益表达机制；政府要充分履行劳动监察责任，加强对职工工资支付、劳动安全、社会保险等方面的执法监督和法律援助，严肃查处企业损害劳动者权益的行为；构建动态的最低工资增长机制，发挥最低工资制度的收入保障作用。此外，国家机关事业单位的工资也应该根据经济发展水平、物价水平、企业职工收入等综合考虑，建立和完善机关事业单位职工科学的工资水平决定机制、正常增长机制和支付保障机制。

（六）稳步推进城镇化和工业化进程，推动产业结构升级

提高城镇化率是增加农民就业、增加农民收入、提高农民生活水平的重要渠道。要破除城乡二元结构的制度性障碍，妥善处理农民进城、就业、创业、教

---

① 范仓海、张铭：《国有企业分享制实践的历史、问题及对策》，《商业研究》，2007 年第 9 期。

育、住房等方面面临的一系列问题。2017 年我国城镇化率约为 58%，距离发达国家 70% ~80% 的城镇化率尚有较大差距，还有 2 亿多农民可以转移到城市。国际发展经验表明，从二元经济向一元经济转变的过程中，劳动力供求关系显著改变，突破刘易斯拐点后，劳动力工资会显著增加，有利于改善收入差距问题，这一状况在我国已经出现。我国当前整体处在工业化中后期，正向后工业化阶段转变，我国的产业结构正从以工业为主转为以服务业为主，第三产业的资本有机构成低于第二产业，大力发展第三产业有利于提高劳动收入比重。

（七）拓宽居民劳动收入和财产性收入渠道

居民收入从结构上分为工资收入、经营收入、财产收入和转移收入等四类，我国居民收入结构中工资收入是主体部分，因此拓宽居民劳动收入渠道首先要多渠道增加就业机会。政府应该提供全方位公共就业服务，促进高校毕业生等青年群体、农民工多渠道就业创业；加强对农民工、低技能人员、失业人员的职业培训，提高就业人员素质；要破除妨碍劳动力和人才流动的体制机制，加快推进商事制度改革，降低创业税费成本，方便各类人员能够通过辛勤劳动进城自主创业或回乡创业，增加经营性收入。我国居民财产性收入比重很低，并且集中在高收入者人群，中低收入者很难获得财产性收入，主要原因是中低收入财产很少，没有能力进行投资；同时资本市场发展不规范、信息不透明、违规交易频发，债券市场规模偏小；土地市场城乡分割，农村建设用地与城市建设用地“同地不同价”，对农民土地征收补偿标准过低。因此，加强金融市场运行监管，完善股票市场、债券市场各项制度，深化农村土地制度改革，增加中低收入家庭的投资渠道，赋予农民更多的财产权利。

（八）发挥政府在国民收入分配格局调整中的积极作用

收入分配公平问题不可能通过市场机制解决，必须发挥政府在收入分配中的主导作用，认真调查研究国民收入分配的规律，制定实现全体人民共同富裕的政策措施。一是通过税收手段调节收入差距。提高个税起征点，减轻中低收入者的税收负担；提高高收入的累进税率，特别是财产增值、资本收益等性质的收入要重税；加强对公司企业高管、演艺明星等高收入人群的税收征理，严厉处罚高收入者的偷税漏税行为；规范证券市场交易秩序，强化金融监督，严禁通过非法交易获取暴利；加快推进房产税、遗产税、赠与税等税收工作进度。二是通过优化财政支出结构。加大对基本公共服务、社会保障方面的支出力度，提高城乡基本公共服务一体化水平，完善社会保障体系建设，特别要提高对农民的保障水平，减轻中低收入者提供教育、医疗、养老、住房等方面的支出，特别是要优先发展教育，推进教育均衡化水平，让中低收入者家庭子女接受良好的教育。三是加强精准扶贫工作力度，确保到2020年消除绝对贫困现象，全面建成小康社会。

第八章

结论与展望

第一节 结论

一、主要结论

本书以马克思主义政治经济学为指导，在合理借鉴西方经济学的基础上研究了国民收入分配格局对经济增长的影响机制和实证分析，本书的主要结论有：

第一，国民收入分配格局是随经济发展动态调整的过程，没有适用于所有发展阶段的最优分配格局，但是在一定发展阶段存在最优分配格局区间。判断国民收入分配合理性的原则有劳动生产率提高与经济增长原则、激励与适度差距原则、劳动者分享生产剩余原则和统筹兼顾各方利益原则。

第二，马克思经济学认为，在经济均衡发展时，劳动收入的增长应该与经济增长协调一致，否则社会总产品的价值补偿和实物补偿无法实现，社会总资本扩大再生产的条件无法满足，两大部类出现结构性失衡。资本主义社会国民分配格局通过影响积累能力、消费能力、剩余价值率、资本有机构成等因素作用于经济增长。资本主义国民收入分配不公带来生产和消费的经常性失衡，资本主义经济运行表现为周期性经济波动。西方经济学认为国民收入分配通过影响经济增长的核心要素投入从而影响经济增长本身的路径来实现，收入分配格局从供给、需求和结构三个方面影响经济增长：供给方面，分配格局通过影响劳动供求、资本供求、技术进步、人力资本积累等核心增长要素作用于总供给；需求方面，分配格局通过影响消费和投资从而影响需求总量；结构方面，通过影响消费结构、投资结构、产业结构等方面影响经济结构。

第三，我国国民收入分配格局改革开放前后显著不同：要素分配方面，改革开放之前的劳动收入比重远高于改革开放之后；主体分配方面，改革开放之前分配比重从大到小分别为家庭收入、政府收入与企业收入，改革开放之后分别为家庭收入、企业收入和政府收入。改革开放以后，劳动收入比重呈现先逐渐上升、然后快速下降、接着反弹上升的过程，但是收入分配偏向资本的趋势是没有显著改变；家庭收入比重特征是先下降后上升，企业收入比重的特征先上升后下降，政府收入始终缓慢上升，总体上家庭收入比重偏低、企业与政府收入偏高；省级行政区收入分配格局，东部地区与中西部地区表现显著不同，表明收入分配格局与经济发展水平相关。

第四，实证分析表明，改革开放以后，我国国民收入分配格局对经济增长的效应在 1978 年到 20 世纪 90 年代中期、90 年代中期到 2007 年、2008 年之后的三个时期结果差异很大。从经济总量效应、经济效率效应、经济结构效应以及收入差距效应等几个方面来看，改革开放初期到 90 年代中期的国民收入分配格局是促进经济增长的；90 年代中期到 2007 年国民收入分配格局是严重失衡的，造成了经济的结构性失衡；2008 年以后的国民收入分配格局有所改善，劳动收入与家庭收入比重增加，收入差距减少，经济增长效率和经济结构改善，国家收入分配制度改革初见成效。

第五，国际比较方面，近五十年以来发达国家和发展中国家的劳动收入比重均呈明显下降趋势。经过实证分析发现，其一，发达国家劳动份额与 GDP 增长率呈倒“U”形关系，即随着劳动收入份额的增加，GDP 增长率呈现先提高后降低的变化特征；其二，随着家庭收入份额的增加，GDP 增长率经历先增加而后下降的过程，家庭收入份额与 GDP 增长率也呈倒“U”形关系。因此从发达国家发展经历表明，国民收入分配格局存在最优的变化区间，无论劳动收入还是资本收入都不能超过一定比重。对美国和日本两国的实践给我们的启示有：劳动收入比重应该与劳动生产率增长保持同步；劳动收入和资本收入应该保持合理比例；工业化中后期政府应该重视建立普通劳动者利益保护制度，对政府对收入分配方面要始终关注公平问题，让市场机制起决定作用只会导致富者愈富、穷者愈穷；工业化后期与后工业阶段仍然要重视发展实体经济，严格控制虚拟经济过度膨胀。

第六，根据评价国民收入格局的四个原则，本书认为2008年以来的我国国民收入分配格局调整的作用是积极的，但是与我国潜在的最优国民收入分配区间还有差距，劳动收入与家庭收入还处在倒“U”形曲线的左侧。我国国民收入分配格局的主要问题是劳动收入较低而资本收入较高，家庭收入较低而企业、政府收入偏高。因此，我国应该高度重视劳动的重要作用，提高劳动收入的比重，适度控制资本收入比重，在收入分配中充分体现劳动价值。国民收入分配格局还应该继续向劳动倾向；在主体收入分配格局方面，继续提高家庭收入，适当限制企业收入和政府收入，调整到位还需要若干年的时间。

二、创新之处

应该说关于收入分配与经济增长的关系研究文献汗牛充栋，想做出一些创新研究比较困难，本书在研究过程中可能的创新之处有：

第一，在研究角度上，已有的文献中关于国民收入分配格局变化以及原因分析的研究较多，但是国民收入分配格局变化对经济增长的效应研究不多，特别是系统性的研究不多。本书研究了国民收入分配格局变化对经济总量、经济结构和经济效率三个方面的影响，研究结果对判断我国国民收入分配格局的合理性以及调整方向具有启示意义。

第二，在理论分析上，本书提出了国民收入分配格局合理化的四个标准，分别为劳动生产率提高与经济增长原则、激励与适度差距原则、劳动者分享生产剩余原则和统筹兼顾各方利益原则，这对判断国民收入分配格局是否合理具有一定指导意义。本书在马克思经济学视角上构建了要素收入分配格局影响经济增长的机制，能够合理地解释我国劳动收入比重偏低对经济增长的负面效应，理论上阐明了调整劳动收入与资本收入比重的重要性和必要性。

第三，在研究方法上，本书实证研究国民收入分配格局的经济效应时使用了变参数模型，能够较好地揭示国民收入分配格局变动对经济作用的动态影响，克服了一般线性计量模型的缺点。

第四，在研究结论上，本书研究结论表明发达国家劳动收入、家庭收入与经济增长率之间呈现倒“U”形关系，说明从经济增长角度来看，国民收入分配格局存在最优的变化区间。通过实证分析，认为我国国民收入分配格局正在朝好的方面调整，但是调整过程还没有到位，需要进一步采取措施提高劳动收入和家庭收入比重，适度控制资本收入、企业收入和政府收入比重。

第二节 研究展望

本书写作至此，研究暂告一个阶段。受自身知识水平、研究能力、统计资料等方面的限制，本书的研究还有一些需要值得探讨和改进的地方，在今后的研究中将进一步丰富和完善。

一是研究理论模型的不足，在马克思经济学视角下构建了收入分配格局影响经济增长的机制和数理模型，该模型没有运用到后续章节的实证分析中，导致理论和实践相对分离，降低了本书前后内容的逻辑性。西方经济学视角下的经济增长机制构建没有形成统一的理论框架，仅仅分别从供给、需求和经济结构等几个方面分别论述。

二是受到研究能力制约，没有比较马克思经济学和西方经济学两种视角研究收入分配格局影响经济增长机理的关系。

三是本书在实证部分主要是利用全国层面的数据，采用时间序列的协整方法，时间相对来说比较短，在后续研究中可以利用省级面板数据，应用面板数据模型进行实证分析可能更好。因此在后续研究中应强化国民收入分配对经济增长影响机制的实证研究。

参考文献

一、中文参考文献

（一）专著

[1] 大卫·李嘉图：《政治经济学及赋税原理》，郭大力、王亚南译，商务印书馆 1962 年版。

[2] 约翰·斯图亚特·穆勒：《政治经济学原理》，金镝、金熠译，华夏出版社 2013 年版，第 700 页。

[3] 庇古：《福利经济学》第四版，麦克米伦出版社 1932 年版。

[4] 亨利·西蒙斯：《自由社会的经济政策》，芝加哥大学出版社 1948 年版。

[5] 自马丁·布朗芬布伦纳《收入分配理论》，方敏译，华夏出版社 2009 年版。

[6] 哈耶克：《自由社会秩序原理》，朝圣山学社 1966 年版。

[7] 权衡：《收入分配经济学》，上海人民出版社 2017 年版。

[8]《马克思恩格斯文集》第 8 卷，人民出版社 2009 年版。

[9]《马克思恩格斯文集》第 7 卷，人民出版社 2009 年版。

[10] 韩保江：《西方世界的拯救——现代西方收入分配制度变迁与贡献》，山东人民出版社 1998 年版。

[11] 刘盾、施祖麟：《收入分配与经济增长——非主流理论、经济危机与中国实际》，北京交通大学出版社 2016 年版。

［12］托马斯·皮凯迪：《21世纪资本论》，巴曙松等译，中信出版社2014年版。

［13］中共中央文献研究室：《邓小平年谱1975~1997》下卷，中央文献出版社2004年版。

［14］戴维·W. 皮尔斯：《现代经济学词典》，上海译文出版社1988年版。

［15］保罗·萨缪尔森、威廉·诺德豪斯：《经济学》第18版，萧琛主译，人民邮电出版社2008年版。

［16］马歇尔：《经济学原理》，商务印书馆1964年版，第97页。

［17］高鸿业：《西方经济学》，中国人民大学出版社2009年版。

［18］权衡、李凌：《国民收入分配结构形成机理与调整思路》，上海社会科学院出版社2015年版。

［19］《马克思恩格斯文集》第3卷，人民出版社2009年版。

［20］张宇：《中国特色社会主义政治经济学》，中国人民大学出版社2016年版。

［21］范一飞：《国民收入流程及分配格局分析》，中国人民大学出版社1994年版。

［22］石良平：《中国国民收入分配格局》，上海人民出版社1993年版。

［23］阿特金森、布吉尼翁编著：《收入分配经济学手册》，蔡继明等译，经济科学出版社2009年版。

［24］陈宗胜：《改革、发展与收入分配》，复旦大学出版社1999年版。

［25］钱震杰：《中国国民收入的要素份额研究》，中国金融出版社2011年版。

［26］陈广汉：《增长与分配》，武汉大学出版社1995年版。

［27］亚当·斯密：《国民财富的性质和原因问题的研究》，郭大力、王亚南译，商务印书馆2007年版。

［28］金德尔伯格：《经济发展》，上海译文出版社1986年版。

［29］西斯蒙第：《政治经济学新原理》，何钦译，商务印书馆1983年版。

［30］布阿吉尔贝尔：《布阿吉尔贝尔选集》，商务印书馆1984年版。

［31］大卫·李嘉图：《李嘉图著作和通信集》第1卷，商务印书馆1984年版。

［32］克拉克：《财富的分配》，陈福生、陈振骅译，商务印书馆 1983 年版。

［33］宴智杰：《边际革命和新古典经济学》，北京大学出版社 2004 年版。

［34］宴智杰：《经济学中的边际主义》，北京大学出版社 1987 年版。

［35］马歇尔：《经济学原理》，彭逸林等译，人民日报出版社 2009 年版。

［36］萨伊：《政治经济学概论》，陈福生、陈振骅译，商务印书馆 1997 年版。

［37］凯恩斯：《就业利息和货币通论》，徐毓枬译，商务印书馆 1983 年版。

［38］琼·罗宾逊、约翰·伊特韦尔：《现代经济学导论》，陈彪如译，商务印书馆 1982 年版。

［39］蒋自强：《当代西方经济学流派》，浙江大学出版社 1988 年版。

［40］琼·罗宾逊：《资本积累论》，于树生译，商务印书馆 1963 年版。

［41］《马克思恩格斯文集》第 5 卷，人民出版社 2009 年版。

［42］陈湘舸：《所有制通论》，浙江大学出版社 1994 年版，第 1 页。

［43］陈钊、陆铭：《中国所有制结构调整的理论与实证分析》，山西经济出版社 2003 年版。

［44］《马克思恩格斯全集》第 46 卷，人民出版社 1974 年版。

［45］张向达等：《中国收入分配与经济运行》，东北财经大学出版社 1996 年版。

［46］《马克思恩格斯文集》第 7 卷，人民出版社 2009 年版。

［47］《马克思恩格斯全集》第 23 卷，人民出版社 1974 年版。

［48］《马克思恩格斯文集》第 3 卷，人民出版社 2009 年版。

［49］《马克思恩格斯文集》第 6 卷，人民出版社 2009 年版。

［50］《马克思恩格斯文集》第 1 卷，人民出版社 2009 年版。

［51］《马克思恩格斯选集》第 2 卷，人民出版社 2012 年版。

［52］《马克思恩格斯全集》第 26 卷Ⅱ，人民出版社 1974 年版。

［53］约瑟夫·熊彼特：《经济发展理论》，商务印书馆 1990 年版。

［54］阿瑟·刘易斯：《经济增长理论》，商务印书馆 1996 年版。

［55］徐滇庆、李瑞：《政府在经济发展中的作用》，上海人民出版社 1999 年版。

［56］李子联：《中国收入不平等与经济增长》，经济科学出版社 2013 年版。

［57］《马克思恩格斯选集》第 3 卷，人民出版社 2012 年版。

［58］张道根：《经济发展与收入分配——相关机制的系统分析》，上海社会科学院出版社 1993 年版。

［59］《马克思恩格斯全集》第 19 卷，人民出版社 1974 年版。

［60］孙长清、李晖：《基于经济增长的财政支出最优化》，中国经济出版社 2006 年版。

［61］戴维·罗默：《高级宏观经济学》，上海财经大学出版社 2014 年版，第 8－10 页。

［62］罗伯特·J. 巴罗、萨拉－伊－马丁著：《经济增长》，第 2 版，格致出版社、上海三联书店、上海人民出版社 2013 年版。

［63］任保平：《西方经济学增长理论名著导读》，中国经济出版社 2013 年版。

［64］左大培：《经济增长理论的模型的内生化历程》，中国经济出版社 2007 年版。

［65］金戈：《长期经济增长中的公共支出研究》，上海人民出版社 2014 年版。

［66］高鸿业：《西方经济学》第 2 版，中国人民大学出版社 2000 年版。

［67］曼德尔：《资本主义发展的长波：一个马克思主义的解释》，商务印书馆 1993 年版。

［68］习近平：《决胜全面建成小康社会夺取新时代中国特色社会主义伟大胜利》，人民出版社 2017 年版。

［69］李唯一：《中国工资制度》，中国劳动出版社 1991 年版。

［70］《十一届三中全会以来党和国家重要文献选编》，中央党校出版社 2015 年版。

［71］上海财大课题组：《中国经济发展史 1949～2005》，上海财经大学出版社 2007 年版。

［72］张道根：《中国收入分配制度变迁》，江苏人民出版社 1999 年版。

[73] 高铁梅：《计量经济分析方法与建模——EViews 应用及实例（第 3 版）》，清华大学出版社 2016 年版。

[74] 吴敬琏、马国川：《重启改革议程：中国经济改革二十讲》，生活·读书·新知三联书店，2012 年。

[75] 西蒙·库兹涅茨：《各国的经济增长》，常勋等译，商务印书馆 2015 年版。

[76] 田卫民：《最优国民收入分配研究》，经济管理出版社 2011 年版。

[77] 恩格尔曼·高尔曼：《剑桥美国经济史》，中国人民大学出版社 2008 年版。

[78] 保罗·克鲁格曼：《萧条经济学的回归和 2008 年经济危机》，中信出版社 2009 年版。

[79] 徐平：《苦涩的日本——从“赶超”时代到“后赶超”时代》，北京大学出版社 2012 年版。

[80] 张车伟、赵文：《中国劳动报酬份额问题》，中国社会科学出版社 2016 年版。

[81] 马克思：《资本论》第 3 卷，人民出版社 2004 年版。

[82] 中共中央文献研究室：《习近平关于社会主义经济建设论述摘编》，中央文献出版社 2017 年版。

（二）期刊

[83] 大卫·科茨：《美国此次金融危机的根本原因是新自由主义的资本主义》，《红旗文稿》，2008 年第 13 期。

[84] 程恩富：《当前西方金融和经济危机与全球治理》，《管理学刊》，2009 年第 5 期。

[85] 曾康霖：《美国收入分配的贫富差距与金融经济危机》，马克思主义与现实，2009 年第 5 期。

[86] 王小鲁、樊纲：《中国收入差距的走势和影响因素分析》，《经济研究》，2005 年第 10 期。

[87] 尹恒、龚六堂、邹恒甫：《收入分配不平等与经济增长：回到库兹涅茨假说》，《经济研究》，2005 年第 4 期。

[88] 李实：《对收入分配研究中几个问题的进一步说明》，《经济研究》，2000 年第 7 期。

[89] 李炳炎、袁灏：《当前我国业已出现两极分化问题的实证分析》，《探索》，2010 年第 5 期。

[90] 王少平、欧阳志刚：《中国城乡收入差距对实际经济增长的阈值效应》，《中国社会科学》，2008 年第 2 期。

[91] 吕炜、储德银：《城乡居民收入差距与经济增长研究》，《经济学动态》，2011 年第 12 期。

[92] 沈坤荣、王东新、田伟：《收入分配不平等的增长效应研究》，《经济与管理研究》，2010 年第 9 期。

[93] 陈安平：《收入差距、投资与经济增长的面板协整研究》，《经济评论》，2009 年第 1 期。

[94] 汪同三、蔡跃洲：《改革开放以来收入分配对资本积累及投资结构的影响》，《中国社会科学》，2006 年第 1 期。

[95] 陆万军：《收入分配对经济增长的影响机理与传导机制》，《经济学家》，2012 年第 5 期。

[96] 罗长远、张军：《经济发展中的劳动收入占比：基于中国产业数据的实证研究》，《中国社会科学》，2009 年第 4 期。

[97] 李稻葵、刘霖林、王红领：《GDP 中劳动份额演变的 U 形规律》，《经济研究》，2009 年第 1 期。

[98] 钱震杰、朱晓冬：《中国的劳动份额是否真的很低：基于制造业的国际比较研究》，《世界经济》，2013 年第 10 期。

[99] 张车伟、张士斌：《中国初次收入分配格局的变动与问题——以劳动报酬占 GDP 份额为视角》，《中国人口科学》，2010 年第 5 期。

[100] 郭代模：《对国民收入分配格局的探究》，《财政研究》，1993 年第 7 期。

[101] 周富祥：《正确评估国民收入分配格局的变化》，《改革》，1992 年第 5 期。

[102] 胡海峰：《我国国民收入分配格局的演变过程及其走势》，《人文杂志》，1994 年第 2 期。

[103] 国家计委综合司课题组：《90 年代我国宏观收入分配的实证研究》，《经济研究》，1999 年第 11 期。

[104] 魏众：《2000～2011 年中国宏观分配格局中的问题分析——基于资金流量表的分析》，《经济学动态》，2014 年第 11 期。

[105] 安体富、蒋震：《调整国民收入分配格局，提高居民收入所占比重》，《财贸经济》，2009 年第 7 期。

[106] 白重恩、钱震杰：《谁在挤占居民的收入—中国国民收入分配格局分析》，《中国社会科学》，2009 年第 5 期。

[107] 李扬、殷剑锋：《中国高储蓄率问题探究——1992～2003 年中国资金流量表的分析》，《经济研究》，2007 年第 6 期。

[108] 王云中：《边际生产力理论评析》，求是学刊，1995 年第 2 期，第 56 页。

[109] 李海明：《边际生产力理论的逻辑缺陷：一个批评性思考》，西南大学学报，2015 年 9 月。

[110] 高鸿业：《凯恩斯〈就业利息和货币通论〉译者导读》，《高校理论战线》，2000 年第 1 期。

[111] 刘文超：《后凯恩斯主义增长理论：从何处来向何处去》，《社会科学阵线》，2015 年第 3 期。

[112] 李平：《卡尔多的分配理论及其修正和发展》，《辽宁大学学报》，1986 年第 3 期。

[113] 吴易风：《马克思的经济增长理论模型》，《经济研究》，2007 年第 9 期。

[114] 韩心灵：《经济新常态下公共产品供给问题研究》，《理论导刊》，2016 年第 9 期。

[115] 王晓霞、白重恩：《劳动收入份额格局及其影响因素研究进展》，《经济学动态》，2014 年第 3 期。

[116] 李子联《分配与增长：一个马克思主义经济学的分析》，《马克思主义研究》，2015 年第 4 期。

[117] 马晓琨：《经济学研究主题与研究方法的演化》，《西北大学学报》（哲学社会科学版），2014 年 7 月。

[118] 赵锦春、谢建国：《有效需求体制、功性收入分配与技术进步能》，《财经研究》，2014 年 4 月。

[119] 殷凤、陈宪：《中国收入分配差距与产业结构转型》，《上海大学学报》，2013 年第 7 期。

[120] 武力、温锐：《新中国收入分配制度的演变及绩效分析》，《当代中国史研究》，2006 年第 4 期。

[121] 白重恩、钱震杰：《国民收入的要素分配：统计数据背后的故事》，《经济研究》，2009 年第 3 期。

[122] 国家发改委社会发展研究所课题组：《我国国民收入分配格局的研究》，《经济研究参考》，2012 年第 21 期。

[123] 李扬：《收入功能分配的调整：对国民收入分配向个人倾斜现象的思考》，《经济研究》，1992 年第 7 期。

[124] 戴园晨、黎汉明：《工资侵蚀利润——中国经济体制改革中的潜在危险》，《经济研究》，1988 年第 6 期。

[125] 杨子晖：《政府规模、政府支出增长与经济增长关系的非线性研究》，《数量经济技术经济研究》，2011 年第 6 期。

[126] 韩保江、韩心灵：《公共产品供给与经济增长：影响机制与实证分析》，《经济社会体制比较》，2017 年第 5 期。

[127] 郭庆旺、贾俊雪：《中国全要素生产率的估算：1979～2004》，《经济研究》，2005 年第 6 期。

[128] 郑玉歆：《全要素生产率的测度及经济增长方式的“阶段性”规律》，《经济研究》，1999 年第 5 期。

［129］蔡昉：《中国经济增长如何转向全要素生产率驱动型》，《中国社会科学》，2013 年第 1 期。

［130］苏良军等：《中国城乡居民消费与收入关系的面板数据协整研究》，《世界经济》，2006 年第 5 期。

［131］刘伟、蔡志洲：《国内总需求结构矛盾与国民收入分配失衡》，《经济学动态》，2010 年第 7 期。

［132］沈坤荣、刘东皇：《中国劳动者报酬提升的需求效应分析》，《经济学家》，2011 年第 2 期。

［133］王云中、庄雷：《我国劳动报酬提高对宏观经济影响的实证分析》，《马克思主义研究》，2014 年第 7 期。

［134］魏婕等：《双重结构扭曲下的经济失衡：理论与经验证据》，《南开经济研究》，2016 年第 5 期。

［135］李文：《发展中国家的税制累进性与再分配》，《财贸经济》，2013 年第 5 期。

［136］曹静：《劳动收入份额稳定性之争：分歧与解读》，《江西财经大学学报》，2013 年第 1 期。

［137］刘巍、李杰：《美国大萧条的逻辑起点：收入分配不公（1919 ~ 1929）》，《国际经济贸易》，2014 年第 12 期。

［138］董全瑞：《1870—2009 年美国的功能收入分配及启示》，《现代经济探讨》，2011 年第 1 期。

［139］韩保江：《当代资本主义收入分配制度创新的内在机制》，中共中央党校学报，2001 年第 3 期。

［140］杨鹏飞：《林登·约翰逊的“伟大社会”与美国工业社会的成熟》，《史学月刊》，2006 年第 11 期。

［141］张晓晶：《滞胀成因的重新审视与中国的滞胀风险》，《经济学动态》，2011 年第 7 期。

［142］张伟：《里根经济学的真相》，《海派经济学》，2015 年第 1 期。

［143］斯蒂格利茨：《不平等与经济增长》，《经济社会体制比较》，2017 年

第1期，周建军、张晔译。

［144］徐春生：《近期理论界围绕金融危机有关问题研究讨论情况的综述》，《红旗文稿》，2009年第19期。

［145］大卫·科茨：《美国此次金融危机的根本原因是新自由主义的资本主义》，《红旗文稿》，2008年第13期。

［146］张士斌：《工业化过程中劳动报酬比重变动的国际比较》，《经济社会体制比较》，2012年第6期。

［147］莽景石：《经济增长制度变迁与收入分配：日本百年工业化过程的经验观察》，《日本学刊》，2006年第4期。

［148］张车伟：《日本“国民收入倍增计划”及其对中国的启示》，《经济学动态》，2010年第10期。

［149］龚刚、杨光：《从国民收入看中国收入分配的不平等》，《中国社会科学》，2010年第2期。

［150］罗长远、张军：《经济发展中的劳动收入占比：基于中国产业数据的实证研究》，《中国社会科学》，2009年第4期。

［151］白重恩、钱震杰：《劳动收入份额决定因素：来自中国省际面板数据的证据》，《世界经济》，2010年第12期。

［152］黄先海、徐圣：《中国劳动收入比重下降成因分析——基于劳动节约型技术进步的视角》，《经济研究》，2009年第7期。

［153］王林辉、赵景、李金城：《劳动收入份额“U”形演变规律的新解释：要素禀赋结构与技术进步方向的视角》，《财经研究》，2015年第10期。

［154］戴小勇、成力为：《出口与FDI对中国劳动收入份额下降的影响》，《世界经济研究》，2014年第8期。

［155］简泽、黎德福、沈筠彬、吕大国：《不完全竞争的收入分配效应研究：一个融合产品—劳动力市场的视角》，《中国工业经济》，2016年第1期。

［156］任太增：《劳动份额、制度羁绊与劳动者讨价还价能力》，《改革》，2009年第5期。

［157］朱富强：《如何理解市场经济下劳动收入的合理性》，《学术研究》，

2011 年第 4 期。

［158］吕冰洋、禹奎：《我国税收负担的走势与国民收入分配格局的变动》，《财贸经济》，2009 年第 3 期。

［159］方文全：《中国劳动收入份额决定因素的实证研究：结构调整抑或财政效应》，《金融研究》，2011 年第 2 期。

［160］程恩富、胡靖春：《论我国劳动收入份额提升的可能性、迫切性与途径》，《经济学动态》，2010 年第 11 期。

［161］李炳炎、沈佳坤、沈建国：《我国初次分配的现状与改革对策思考》，《探索》，2012 年第 2 期。

［162］齐昊：《劳动者报酬比重下降的“非典型”事实：马克思主义的解读》，《当代经济研究》，2011 年第 6 期。

［163］周明海、肖文、姚先国：《企业异质性、所有制结构与劳动收入份额》，《管理世界》，2010 年第 10 期。

［164］卫兴华、侯为民：《在科学发展观下坚持效率和公平的统一》，《经济学家》，2008 年第 3 期。

［165］范仓海、张铭：《国有企业分享制实践的历史、问题及对策》，《商业研究》，2007 年第 9 期。

（三）学位论文

［166］周明海：《中国劳动收入份额变动的测度与机理分析》，浙江大学博士论文，2011。

［167］韩雷：《中国劳动收入占比变化的制度解释：1952—2009》，湘潭大学博士论文，2012 年。

［168］王婉郦：《日本平成时期收入差距变动研究》，辽宁大学博士论文，2017 年。

二、外文参考文献

［169］Gralieh, E. M: “Booms and busts: The case of subprime mortgages,

Presented at the Symposium: "Housing, Housing Finance, and Monetary Policy" in Jackson Hole, Wyomig, Aug30 – SePt.

[170] Hellwig, M: "Systemic risk in the financial sector, Reprints of the Max Planck Institute for Research on Collective Goods, Bonn2008, 43.

[171] Atkinson, Anthony B. "Factor Shares: The Principal Problem of Political Economy?", Oxford Review of Economic Policy, vol. 25, no. 1, 2009: 3 – 16.

[172] Kuznets, S. Economic Growth and Income Inequality [J]. American Economic Review, 1955, 45 (1): 1 – 28.

[173] Kravis, I. B. International Differences in the Distribution of Income [J]. The Review of Economics and Statistics. 1960, 42 (4): 408 – 416.

[174] Ahluwalia, M. S. Inequality, Poverty and Development [J]. Journal of Development Economics, 1976, 3 (4): 307 – 342.

[175] JCH Fei, G Ranis, SWY Kuo: Growth with equity: the Taiwan case [J]. Economic Journal, 1979, 92 (368): 970.

[176] K Deininger, L Squire: New ways of looking at old issues: asset inequality and growth [J]. Journal of Development Economics, 1998.

[177] Bourguignon, F: "Pareto Superiority of Unegalitarian Equilibria in Stiglitz's Model of Wealthy Distribution with Convex Saving Function" [J]. Econometrica, 1981, 49 (6), 1469 – 1475.

[178] LI H. ZOUH. Income inequality is harmful for growth: theory and evidence [J]. Review of Development Economics, 1998 (18): 318 – 334.

[179] Kevin M. Murphy, Andrei Shleifer, Robert W Vishny: "Industrialization and Big Push." [J]. Journal of Political Economy, 1989, 97 (5): 1003 – 1026.

[180] Galor, Zeira: Income Distribution and Macroeconomics [J]. Review of Economic Studies, 1993, 60 (1): 35 – 52.

[181] Galor, O. and O. Moav: "From Physical to Human Capital Accumulation: Inequality and the Process of Development" [J]. Review of Economic Studies, 2004, 71 (4): 1001 – 1026.

[182] Galor O, Zeira J: Income distribution and macroeconomics. Review of Economic Studies, 1993 (60): 35 –52.

[183] BOWLEY A L, STAMP J. The National Income, Oxford Clarendon Press, 1927: 71 –85.

[184] BROWN EHP, HART P E. The Share of Wages in National Income, The Economic Journal, 1952, 62 (246): 253 –277.

[185] Kuznets, S, (1937), National Income and capital formation, 1919 – 1935: A Preliminary report, NBER.

[186] Lianos, Theodor P (1971): the Relative Share of Labor in the Unite States Agriculture, 1949 ~ 1968, American Journal of Agricultural Economics, 53 (3): 411 –422.

[187] Pasinetti, L. L. "Rate of Profit and Income Distribution in Relation to the Rate of Economic Growth," The Review of Economic Studies, Vol. 29, No. 4, 1962: 267 –279.

[188] Kuznets, S. National Income and Its Composition, 1919 – 1938. New York, National Bureau of Economic Research, 1941.

[189] Conyon. M. J. Labours Share, Market Structure and Trade Unionism, International Journal of Industrial Organization, 1994.

[190] Hollander, A. Unionization and the Dis – tribution of Income in Canadian Manufacturing Industry, Managerial and Decision Economics, 1982 (3): 157 –163.

[191] Rodrik, Dani, "Has Globalization Gone Too Far?", Challenge, 1998: 81 –94.

[192] RJ · Barro, Government Spending in a Simple Model of Endogenous Growth, Rcer Working Papers, 1988, 98 (5): 103 –26.

[193] Galor O., Zeira J. Income distribution and macroeconomics, The Review of Economic Studies, 1993, 60 (1): 35 –52.

[194] Bhaduri A, Marglin S. Unemployment and the real wage: the economic basis for contesting political ideologies, Cambridge Journal of Economics, 1990, 14

(4), 375 - 393.

[195] Stockhammer. Engelbert and Ederer. Stefan: Demand effects of the falling wage share in Austria. Empirica, 2008, 35 (5): 481 - 502.

[196] E Stockhammer: Functional income distribution and aggregate demand in the Euro area, Social Science Electronic Publishing, 2009, 33 (1): 139 - 159.

[197] RI Lerman, Syitzhaki, Income Inequality Effects by Income Source: A New Approach and Applications to the United States, Review of Economics & Statistics, 1985, 67 (1): 151 - 156.

[198] AB Atkinson, The Changing Distribution of Income: Evidence and Explanations, German Economic Review, 2000, 1 (1): 3 - 18.

[199] C Garcíapeñalosa, The personal and the factor distributions of income in a cross - section of countries, Journal of Development Studies, 2007, 43 (5): 812 - 829.

[200] J. M. Keynes. Relative Movements of Real Wages and Output, The Economic Journal, 1939, 49 (193): 34 - 51.

[201] Phelps Brown, Bernard Weber: Accumulation, Productivity and Distribution in the British Economy, 1870 ~ 1938, The Economic Journal, 1953, 63 (250): 263 - 288.

后　　记

时间匆匆如流水，人到中年对这句话的感受更加真切，三年的学习转瞬间就过去了。博士论文已经完成，尽管还存在很多的不足，但它是我一年多认真思考的成果，算是三年学习的小结。三年的博士学习生涯即将结束，内心充满无限的感慨和留恋。这三年学习经历是我人生的一笔重要财富，值得永远珍惜与回忆！

三年前就到了不惑之年，人生最好的读书时间已经过去了。说实话，读博士并不在我的人生规划之列，因为自己既要忙于工作又要照顾家庭，很难想象能抽出三年时间外出学习。2015 年初，中央党校实施“马克思主义理论骨干人才计划”工程，计划招收 100 名马博士。本人所在单位出台政策支持没有博士学位的教师积极报考，我作为其中之一，在学校领导和教研部同事的鼓励下决定参加考试，几个月的认真准备后，幸运地被中央党校研究生院录取，有幸成为韩保江教授的学生。

中央党校是读书学习的好地方，这里集中一大批传承和发展马克思主义理论的高水平知名专家学者，他们亲自为我们授课答疑解惑，使我们坚定了马克思主义信仰；在这里我们还可以听到各部委领导最新最权威的政策解读，使我们的学习和研究更加接近社会现实。研究生院环境优美幽静，小桥流水，亭台湖泊，别具特色，空闲时间同学们经常校园里边走边谈论学习工作和生活，缓解了给我们的紧张学习生活。

三年的博士学习能够顺利完成并取得一点成绩，首先应该感谢我的导师韩保江教授。韩老师知识渊博、治学严谨，对学生学习要求严格。刚一进校，韩老师就要求我和师妹刘子源认真研读马列经典著作和其他经济学名著，特别是熟读《资本论》，一有时间就把我们叫到办公室，检查我们的学习情况。老师非常重视提高我们的学术研究能力，要求我们多思考、勤动笔，让我们就经济社会发展热点难点问题发表看法、撰写论文，并提出修改建议，对于比较满意的文章鼓励我们公开发表。三年来，在老师的悉心指导和关心下，我公开发表了几篇学术论文，感觉写作思路开阔了，研究能力比之前有较大提高。博士论文从选题、初稿到定稿，老师多次提出修改建议，对于天资平平的我，老师的建议对我的写作无疑有醍醐灌顶的作用。

我要感谢朝夕相处的2015级马博2支部的12位同学，他们是刘金新、种项谭、韩振华、匡晓军、刘文霞、朱鹏华、潘志、刘磊、方化、汪鹏基、朱立营、唐韬，没想到在这个年龄还能遇到这么多优秀的同学，你们每人身上都有值得我学习的独特品质，三年里我们相互帮助、相互鼓励、团结友爱，使我们支部成为和谐融洽的优秀集体，相信我们能成为一生的好同学。感谢同班同学李大棚、赵炜、张希中、赵华飞、马彦涛等人，与你们交往让我感受到了同学友情的美好和珍贵。

感谢中央党校经济学部张开教授、陈启清教授、郭威教授在论文开题时提出的有益批评与建议，感谢安徽大学常伟教授在我论文写作过程中给予的指导，感谢师妹刘子源博士，在我不在校期间替我办了很多事情，省去了我来回奔走的麻烦。

最后要感谢我的妻子李季女士，在我读博期间独自承担起家庭的重担，辛苦工作、教育孩子、赡养老人，没有她的全力支持我无法完成学业。

作 者

2020年7月